Staatsgeheimnis NGO-Finanzierung

Wichtige Vorbemerkungen des Autors:
Die Aussagen in diesem Buch entsprechen meiner freien Meinung und meinen persönlichen Ansichten. Daher sind meine Werturteile einzig und alleine als meine persönliche Meinungsäußerung zu betrachten. Fremdbehauptungen werden durch Quellen belegt.

Auflage Juli 2025

Umschlaggestaltung: Martina Kimmerle
Satz und Layout: Mohn Media Mohndruck GmbH, Gütersloh

ISBN: 978-3-98992-118-4

FSC www.fsc.org MIX Papier | Fördert gute Waldnutzung FSC® C014496

Gerne senden wir Ihnen unser Verlagsverzeichnis.
Kopp Verlag
Bertha-Benz-Straße 10
D-72108 Rottenburg
E-Mail: info@kopp-verlag.de
Tel.: (0 74 72) 98 06-10
Fax: (0 74 72) 98 06-11

Unser Buchprogramm finden Sie auch im Internet unter:
www.kopp-verlag.de

Michael Grandt

Staatsgeheimnis NGO Finanzierung

Milliarden an Steuergeldern für linke und linksextreme Aktivisten

KOPP VERLAG

Para Maria:
Minha Vida

»Die NGOs sind in Deutschland längst ein Staat im Staate – und greifen, von der Bundesregierung mit Steuergeldern finanziert, in die demokratische Willensbildung ein. Wer eine andere Politik in Deutschland will, muss die manipulative Macht dieser verfassungswidrigen Institutionen brechen.«[1]

Andreas Rosenfelder, *Welt*

***

»Regierung gibt zu: Wissen nicht, wo NGO-Geld hingeht.«[2]

Jens Ulrich Eckhard und Jan W. Schäfer, *Bild*

***

»In Deutschland gilt derjenige, der auf den Schmutz hinweist, für viel gefährlicher als derjenige, der den Schmutz macht.«[3]

Kurt Tucholsky

***

»Krieg ist Frieden.«
»Freiheit ist Sklaverei.«
»Unwissenheit ist Stärke.«[4]

George Orwell

Inhaltsverzeichnis

Kapitel 7: Linke NGOs, die mit Steuergeldern finanziert wurden und werden 90

Kapitel 8: Wie angeblich »neutrale« NGOs politischen Einfluss nehmen 244

Vorwort

»Gerade in den Ministerien der Grünen haben sich NGOs wie Kraken ausgebreitet. Greenpeace sitzt im Außenministerium und Attac im Wirtschaftsministerium. Das geht so nicht.«[5]

Markus Söder, CSU, Ministerpräsident von Bayern

Sehr geehrte Leser,

Nichtregierungsorganisationen (*Non-governmental Organizations,* NGOs) nehmen zunehmend Einfluss auf gesellschaftspolitische Debatten und politische Entscheidungen. Sie haben Macht über die Straße und können, wie beim angeblichen »Deportations-Treffen« in Potsdam geschehen,[6] Hunderttausende Menschen mobilisieren und damit die volle Aufmerksamkeit der Medien auf sich lenken. Einige von ihnen schlagen den Sicherheitsbehörden sogar vor, welche Afghanen zu uns kommen sollen, und wieder andere üben eklatanten Druck auf den gesellschaftlichen Diskurs im vermeintlichen »Kampf gegen rechts« aus.

I.

Dass die Bundesregierung mit Steuergeldern **linke** NGOs fördert, die sich **vor allem** gegen die **konservative** Opposition in Stellung bringen, ist ein politischer Skandal, der auch nach der neuen Regierungsbildung **nicht** aufgeklärt werden wird. Im Gegenteil: Ausgerechnet jene linken NGOs, die lauthals gegen

Andersdenkende hetzen, sollen laut Koalitionsvertrag weiterhin Geld über das Bundesprogramm »Demokratie leben!«[7] erhalten.

Daher ist meines Erachtens der Name **Nichtregierungs**organisationen für NGOs, die in Wirklichkeit politische Aktivisten sind, falsch gewählt, denn in zahlreichen Fällen handelt es sich eher um Organisationen, die im Vorfeld für den Staat tätig sind, anstatt tatsächlich unabhängig zu agieren. Viele von ihnen wird der Leser in dieser Publikation kennenlernen.

II.

Mit den vielen Millionen aus dem bereits angesprochenen Bundesprogramm »Demokratie leben!« fördert das Bundesministerium für Familie, Senioren, Frauen und Jugend – meiner Meinung nach – nicht die Demokratie, sondern eine linke Ideologie, die in die vielbeschworene »Zivilgesellschaft« wie ein »Krake«[8] eingreift, um im Sprachgebrauch von Markus Söder zu bleiben. Die Regierung fördert damit **nicht** die Meinungsvielfalt und demokratische Diskussionskultur, sondern schränkt diese allein schon dadurch ein, dass auf höchster politischer Ebene entschieden wird, was gefördert wird und was nicht. Bei den geförderten Projekten handelt es sich hauptsächlich um solche links-grün-rot-woke-bunter Provenienz. Durch diese Einseitigkeit höhlt die Regierung die Demokratie aus. Den Beweis dafür liefere ich gleich zu Beginn:

Ich habe in meinen Recherchen **keine einzige NGO** und **kein einziges** staatlich **gefördertes** Projekt gefunden, das sich **gegen links** richtet, obwohl der Linksextremismus schlimmere Blüten treibt denn je. Desgleichen habe ich **kein einziges konservatives** Projekt entdeckt, das gefördert wird. Allein das sagt alles aus!

Deshalb sind viele durch Steuergelder finanzierte NGOs und Organisationen der »Zivilgesellschaft« für mich und auch für Verfassungsrechtler, die in diesem Buch zu Wort kommen werden, getarnte Instrumente, welche die Regierung zur Steuerung der Gesellschaft benutzt. Diese Praxis dient ihrem Machterhalt, weshalb kein großes Interesse an einer Aufklärung besteht. Offenbar herrscht in der links-grün-woken Blase große Angst, dass das lang gehegte NGO-System öffentlich seziert werden könnte. Auch die dahinterstehenden politischen Kräfte zeigen eine mangelnde Bereitschaft zur Transparenz.

III.

Die linke NGO-Meute geriet schon immer in helle Aufregung, sobald man – sei es auch noch so einfache – Fragen zu ihrer Finanzierung stellte, wie es zuletzt die Union am 21. Februar 2025 getan hat. Damit traf diese nämlich den wunden Punkt, dass sich manche mit **Steuergeldern finanzierte »gemeinnützige« Vereine** im Gegenzug als eine **verlässliche Schar linker Aktivisten** entpuppen könnten. Doch wie wir im Verlauf des Buches sehen werden, ist die **politische Instrumentalisierung** hauptsächlich **linker** NGOs kein neues Phänomen. Viele nach außen hin »gemeinnützige« Vereine und Netzwerke beherbergen politische Aktivisten, die bei jeder passenden Gelegenheit für die »richtige Sache« demonstrieren, protestieren und medienwirksam Stellung beziehen.

Allerdings diente der 551-Fragen-Katalog der Union[9] lediglich symbolischen Zwecken, bis es zur aktuellen »Machtübergabe« von Rot-Grün zu Schwarz-Rot kam. Danach hörte man nichts mehr darüber, denn die SPD und die Grünen (die »Kanzlermacher«) wachen mit Argusaugen darüber, dass die NGO-Gesamtfinanzierung da bleibt, wo sie schon immer gewesen ist: im Verborgenen.

IV.

Auf einige der größten, wichtigsten und medial präsentesten NGOs werde ich in diesem Buch genauer eingehen, ihre Hintermänner und Finanzierungen beleuchten und ihre wechselseitigen Verstrickungen offenlegen. Der Leser wird erkennen, dass immer wieder dieselben Namen auftauchen und die Vernetzungen und Bündnisse untereinander so eng sind, dass es schwer ist, dieses Dickicht zu durchdringen.

Ich arbeite ebenfalls heraus, dass die »Zivilgesellschaft«, die sich eigentlich aus **allen** politischen Spektren (Links, Rechts und Mitte) zusammensetzen sollte, heute von Linksradikalen und sogar von Linksextremen gekapert und unterwandert ist, sodass der Begriff der »Zivilgesellschaft« mehr und mehr zu einer Metapher für linke Politradikale verkommt.

V.

Ich beantworte in diesem Buch außerdem äußerst brisante Fragen, die den grün-links-bunt-woken NGO-Aktivisten wohl Zornestränen in die Augen treiben werden:

- Wieso existiert keine Gesamtaufstellung der staatlichen Förderungen von NGOs?
- Weshalb werden ausschließlich »linke« NGOs mit Steuergeldern gefördert?
- Wieso stuft das Auswärtige Amt seinen NGO-Finanzierungsplan als »geheim« ein, und weshalb ist die staatliche Finanzierung de facto ein »Staatsgeheimnis«?
- Wieso nimmt die Union den Umstand, dass ihre 551 Fragen quasi »nicht beantwortet« wurden, klaglos hin?
- Was steckt hinter dem linken Kampfbegriff der »Zivilgesellschaft«?
- Wie kontrollieren die Behörden die politische Neutralität von NGOs?
- Weshalb muss der deutsche Steuerzahler NGO-Kampagnen finanzieren, die parteiisch sind?

- Was verbirgt sich hinter dem ominösen Begriff »Double Dipping«?
- Wieso trafen sich Staatssekretäre, Staatsminister und sogar der Bundeskanzler mit Correctiv?
- Weshalb werden die Erkenntnisse zum angeblichen Potsdamer »Remigrations-Treffen« von der Regierung als »geheim« und »staatswohlgefährdend« eingestuft?
- Wer finanziert das umstrittene Medienhaus Correctiv?
- Weshalb agiert die Bundeszentrale für politische Bildung wie eine linksgrüne Vorfeldorganisation?
- Weshalb wurde die Greenpeace-NGO in den USA zu einer Strafe von 666 Millionen Dollar verurteilt?
- Warum wird der Kampf gegen die sogenannten »Alternativmedien« immer heftiger?
- Wieso gibt es keine staatlich alimentierten NGOs, die »gegen links« vorgehen?
- Welchen »Trick« können NGOs anwenden, um ihre Finanzierungsquellen zu verschweigen?

Wussten Sie außerdem, dass

- ausgerechnet die Frau von SPD-Chef Lars Klingbeil, der die NGO-Anfrage der Union so vehement kritisiert hatte, selbst eine NGO leitet, die Steuergelder kassiert?
- für manche Linke schon das Lesen von »Mystery«-Romanen »rechts« ist?
- die »entscheidende« Antwort der Bundesregierung zur NGO-Finanzierung medial gar nicht beachtet wurde?
- NGOs und nicht die Sicherheitsbehörden vorschlagen, welche Afghanen nach Deutschland kommen sollen?
- die Gründerin der Amadeu Antonio Stiftung für die Stasi gearbeitet und sogar Freunde bespitzelt hat?
- Gewerkschaften und linke NGOs vehement auf mehr Internetzensur drängen?

- eine DGB-Jugendorganisation einen staatlich geförderten Antifa-»Ratgeber« mit zum Teil halblegalen Tipps herausgegeben hat?
- eine neue Regierung unter Friedrich Merz ein »Anti-Lügen-Gesetz« erlassen will?
- NGOs mit dem »Bett-Brot-Seife-Trick« Asylanten nach Deutschland schleusen?
- auch die EU über 7 Milliarden Euro an NGOs auszahlt?
- NGOs die Bezahlkarte für Flüchtlinge umgehen?
- NGOs Journalisten und Medien vorgeben wollen, was diese sagen sollen?
- die EU NGOs finanziert, die gegen EU-Ziele vorgehen?

All diese Punkte und noch viele mehr werde ich – wie in meinen Publikationen üblich – mithilfe von über 1000 seriösen Quellen und Fakten untermauern, die jeder nachprüfen kann. Viele stammen von der Bundesregierung und den NGOs selbst, sodass es diesen schwerfallen wird, sie zurückzuweisen, denn sie müssten sich selbst widerlegen.

VI.

Ich werde den Leser durch das Dickicht und die verschlungenen Pfade der NGO-Finanzierung führen, verschwiegene Hintergründe ans Tageslicht bringen, unglaubliche Verbindungen und Vernetzungen aufdecken und die Verantwortlichen beim Namen nennen. Sie werden sich erstaunt die Augen reiben.

Als **neutraler** Journalist lasse ich **beide Seiten** zu Wort kommen und hebe mich damit fundamental von den Mainstream-Medien und dem linken Politestablishment ab. Dadurch unterscheidet sich diese Publikation erheblich von der **einseitigen linken Propaganda,** die seitens der Medien und Politik täglich über uns hereinbricht, jegliche andere Sicht als »rechts« dämonisiert und Menschen, die dem Links-Bunt-Narrativ widersprechen, stigmatisiert.

Dieses Buch ist wichtig, denn die Praxis der **einseitigen** Förderung von NGOs mit einer der Regierung gefälligen politischen Agenda dient nicht der Demokratie, sondern ist im Gegenteil ihr größter Feind.[10]

In diesem Sinne alles Gute

Ihr
Michael Grandt

Anmerkung:
Ich gehe das Thema »NGO-Finanzierung« journalistisch-investigativ an. Ich selbst bin in keiner Partei. Vor über 15 Jahren war ich Mitglied in der FDP, bin jedoch aus guten Gründen ausgetreten.

KAPITEL 1

Einleitung

KI-generiert / ChatGPT

Was sind NGOs?

Die politisch korrekte Beschreibung

Eine NGO (*Non-governmental Organization,* Nichtregierungsorganisation) ist eine unabhängige gemeinnützige Organisation, die sich für soziale, humanitäre oder ökologische Zwecke einsetzt. NGOs agieren unabhängig von staatlichen Strukturen und verfolgen das Ziel, gesellschaftliche Missstände zu bekämpfen, Menschenrechte zu schützen oder nachhaltige Entwicklungsprojekte zu fördern.

Die Merkmale einer NGO

1. **Unabhängigkeit:** NGOs sind normalerweise nicht an staatliche Institutionen gebunden, sondern arbeiten eigenständig.
2. **Gemeinnützigkeit:** Sie verfolgen keine kommerziellen Interessen, sondern setzen sich für das Wohl der Gesellschaft ein.
3. **Finanzierung:** Die Mittel stammen hauptsächlich aus Spenden, Mitgliedsbeiträgen oder nationalen und internationalen Förderprogrammen.
4. **Themenvielfalt:** NGOs engagieren sich in unterschiedlichen Bereichen, darunter Umweltschutz, Entwicklungszusammenarbeit, Flüchtlinge, Klima, Bildung und Gesundheitsversorgung.

Beispiele für große NGOs

- **Amnesty International:** Setzt sich weltweit für Menschenrechte und politische Gefangene ein.
- **Ärzte ohne Grenzen:** Bietet medizinische Hilfe in Krisen- und Kriegsgebieten an.
- **Greenpeace:** Engagiert sich für den Umweltschutz und gegen den Klimawandel.
- **Rotes Kreuz:** Unterstützt Katastrophenhilfe und medizinische Versorgung in Notlagen und vieles andere mehr.

Bedeutung von NGOs

NGOs spielen eine wichtige Rolle bei der Bewältigung globaler Herausforderungen. Sie unterstützen Menschen in Not, setzen sich für Gerechtigkeit ein und sensibilisieren die Öffentlichkeit für soziale und ökologische Probleme. Durch ihre Arbeit fördern sie internationale Zusammenarbeit und geben oft denjenigen eine Stimme, die sonst nicht gehört werden.

Die politisch unkorrekte Beschreibung

NGOs sind **eigentlich** ein unverzichtbarer Bestandteil der Zivilgesellschaft. Das Wort »eigentlich« ist in diesem Zusammenhang sehr wichtig, denn, wie wir im Verlauf dieses Buches sehen werden, sind NGOs häufig **auch** Instrumente zur Verbreitung einer linken Ideologie und agieren als Kämpfer gegen alles, was sie selbst als »rechts« stigmatisieren.

Demzufolge sind viele NGOs auch politisch aktiv und wollen »gesellschaftliche Veränderungen« bewirken. Dies kann auf verschiedene Weise geschehen:

- **Lobbyarbeit:** NGOs setzen sich für Gesetzesänderungen oder politische Maßnahmen ein, die ihren Zielen entsprechen.
- **Aufklärung und Sensibilisierung:** Sie informieren die Öffentlichkeit über Missstände und mobilisieren sie für ihre Anliegen.
- **Menschenrechtsarbeit:** NGOs kämpfen gegen Ungerechtigkeiten und setzen Regierungen unter Druck, um Reformen anzustoßen.
- **Internationale Zusammenarbeit:** NGOs arbeiten mit politischen Institutionen, der EU, den Vereinten Nationen oder anderen Organisationen zusammen, um globale Probleme zu lösen.

Viele dieser NGOs werden mit staatlichen Geldern gefördert. Dagegen wäre eigentlich nichts zu sagen, wenn viele von ihnen politisch nicht **einseitig links** agieren würden.

Mein Kommentar: Viel zu viele Organisationen geben so ihre politische Neutralität auf und haben meiner Ansicht nach damit keinerlei Anspruch mehr auf irgendwelche Steuergelder.

Was sind »linke« NGOs?

Das sind Organisationen, die sich für progressive, linke und ökologische Anliegen einsetzen. Sie engagieren sich häufig für soziale Gerechtigkeit, Antidiskriminierung, Arbeitnehmerrechte und Klimaschutz. Ihr Ziel ist es, bestehende gesellschaftliche Strukturen zu hinterfragen und gerechtere Verhältnisse zu schaffen.

Einige Merkmale linker NGOs

- **Soziale Gleichheit:** Sie setzen sich für die Rechte von Minderheiten, Flüchtlingen oder sozial benachteiligten Gruppen ein.
- **Umwelt- und Klimaschutz:** Sie kämpfen gegen Umweltzerstörung und für nachhaltige Entwicklung.
- **Kritik an neoliberalen Strukturen:** Sie hinterfragen wirtschaftliche Ungleichheit und setzen sich für faire Arbeitsbedingungen ein.
- **Antirassismus und Menschenrechte:** Sie arbeiten gegen Diskriminierung und für eine offene Gesellschaft.

Beispiele für bekannte linke NGOs

- **Attac:** Setzt sich für eine Regulierung der Finanzmärkte und soziale Gerechtigkeit ein.
- **Greenpeace:** Kämpft gegen Umweltzerstörung und gegen den Klimawandel.
- **Amnesty International:** Engagiert sich weltweit für Menschenrechte.
- **Fridays for Future:** Setzt sich für den Klimaschutz ein und fordert politische Maßnahmen gegen den Klimawandel.
- **Pro Asyl:** Engagiert sich für Flüchtlingsrechte und eine humane Asylpolitik.
- **Seebrücke:** Fordert sichere Fluchtwege und Seenotrettung.
- **Amnesty International (Deutschland):** Ist eine Menschenrechtsorganisation mit linksliberaler Ausrichtung.

- **Mediendienst Integration:** Beschäftigt sich mit Migration und Integration in Deutschland.
- **Ende Gelände:** Protestiert gegen Kohleabbau und fossile Energien.
- **BUND (Bund für Umwelt und Naturschutz Deutschland):** Ist eine Umwelt- und Naturschutzorganisation mit progressiver Agenda.
- **Deutsche Umwelthilfe (DUH):** Engagiert sich für Umwelt- und Verbraucherschutz, oft mit klimapolitischer Stoßrichtung.
- **Solidarisches Deutschland (ehemals »Aufstehen«):** Stellt ein linkes Bündnis für soziale Gerechtigkeit dar.
- **Medico International:** Kämpft für globale Solidarität und Menschenrechte.
- **Sea-Watch:** Setzt sich für Seenotrettung im Mittelmeer ein.

Dazu kommen:

- **Correctiv**
- **HateAid**
- **Amadeu Antonio Stiftung**
- **Omas gegen Rechts**
- **DGB**
- **Ver.di**
- **Das NETTZ**
- **Campact e. V.**
- **Animal Rights Watch e. V.**
- **Foodwatch e. V.**
- **Dezernat Zukunft e. V.**
- **Agora Agrar gGmbH**
- **Agora Energiewende gGmbH**
- **Netzwerk Recherche e. V.**
- **Germanwatch**
- **Vereint für Demokratie Förderfonds/Allianz Foundation**
- **Gesellschaft für Medienpädagogik und Kommunikationskultur**
- **Neue deutsche Medienmacher*innen**

- **AWO Bundesverband**
- **Terres des Hommes**
- **Deutsche KlimaStiftung**
- **Klima-Allianz Deutschland**
- **Öko-Institut**
- **und Hunderte weitere**

Einige der genannten linken NGOs werde ich in diesem Buch genauer beleuchten. Im Zusammenhang mit Fridays for Future, ihren Hintermännern, ihrer Finanzierung und Ideologie verweise ich auf meine Kopp-Publikation *Kommt die Klima-Diktatur?*.[11]

KAPITEL 2

Am Anfang waren Fragen

KI-generiert / ChatGPT

I. Schon vor DEN Fragen waren Fragen

Das grün-linke Establishment reagierte erbost, als die CDU/CSU der Bundesregierung im Februar 2025 551 Fragen über die Finanzierung von NGOs stellte (siehe unten). Doch schon lange davor, nämlich im April 2024, hatte die AfD ähnliche Fragen gestellt.[12] Die damaligen Antworten der Bundesregierung hatten es in sich, denn sie waren weit aussagekräftiger als jene, die rund ein Jahr später der Union gegeben wurden. Lesen wir einmal rein (Hervorhebungen durch mich):

Antwort der Bundesregierung auf die »Kleine Anfrage« der AfD vom 9. Februar 2024 bezüglich der Finanzierung von Nichtregierungsorganisationen (Drucksache 20/10952 – neu)

1. *Übersieht die Bundesregierung die Durchleitung von Fördermitteln von Nichtregierungsorganisationen an andere Nichtregierungsorganisationen, wenn ja, inwieweit, und inwieweit sind ggf. die unmittelbaren oder mittelbaren Zuwendungsempfänger für die Weiterleitung von Bundesmitteln der Bundesregierung gegenüber rechenschaftspflichtig?*

Eine **zentrale Übersicht** über die **Durchleitung von Fördermitteln** von **Nichtregierungsorganisationen an andere Nichtregierungsorganisationen besteht nicht.** Eine Auswertung danach, ob eine Zuwendung oder Weiterleitung der Zuwendung an oder durch eine Nichtregierungsorganisation erfolgt, ist **methodisch nicht möglich,** da der Begriff der **Nichtregierungsorganisation** (NonGovernmental Organization – NGO) **rechtlich nicht eindeutig definiert** ist und innerhalb der verschiedenen Ressorts in Abhängigkeit von der jeweiligen Fachpolitik unterschiedlich geprägt ist. Hierbei ist zudem zu beachten, dass die Ressorts die Förderungen in ihren jeweiligen Geschäftsbereichen selbstständig und unter eigener Verantwortung vollziehen [...] Eine Auswertung mit vertretbarem Aufwand wäre nur möglich, wenn **alle Letztempfänger datenbankmäßig erfasst würden, was jedoch nicht der Fall** ist.[13]

Mein Kommentar: Dies ist eine skandalöse Enthüllung: Es besteht **keine** staatliche Kontrolle, wenn mit Steuergeldern geförderte NGOs an – beispielsweise – nicht staatlich geförderte NGOs Gelder weitergeben. Dies wird in der Antwort der Bundesregierung auf Frage 2 noch einmal bestätigt.

---

2. *Besitzt die Bundesregierung eine Übersicht über Nichtregierungsorganisationen, die letztlich – also als letztempfangende Nichtregierungsorganisationen – die finanziellen Mittel aus der unmittelbaren Förderung von Nichtregierungsorganisationen in Anspruch nehmen bzw. genommen haben?*

Eine zentrale Übersicht über Nichtregierungsorganisationen, die letztlich – also als letztempfangende Nichtregierungsorganisationen – die finanziellen Mittel aus der unmittelbaren Förderung von Nichtregierungsorganisationen in Anspruch nehmen bzw. genommen haben, besteht nicht […].[14]

4. *[…] Welche Nichtregierungsorganisationen erhielten als Erst-, Zwischen- oder Letztempfänger Mittel aus den Einzelplänen 04, 05 [= Bundeshaushaltsplan Auswärtiges Amt[15]/MGR], 06, 16 oder 23 […]?*

[…] Die erbetenen Angaben vom Einzelplan 05 (AA) sind auf **Wunsch des AA** [Auswärtiges Amt/MGR] als **Verschlusssache gemäß der Allgemeinen Verwaltungsvorschrift des Bundesministeriums des Innern zum materiellen und organisatorischen Schutz von Verschlusssachen** (VS-Anweisung – VSA) mit dem VS-Grad, »VS – Nur für den Dienstgebrauch« eingestuft […] **Die Weiterleitung von Zuwendungen wird im AA nicht systematisch statistisch erfasst.** Die Angaben in der Anlage 2a** entsprechen daher den mit **zumutbarem** Aufwand in der vorgegebenen Frist ermittelbaren Informationen. […] Weitergehende **Recherchen** im Sinne der Fragestellung **würden die Arbeitsfähigkeit der betroffenen Bereiche massiv einschränken,** da sie eine händische Zählung und Auswertung einer Vielzahl von Datensätzen erforderten […].[16]

Mein Kommentar: Eine weitere skandalöse Antwort. Das damals von der Grünen **Annalena Baerbock** geführte Außenministerium teilte die Finanzierung von NGOs als »Verschlusssache«, also als **geheim, unter Ausschluss der Öffentlichkeit,** ein! Das sollte jeden Steuerzahler äußerst hellhörig machen.

Frage (Anlage 1 **korrigiert**):
Welche Nichtregierungsorganisationen erhielten als Erst-, Zwischen- oder Letztempfänger Mittel aus dem Bundesprogramm **»Demokratie leben!«** […]?[17]

Beispiele von NGOs, die aus diesem Programm staatliches Geld erhielten (in Euro):

	2023	2024
▪ **Correctiv**	61000	69000[18]
▪ **Bundesinteressenvertretung schwuler Senioren (BISS) e. V.**	56000	61000[19]
▪ **Sozialistisches Bildungszentrum Haard e. V. (SBZ) – Salvador-Allende-Haus**	176000	146000[20]
▪ **Kölner Flüchtlingsrat e. V.**	64000	79000[21]
▪ **Multikulturelles Forum e. V.**	99000	100000[22]
▪ **RAHMA – Muslimisches Zentrum für Mädchen, Frauen und Familie**	100000	100000[23]
▪ **Dachverband der Migrant*innenorganisationen in Ostdeutschland – DaMOst e. V.**	406000	447000[24]
▪ **Queere Bildung e. V. – Bundesverband für Bildungs- und Aufklärungsarbeit im Bereich sexueller und geschlechtlicher Vielfalt**	206000	200000[25]
▪ **Ibn Rushd – Goethe Moschee gGmbH**	200000	200000[26]
▪ **Islamisches Wissenschafts- und Bildungsinstitut e. V.**	323000	300000[27]
▪ **Heinrich Böll Stiftung e. V., Gunda Werner Institut**	500000	500000[28]
(Anmerkung: Die Heinrich-Böll-Stiftung ist eine parteinahe Stiftung der **Grünen**)		
▪ **Bundesverband Trans* e. V.**	600000	600000[29]
▪ **HateAid gGmbH**	696000	699000[30]

▪	**Das NETTZ gGmbH**	1070000	1045000[31]
▪	**TGD – Türkische Gemeinde in Deutschland-Almanya Türk Toplumu e. V.**	794000	791000[32]
▪	**Amadeu Antonio Stiftung**	1038000	1206000[33]
▪	**Muslimische Jugend in Deutschland**	69000	76000[34]
▪	**Bunt statt braun e. V.**	77000	132000[35]

Und so weiter und so fort ...
Hier ist die Liste **aller** von der Bundesregierung **geförderten NGOs** (über 310 kleingedruckte Seiten!) einsehbar: *https://dserver.bundestag.de/btd/20/109/2010952.pdf.*

Wir erkennen also, dass die Bundesregierung auf die AfD-Anfrage von 2024 etwas redseliger und auskunftsfreudiger reagiert hat, als sie es ein Jahr später tun sollte.

***

Alleine aus dem bereits angesprochenen Bundesprogramm »Demokratie leben!« des Bundesfamilienministeriums wurden und werden seit 2025 rund **580 Projekte** mit einem Volumen von **182 Millionen Euro** gefördert.[36] Wie diese Aufstellung zeigt, sind viele dieser Projekte links und gegen rechts gerichtet, Migranten zugewandt, LGBTQ-freundlich, Islam-freundlich und unterstützen die Zensur im Internet.

Im Kapitel → »Hintergrund: Das Bundesprogramm ›Demokratie leben!‹« werde ich auf dieses umstrittene Projekt genauer eingehen. Wie es mit der **Gesamtfinanzierung** von NGOs aussieht, erläutere ich dann im Kapitel → »›Staatsgeheimnis‹ NGO-Finanzierung«.

II. Fragen, die nicht gestellt werden durften

Im Februar 2025 stellte dann auch die Union der damaligen rot-grünen Bundesregierung Fragen zur Finanzierung von gemeinnützigen Organisationen, und zwar insgesamt 551.[37] Daraufhin riefen mehrere NGOs zu »Demos gegen rechts« und gegen die CDU auf, bei denen Hunderttausende von Menschen protestierten. Ich werde im Kapitel → »Vorspiel: Linke NGOs wollen die Meinungsfreiheit einschränken« genauer darauf eingehen.

Besonders scharfe Kritik kam von den roten Genossen, den Linken und den Grünen.[38] Dabei hatte die CDU lediglich von ihrem Recht der parlamentarischen Kontrolle Gebrauch gemacht. Sie wollte von der noch amtierenden Bundesregierung wissen, ob sie die politische Neutralität der von ihr geförderten Organisationen gewährleistet sieht, oder ob sich diese Organisationen nicht doch parteipolitisch betätigen. Dann nämlich wäre deren Zweck, so die Argumentation, nicht mehr gemeinnützig, was weitreichende rechtliche und finanzielle Auswirkungen hätte. Wörtlich heißt es (Hervorhebungen durch mich):

> *Die Kritik an der Einflussnahme gemeinnütziger Organisationen geht jedoch über einzelne Proteste hinaus. Manche Stimmen sehen in den Nichtregierungsorganisationen* ***(NGOs) eine Schattenstruktur,*** *die mit staatlichen* ***Geldern indirekt Politik betreibt.*** *Laut einem Bericht der »Welt« erhalten zahlreiche NGOs, die sich* ***öffentlich politisch links positionieren, finanzielle Mittel aus Bundesministerien.*** *Dies stellt ein Spannungsverhältnis dar, denn wenn diese Organisationen aktiv in politische Meinungsbildung eingreifen, könnte dies ein* ***Verstoß gegen die demokratische Grundordnung sein.***[39]

In besagtem Bericht hatte die *Welt* geschrieben (Hervorhebungen durch mich):

> *Die NGOs sind in Deutschland längst ein Staat im Staate – und greifen, von der* ***Bundesregierung mit Steuergeldern finanziert, in die***

> ***demokratische Willensbildung** ein. **Wer eine andere Politik in Deutschland will, muss die manipulative Macht dieser verfassungswidrigen Institutionen brechen.***[40]
>
> *[Und an anderer Stelle:]*
>
> *Vor allem die **grün geführten Ministerien für Familie und Umwelt** haben mit Steuergeldern die Massenproteste ›gegen rechts‹ **mitfinanziert. Staatsrechtler halten das für illegal.***[41]

Die CDU schrieb in ihrer Anfrage ergänzend:

> *Ein besonders **umstrittenes Beispiel ist der Verein ›Omas gegen Rechts‹** [siehe entsprechendes Kapitel], der über das Programm »Demokratie leben!« **Fördermittel erhalten hat. Während der Verein betont, dass er sich aus Spenden und Mitgliedsbeiträgen finanziere,** gehört die staatliche Förderung ebenfalls zu seinen Finanzierungsquellen. **Ähnliche Vorwürfe gibt es gegenüber Umweltorganisationen** wie dem BUND, die sich **in politische Debatten einmischen.** Während sie argumentieren, dass Umweltpolitik untrennbar mit politischen Entscheidungen verbunden sei, **kritisieren Staatsrechtler, dass solche Aktivitäten über den eigentlichen gemeinnützigen Zweck hinausgehen.** Insgesamt zeigt sich ein rechtliches Spannungsfeld: Einerseits haben gemeinnützige Organisationen das Recht, sich gesellschaftspolitisch im Rahmen ihres Satzungszwecks zu äußern, andererseits dürfen sie nicht parteipolitisch agieren, wenn sie steuerlich begünstigt werden.*[42]

Hier sind die wichtigsten Fragen der CDU an die Bundesregierung:

1. *Welche gemeinnützigen Körperschaften wurden in der 20. Legislaturperiode des Deutschen Bundestages mit Bundesmitteln gefördert (bitte absteigend nach Höhe der Förderung auflisten)?*

> 5. *Inwiefern unterscheiden sich die Strukturen und Arbeitsweisen von mildtätigen gemeinnützigen Körperschaften und politisch aktivistischen gemeinnützigen Körperschaften?*
>
> *[...]*
>
> 5. *Gibt es Beispiele für gemeinnützige Organisationen, die sich bewusst aus politischen Debatten heraushalten, und wenn ja, welche?*
> 6. *Wird derzeit vor zuständigen Bewilligungsbehörden geprüft, ob Fördermittelempfänger des Bundesprogramms »Demokratie leben!«, wie unter anderem die Partnerschaften für Demokratie, die erhaltenen Fördergelder missbräuchlich für parteipolitische Zwecke eingesetzt haben?*
> 7. *Wie hat sich die Rechtsprechung in Deutschland zur politischen Betätigung gemeinnütziger Organisationen in den letzten Jahren entwickelt?*
> 8. *Wie sollte ein Reformvorschlag aussehen, um Missbrauch gemeinnütziger Organisationen für parteipolitische Zwecke zu verhindern?*[43]

Die Union hinterfragte die Struktur, das Wirken und die Finanzierung unter anderem von folgenden Organisationen:[44]

- Omas gegen Rechts e. V.
- Correctiv gGmbH
- Campact e. V.
- Attac Trägerverein e. V.
- Amadeu Antonio Stiftung
- PETA Deutschland e. V.
- Animal Rights Watch e. V.
- Foodwatch e. V.
- Dezernat Zukunft e. V.
- Deutsche Umwelthilfe e. V.
- Agora Agrar gGmbH
- Agora Energiewende gGmbH
- Netzwerk Recherche e. V.

Auf einige dieser NGOs werde ich in den folgenden Kapiteln näher eingehen, vor allem auf ihre Hintergründe, Vernetzungen und Finanzierungen.

***

Die AfD reagierte auf die Unionsanfrage teilweise mit Spott. So sagte der Abgeordnete Stephan Brandner, die CDU/CSU sei zu spät aufgewacht: »Sowohl im Bund als auch in den Ländern hat sie selbst Abermillionen Euro an linke Organisationen verschenkt, um sich ein politisches Vorfeld zu finanzieren.« Jetzt kritisiere sie das, weil sie selbst zum Angriffsziel der steuergeldfinanzierten sogenannten »Zivilgesellschaft« geworden sei.[45]

Wie schon erwähnt: Die AfD hatte eine ähnliche Anfrage bereits im April 2024 an die Bundesregierung gestellt und interessantere Antworten erhalten (siehe oben). Besonders zur Finanzierung der NGOs gibt die Antwort an die AfD viel mehr her (siehe dazu das Kapitel → »›Staatsgeheimnis‹ NGO-Finanzierung«).

***

Doch auch so waren die Unions-Fragen harte Schläge ins Kontor des links-grün-woken Polit- und Medienestablishments, weil diese – im Gegensatz zu jenen der AfD – nun breite mediale Aufmerksamkeit erhielten.

Janine Beicht schrieb dazu auf Transition News:

> *Friedrich Merz' Fraktion will nun Antworten auf eine unangenehme Frage: Warum müssen deutsche Steuerzahler politische Kampagnen finanzieren, die definitiv parteiisch sind? Eine Frage, die in Berlin anscheinend wie eine Majestätsbeleidigung wirkt und die linken Gemüter erhitzt.*[46]

Und genauso kam es auch:

- Die **Linke**, etwa die Abgeordnete Clara Bünger, kritisierte die Anfrage als »Frontalangriff« auf die Demokratie:

  Mit einer parlamentarischen Anfrage rächt sich die Union für die antifaschistischen Proteste der letzten Wochen und startet zugleich einen beispiellosen Angriff auf die demokratische Zivilgesellschaft. Das erinnert an autoritäre Staaten und ist angesichts der Tatsache, dass die Union aller Wahrscheinlichkeit nach die nächste Bundesregierung anführen wird, äußerst besorgniserregend.[47]

- **Grünen**-Fraktionschefin Britta Haßelmann sagte:

  Es sieht alles danach aus, dass Teile der Zivilgesellschaft hier eingeschüchtert werden sollen.[48]

- Auch der **Grünen**-Europapolitiker Sergey Lagodinsky kritisierte:

  »Diese Anfrage ist ein Angriff auf die freie Zivilgesellschaft in Deutschland« und sprach von »fast schon Trumpschen Verhältnissen«.[49]

- Die Parlamentarische Geschäftsführerin der **Grünen**-Bundestagsfraktion, Irene Mihalic, sagte dem RedaktionsNetzwerk Deutschland, die Union kopiere »Form und Stil der AfD«.[50]
- **SPD**-Chef Lars Klingbeil warf Merz und der Union »ein Foulspiel« vor. Hier würden Organisationen, die sich für Demokratie einsetzten, »an den Pranger gestellt«. Klingbeil sagte direkt vor den Sondierungsgesprächen mit der Union, sie »sollte noch mal sehr schnell in sich gehen, ob sie daran festhält«.[51]
- Die linke NGO **Attac** blies ins selbe Horn:

  »Der zu befürchtende Großangriff auf die emanzipatorische Zivilgesellschaft unter einer Regierung Merz hat begonnen« und: Der Einsatz für soziale Gerechtigkeit und der Kampf gegen rechts seien der Union offensichtlich »ein Dorn im Auge«.[52]

- Die »unabhängige« NGO **Amnesty International Deutschland e. V.** (die sich u. a. für eine »Menschenrechtskonforme nationale Umsetzung der Reform des Gemeinsamen Europäischen Asylsystems«[53]) einsetzt,[54] jammerte:

  > *Am Tag nach der Bundestagswahl richtet sich die CDU/CSU gegen die Zivilgesellschaft.*[55]

- Die **linke *taz*** schrieb in einem Kommentar:

  > *So etwas gab es bisher nur von der AfD. [...] Der Union geht es offensichtlich nicht um Fakten, es geht ihr um rechten Kulturkampf. Die Anfrage soll einschüchtern.*[56]

- Die **sozialistische Zeitung** *nd.DerTag*, die einst unter dem Namen *Neues Deutschland* das Zentralorgan der SED und DDR-Staatsführung war,[57] meinte:

  > *All das erinnert an Versuche zur Einschränkung der Zivilgesellschaft in Ungarn, Russland oder Georgien. Unabhängig davon, dass das von der CDU angemahnte Gebot zur politischen Neutralität für NGOs überhaupt nicht gilt, könnte die Anfrage großen Schaden anrichten, indem sie Organisationen wie Correctiv, Omas gegen Rechts oder Greenpeace schwächt und der AfD als Kanonenfutter dient.*[58]

Aber warum haben diese besagten 551 Fragen solche Unruhe und fast schon Panik im links-grün-bunten Polit- und Medienestablishment ausgelöst? Offenbar ist es die Angst mancher linken NGOs um ihre mit Steuergeldern prall gefüllten Futtertröge.

Antworten, die keine Antworten sind

Die Bundesregierung antwortete nach einigen Tagen, aber erst **nachdem** sie die Sondierungsgespräche zwischen Union und SPD beendet hatte. Zufall?

Wie dem auch sei: Dass sie gar keine umfassenden Antworten auf die 551 Fragen geben wollte, ging schon aus der Bemerkung hervor, in der es hieß, die Bundesregierung sehe es nicht als ihre Aufgabe an, frei verfügbare Informationen zusammenzutragen und aufzuarbeiten.

- Der zentrale Satz in der Antwort war dann auch nicht anders zu erwarten: **»Die Bundesregierung sieht keine Anhaltspunkte für die in der Kleinen Anfrage enthaltene Behauptung, wonach die geförderten ›NGOs eine Schattenstruktur‹ bildeten.«**[59]
- **71 Mal** antwortete die Regierung mit: »*Der Bundesregierung liegen hierzu keine Erkenntnisse vor.*«[60]
- **8 Mal** schrieb sie, ihr lägen dazu »*keine Informationen*« vor oder, es sei nicht ihre Aufgabe, solche Informationen zu sammeln.[61]
- Auf die Fragen, wie viel Steuergeld jene NGOs erhielten, nach denen die Union gefragt hatte, hieß es, dass eine Antwort in »*vorgesehener Frist nicht zu leisten*« sei.[62]
- Weitere **17 Fragen** konnten wegen »*der unspezifischen Fragestellung*« nicht beantwortet werden.[63]

Die *Bild* schrieb damals dazu:

> *Die Noch-Bundesregierung hat auf die 551 Fragen keine Antworten. Was genau mit den von den Ministerien verteilten Geldern passiert, wie es eingesetzt wird und wer es überhaupt bekommt, bleibt weitestgehend offen.*
>
> *[…]*
>
> *In einer Vorbemerkung auf die Fragen heißt es: Es sei nicht die Aufgabe der Bundesregierung, »allgemeine Informationen über die*

> *Aktivitäten und Kontakte von Organisationen zu sammeln, zu überwachen oder zu bewerten«. Es sei »nicht Bestandteil der parlamentarischen Kontrollfunktion des Bundestages […], frei verfügbare Informationen durch die Bundesregierung zusammentragen und anschaulich aufbereiten zu lassen«. Heißt: Die Fragesteller sollten sich die Informationen doch bitte selbst mühsam zusammentragen.*[64]

Die *Neue Zürcher Zeitung* kommentierte:

> *Steuergelder für »Correctiv«? Auf diese Fragen gibt die deutsche Regierung lieber keine Antwort.*[65]

Auf dieses skandalöse »Nichtwissen« der Bundesregierung über die Förderung beziehungsweise Finanzierung vieler linker NGOs mit Millionen Steuergeldern gehe ich im Kapitel → »›Staatsgeheimnis‹ NGO-Finanzierung« genauer ein.

Abgekartetes Spiel?

Schon **vor** Beginn der Sondierungsgespräche zwischen SPD und Union kritisierte SPD-Chef Lars Klingbeil in einem Interview:[66]

> *Ich kann mir keine Situation vorstellen, wo wir morgens in Arbeitsgruppen zusammensitzen und über die Investitionen in die Bundeswehr, in die Bahn oder Infrastruktur diskutieren. Und nachmittags erlebe ich, dass die Union genau solche Anfragen rausschickt und Organisationen, die unsere Demokratie schützen, an den Pranger stellt.*

Er forderte die Union sogar auf, die **Anfrage zurückzuziehen,** dabei hatte die **SPD** selbst zu Demonstrationen gegen die AfD **aufgerufen.**[67]

So kam es, wie es kommen **musste:**

Angesichts der Tatsache, dass die Fragen während der Sondierungsgespräche und kurz danach »beantwortet« wurden, vermutete sogar die *Bild*, dass es sich hier um ein abgekartetes Spiel zwischen der Union und der SPD handelte (Hervorhebungen durch mich):

> *Es ist ein **abgekartetes Spiel** von Union und SPD. Es geht um **gespielte** Empörung und **heimliche Absprachen** bei einer Regierungsanfrage.*
>
> *[…]*
>
> ***Hinter den Kulissen** handelten Union und SPD nach* Bild*-Informationen hingegen ein **gesichtswahrendes** Schauspiel aus:*
>
> *Akt 1: Die Regierung beantwortet die Fragen. Sie spielt nicht – wie sonst üblich – auf Zeit und beantragt Fristverlängerung. Sondern liefert pünktlich Antworten. Und die SPD stellt ihr Gemecker über die Unions-Fragen ein.*
>
> *Akt 2: In den Antworten der Bundesregierung steht nichts. Stattdessen erklärt die Noch-Regierung, dass ihr leider, leider keine Informationen vorliegen würden. **Eigentlich müsste jetzt die Union über dieses wortreiche Nichtssagen schäumen.** Doch **CDU/CSU schweigen, nehmen die Nonsens-Antworten kommentarlos** entgegen. **Damit räumten Union und SPD das Zank-Thema ab** […].*[68]

Apollo News kommentierte (Hervorhebungen durch mich):

> ***Absprache:** Union und SPD einigten sich darauf, dass die 551 Fragen zu NGOs ins **Leere laufen.** Die 551 Fragen der Union zur staatlichen Förderung von NGOs sollten offenbar nie adäquat beantwortet werden – und genauso ist es gekommen. Die SPD-Ministerien wichen aus, lieferten keine konkreten Informationen, und die **Union nahm es kommentarlos hin.***
>
> *[…]*
>
> *Die **Union** hat bei ihrem Fragenkatalog zur staatlichen Förderung von NGOs nun **offiziell klein beigegeben** – offenbar sollten die Fragen*

> *nie adäquat beantwortet werden. […] Zuvor hieß es,* ***Merz und Klingbeil*** *hätten sich »mit Beginn der Sondierungsgespräche auf* ***einen Umgang mit den Fragen der Union verständigt****«, erklärte die SPD.*[69]

Mein Kommentar: Das ganze Schmierentheater demonstrierte uns wieder einmal, dass man Politikern nicht trauen kann. Friedrich Merz zeigte erneut sein Umfallergesicht und bewies damit einmal mehr, dass er auf Teufel komm raus einfach nur Kanzler werden wollte.

Doch die Union hat ihre Rechnung nicht mit dem prominenten Rechtsanwalt Joachim Steinhöfel gemacht. Denn dieser schrieb am 2. April 2025 auf X:

> *Zum Stand der 551 NGO-Fragen. Die CDU-Liste war teilweise nutzbar, teilweise mangelhaft. Wir räumen diese Liste gerade auf und ergänzen sie durch weitere Fragen. Dann geht die Liste raus: An die neue Bundesregierung!* ***Damit die CDU ihre eigenen Fragen beantworten muss.***[70]
>
> *Am 7. Mai 2025 war es dann soweit. Steinhöfel schickte insgesamt 91 Fragen an die neue Regierung: 61 Fragen aus dem Katalog, den die Union im Februar selbst an die Regierung von SPD und Grünen gestellt hatte und 30 neue Fragen.*[71]

Man darf gespannt sein, was daraus wird!

NGO Initiative D21: Ganz großes Verarsche-Theater?

Pikant: Ausgerechnet die Frau von SPD-Chef Klingbeil, der die NGO-Anfrage der Union so vehement kritisiert hatte, leitet eine NGO, die ebenfalls Steuergelder kassiert. Ein Schelm, der Böses dabei denkt!

Doch Klingbeils Frau heißt nicht etwa Klingbeil (das wäre ja auch zu schön), sondern Lena-Sophie Müller.[72] Und genau diese Lena-Sophie Müller ist Geschäftsführerin der NGO Initiative D21,[73] die die »digitale Transformation« voranbringen will[74] und durch Ex-Bundeskanzler Gerhard Schröder (SPD) mitgegründet wurde.[75]

D21 gibt auf ihrer Webseite als »Partner« 2023/2024 unter anderem das damals von der grünen Ministerin Lisa Paus geführte **Bundesministerium für Familie, Senioren, Frauen und Jugend** an. Ebenfalls »gefördert« wurde D21 von dem grünen Minister Robert Habeck, der damals das **Bundesministerium für Wirtschaft und Klimaschutz** leitete (Stand: März 2025).[76] Habeck bewarb den »D21-Digital-Index 2023/2024« (das jährliche Lagebild zur Digitalen Gesellschaft) sogar.[77] Für den »Government MONITOR 2024« warb dann die damalige **Bundesinnenministerin** Nancy Faeser **(SPD)** öffentlich.[78]

Hört, hört: Lena-Sophie Müller ist darüber hinaus **stellvertretende Vorsitzende des Beirats Junge Digitale Wirtschaft des Bundesministers für Wirtschaft und Klimaschutz** (BMWK) von Robert Habeck, **Mitglied im Digitalrat des Bundesverteidigungsministeriums** (BMVg) sowie seit 2019 im **Digitalrat der BDA.**[79] Man kennt sich also! Dass ausgerechnet diese Initiative Tausende von Euro Steuergelder bekommt und Lars Klingbeil, der Mann der Geschäftsführerin dieser NGO, sich so vehement gegen die 551-Unionsfragen zur Finanzierung von NGOs aussprach, ist purer Zufall?

***

Und so wurde die Lobbyorganisation D21 im Jahr 2023 laut Lobbyregister finanziert (neuere Zahlen noch nicht veröffentlicht):

Zuwendungen oder Zuschüsse der öffentlichen Hand

Geschäftsjahr: 01/23 bis 12/23

Zuwendungen oder Zuschüsse über 10.000 Euro (4):

1. **Bundesministerium für Wirtschaft und Klimaschutz**
   Deutsche Öffentliche Hand – Bund
   Berlin
   Betrag: 40.001 bis 50.000 Euro
   Studienprojekt D21-Digital-Index 2022/2023, Studie über die Entwicklung der Digitalisierung in Deutschland

2. **Bundesministerium für Wirtschaft und Klimaschutz**
   Deutsche Öffentliche Hand – Bund
   Berlin
   Betrag: 50.001 bis 60.000 Euro
   Studie D21-Digital-Index 2023/2024, Studie über die Entwicklung der Digitalisierung in Deutschland

3. **Bundesministerium für Digitales und Verkehr**
   Deutsche Öffentliche Hand – Bund
   Berlin
   Betrag: 20.001 bis 30.000 Euro
   Projektfinanzierung Digital Future Challenge im Haushaltsjahr 2023 als Hochschulwettbewerb zur Corporate Digital Responsibility.

4. **Bundesministerium des Innern und für Heimat**
   Deutsche Öffentliche Hand – Bund
   Berlin
   Betrag: 40.001 bis 50.000 Euro
   Unterstützung der Veranstaltung GovTalk 2023

Quelle: Screenshot Deutscher Bundestag: Lobbyregister, Registernummer: R003404, *https://www.lobbyregister.bundestag.de/suche/R003404/31867?backUrl=/suche?q=Initiative+D21&pageSize=25&filter%255Bactivelobbyist%255D%255Btrue%255D=true&sort=RELEVANCE_DESC*

Die Initiative hat demnach im Jahr 2023 insgesamt zwischen **150 000 und 190 000 Euro** Förderung durch Steuergelder erhalten.

Apollo News schrieb zu diesem Thema (Hervorhebungen durch mich):

> ***Ausgerichtet ist die Initiative D21 klar politisch.*** *So richtet die Organisation alljährlich den sogenannten* ***Girls' Day***[80] *aus. Hierdurch soll »stereotypes Denken« überwunden werden und »eine* ***vielfältigere***

> ***und inklusivere Gesellschaft**« gefördert werden. Ebenso profitierte der Verein von der **Coronakrise.** Mit **Unterstützung der Bundesregierung entwarf man in diesem Zusammenhang zahlreiche Studien.** Etwa widmete man sich dem Thema »Home-Office in Zeiten von Corona«.*[81]

Ein Ziel von D21 ist es zudem, **Desinformationen** mit Nachrichtenkompetenz zu **bekämpfen** (Hervorhebungen durch mich):

> *Durch **Desinformationen im Netz gerät der demokratische Dialog** zunehmend unter Druck. 64 Prozent der Bürger*innen sehen die Demokratie am stärksten durch Desinformationen im Netz bedroht. Mit ihrer Digitalstrategie will die Bundesregierung die Kompetenz in der Bevölkerung dafür erhöhen, Qualitätsmedien zu erkennen und **insbesondere Desinformationen im Internet zu bekämpfen.** Hierfür soll ein Förderprogramm aufgesetzt werden. Das Monitoring unterstreicht die Dringlichkeit dieses Ziels. Die Hälfte der Bevölkerung (50 Prozent) traut sich zu, die Richtigkeit von Nachrichten und Quellen im Internet zu prüfen. Mit einem Anstieg von 4 Prozentpunkten im Vergleich zum Vorjahr geben etwas mehr Menschen an (60 Prozent), **unseriöse Nachrichten** erkennen zu können. Zur Erreichung des Ziels muss das Förderprogramm diese positive Entwicklung messbar verstärken.*[82]

Alles klar, woher der Wind weht?

Im Kapitel → »Es kann jeden treffen: SO wird ›Hassbotschaft‹ im Internet definiert« gehe ich genauer darauf ein, was »Desinformationen« sein sollen.

Mein Kommentar: Für mich ist D21 eine weitere staatlich geförderte NGO, die den Menschen auf die Finger und in die Gehirne schauen will, ob sie auch »richtig«, also im Sinne der »Zivilgesellschaft«, denken. SPD-Chef Lars Klingbeil kritisierte

Unions-Fragen zur Finanzierung von NGOs scharf. Seine Ehefrau ist Leiterin einer NGO, die von Ex-Kanzler Gerhard Schröder (SPD) mitgegründet wurde, die auch von Bundesministerien Steuergelder erhält und vom Bundeswirtschaftsminister (Die Grünen) und von der Bundesinnenministerin (SPD) beworben wurde. Das riecht für mich nach ganz großem Verarsche-Theater!

Die bereits totgeglaubten Grünen steigen plötzlich wieder aus ihren Gräbern hervor

Keinesfalls aber dürfen wir bei den de facto Nicht-Antworten der Bundesregierung auf die berechtigten Fragen der Union und deren Umgang mit ihnen die **dritte Macht im Staate,** nämlich die **Grünen,** vergessen, die Friedrich Merz mit dem Klimafonds so galant am Nasenring durch die Manege gezogen haben.

Denn die Partei, die bei der Bundestagswahl eigentlich weitgehend aus der Regierungsverantwortung eliminiert worden war, stieg plötzlich wieder aus ihrem Grab hervor, weil die **CDU/CSU und die SPD ihre Stimmen brauchten, um wegen der neuen Billionenschuldenaufnahme das Grundgesetz zu ändern.** Matthias Nikolaidis beschrieb die wundersame Auferstehung in *Tichys Einblick* folgendermaßen (Hervorhebungen durch mich):

> *Die Krone setzten dem Geschehen die* ***Grünen*** *auf, als sie mitten in den Verhandlungen um zwei gigantische Schuldenprogramme (alias »Sondervermögen«) des Bundes die* ***Forderung stellten,*** *dass auch die ominöse »Zivilgesellschaft« bei der Abwehr der russischen Gefahr helfen soll, und das natürlich in der Weise, die ihr allein zur Verfügung steht: mit der* ***Abwehr von »Desinformation« und »Fake News«*** *oder auch durch den* ***»Schutz der informationstechnischen Systeme«, vulgo des Internets*** *und* ***seiner Plattformen.*** *Das wäre dann laut den Grünen ein »umfassender, breiter und integrierter Sicherheitsbegriff«, der übrigens* ***die eigenen Bürger als mögliche »Angreifer« miteinschließt.*** *In der Kontrolle der Datenströme treffen sich*

Union, SPD und Grüne am ehesten. Sie alle haben das Internet als den nächsten Endgegner schon ins Visier genommen.[83]

Mein Kommentar: Friedrich Merz wollte, koste was es wolle, Bundeskanzler werden. Dafür nahm er alles in Kauf:

- Wähler(ent)täuschung
- 180-Grad-Wende bei vielen seiner Versprechungen
- Billionenschulden
- Kuscheln mit der sozialistischen SPD, die ihn über den Tisch gezogen hat
- Zugeständnisse für die ökosozialistischen Grünen, die ihn über den Tisch gezogen haben

Was interessierten ihn da schon ein paar läppische Antworten auf Fragen, die er selbst gestellt hatte? Die Grünen waren jedenfalls mit im Boot, wenn es um Grundgesetzänderungen und um die Kanzlerwahl ging, und kassierten obendrauf noch 100 Milliarden (!) für ihre Klimasektenziele – einen Betrag, den sie in dieser Höhe selbst nie gefordert hatten. Das beweist: Die Grünen sind die Dritte Macht im Staate und dürfen dafür auch »ihre« NGO-Finanzierungen behalten, ohne dass seitens der Union wegen der unzureichenden Antworten auf ihre Fragen nachgehakt wird.

Die Amadeu Antonio Stiftung triumphiert

Wie oben erwähnt, hatte die rot-grüne Noch-Bundesregierung am 12. März 2025 in ihrer Antwort auf die »Kleine Anfrage« der Unionsfraktion Stellung bezogen: Demnach übernehmen gemeinnützige Organisationen **keine** politischen Entscheidungsfunktionen und setzen für politische Proteste **keine** staatlichen Mittel ein. Die Realität sieht jedoch ganz anders aus, und viele, die dieses Buch aufmerksam lesen, werden sich meiner Ansicht gewiss anschließen.

Nichtsdestotrotz erklärte Timo Reinfrank, der Geschäftsführer der Amadeu Antonio Stiftung, triumphierend (Hervorhebungen durch mich):

> *Die Bundesregierung hat eine bemerkenswert eindeutige Klarstellung vorgenommen: Zivilgesellschaftliches Engagement ist rechtlich abgesichert und demokratiepolitisch erwünscht. Organisationen wie die unsere leisten einen wichtigen Beitrag zur politischen Bildung, zur Aufklärung über verfassungsfeindliche Bedrohungen und zur Unterstützung von Betroffenen rechter Gewalt – aber sie sind keine politischen Akteure im engeren Sinne. Die Behauptung, es gäbe eine »Schattenstruktur« von NGOs, ist schlicht absurd.*
>
> *[…]*
>
> *Die Vorstellung, dass zivilgesellschaftliche Organisationen als verlängerter Arm einer politischen Agenda wirken oder gar eine Parallelstruktur zur Regierung bilden, ist nicht nur falsch, sondern hochproblematisch. Solche Narrative stammen aus dem* ***verschwörungsideologischen Spektrum*** *und wurden in der Vergangenheit gezielt genutzt, um demokratische Akteure zu diskreditieren. Die Bundesregierung hat diesem Versuch mit einem Faktencheck für die Union eine klare Absage erteilt.*[84]

Mein Kommentar: Damit machte Reinfrank genau das, was alle Linken und Gutmenschen machen: **Jede** Kritik an der Verbindung der NGOs mit ihren staatlichen Futtertrögen wird sofort als »Verschwörungsideologie« abgetan – ein Totschlagargument, das aber nicht für mich gilt, denn ich pfeife darauf und lasse mir von linken und grünen Radikalen nicht den Mund verbieten.

Übrigens gibt es den von Reinfrank beschworenen »Faktencheck« der Regierung gar nicht, denn diese hat, wie wir noch sehen werden, so gut wie gar keine Kenntnisse über die **Gesamt**finanzierung von NGOs. Dennoch schrieb die Stiftung in ihrer Stellungnahme:

Die Amadeu Antonio Stiftung begrüßt diese klare Haltung der Bundesregierung und erwartet, dass sich diese Unterstützung auch im Koalitionsvertrag der neuen Bundesregierung widerspiegelt – mit einer verlässlichen Förderung der Zivilgesellschaft als zentralem Akteur im Kampf gegen alle Formen von Verfassungsfeindlichkeit und für Demokratie.[85]

NIUS stellt Grünen-Ministerin Lisa Paus zum NGO-Komplex

Ende März 2025 stellte eine Reporterin von Julian Reichelts Plattform NIUS die grüne Bundesfamilienministerin Lisa Paus, deren Ministerium über das Bundesprogramm »Demokratie leben!«[86] für die Finanzierung vieler meist linker NGO-Projekte verantwortlich ist. NIUS wollte die Ministerin zum »NGO-Komplex« befragen.

Hier der Wortlaut als Mitschrift aus dem Video:

NIUS: Hallo Frau Paus, Pauline Voss von NIUS. Ich möchte gerne wissen: Haben Sie als Ministerin Steuergelder im Rahmen von »Demokratie leben!« missbraucht, um politisch gegen die Opposition vorzugehen?
PAUS: Nein.
NIUS: Das haben Sie nicht?
PAUS: Nein.
NIUS: Sie haben ja gesagt, dass es Menschen gibt, die gerade noch so wissen, was innerhalb der Meinungsfreiheit zulässig ist, und dass Sie diesem Umstand Rechnung tragen möchten.* Das klang sehr bedrohlich. Was meinten Sie genau damit?
PAUS schweigt.
NIUS: Möchten Sie diesen Satz nicht erklären?
PAUS: Ich habe den Satz mehrfach erklärt, aber ich möchte NIUS keine Interviews geben, weil NIUS [*unverständlich* …] kein seriöses Medium ist.

NIUS: Aber gehört es in der Demokratie nicht dazu, mit allen zu reden?
PAUS schweigt.
NIUS: Warum möchten Sie mit uns nicht reden, wenn Ihnen die Demokratie doch so wichtig ist? Da geht es doch auch darum, mit seinen Gegnern zu reden!
PAUS: Genau, aber es geht nicht darum, den Menschen Worte falsch im Mund umzudrehen, und deswegen sage ich nochmals: NIUS ist kein seriöses Medium.
NIUS: Aber wir wollen Ihnen die Chance geben, [das] richtig zu stellen.
PAUS: Wenn ich daran glauben würde, würde ich Ihnen ein Interview geben
Paus verschwindet hinter der Tür zu einer Veranstaltung.[87]

* Paus hatte wörtlich gesagt: »Wir wollen außerdem dem Umstand Rechnung tragen, dass Hass im Netz auch **unterhalb** der Strafbarkeitsgrenze vorkommt. Viele Feinde der Demokratie wissen ganz genau, was auf den Social-Media-Plattformen gerade noch so unter Meinungsfreiheit fällt.«[88]

Mein Kommentar: Dies ist also die Strategie, wenn die zuständige grüne Ministerin über die Finanzierung von – meist linken – NGO-Projekten befragt wird: ausweichen und den Fragesteller als unseriös diskreditieren. Ein seltsames und äußerst befremdliches Verständnis von Demokratie und Meinungsfreiheit!

Die neue Familienministerin Katrin Prien (CDU) wird den Kurs ihrer Vorgängerin weiterführen, da bin ich mir ganz sicher. *Apollo News* schrieb dazu treffend:

»Mit Karin Prien hat man das dafür bestmögliche Bindeglied zwischen CDU und ›Zivilgesellschaft‹ im entscheidenden Ministerium postiert – eine Parteilinke, die schon als Ministerin in Schleswig-Holstein freudig mit linksradikalen Organisationen wie der Amadeu Antonio Stiftung zusammengearbeitet hat«[89] - alles klar?

KAPITEL 3

Vorspiel: Linke NGOs wollen die Meinungsfreiheit einschränken

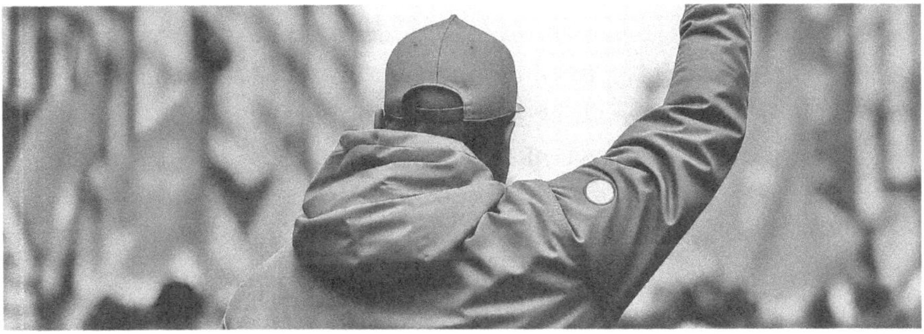

KI-generiert / ChatGPT

I. Politische Neutralität staatlich geförderter Organisationen: Eine Lüge auf Kosten des Steuerzahlers?

»Gerade in den Ministerien der Grünen haben sich NGOs wie Kraken ausgebreitet. Greenpeace sitzt im Außenministerium und Attac im Wirtschaftsministerium. Das geht so nicht.«[90]

Markus Söder, CSU, Ministerpräsident von Bayern

Ich bezweifle, dass Markus Söder das, was er Anfang März 2025 in der *Welt am Sonntag* von sich gegeben hat, heute noch einmal wiederholen würde. Denn wie bereits angedeutet, werden die wiederauferstandenen Grünen, die die »Schattenmacht« im Staate bilden, »ihre« NGOs mit Zähnen und Klauen verteidigen.

So schrieb Tobias Riegel auf *nachdenkseiten.de* (Hervorhebungen durch mich):

> *Viele* ***geförderte NGOs*** *haben* ***früher gültige politische Kategorien*** *anscheinend* ***verdrängt.*** *In letzter Zeit wurde zunehmend* ***Regierungskritik pauschal als rechts oder gar extremistisch dargestellt.*** *Während der* ***Corona-Politik*** *waren einige der hier erwähnten Organisationen geradezu* ***ein Schutzschild der Regierung gegen Proteste:*** *Konservative und linke Kritiker einer schon damals offensichtlich unangemessenen Politik wurden in teils schlimmer Weise diffamiert. Aktuelle* ***Positionen vieler »linker« oder »zivilgesellschaftlicher« Gruppen zu Russland und zur Aufrüstung*** *müssen in ihrer Geschichtsvergessenheit als* ***verantwortungslos bezeichnet*** *werden. Dazu kommt eine zum Teil aufreizende Selbstdarstellung vieler Beteiligter als die Inkarnation von »der Demokratie«.*[91]

Janine Beicht schrieb auf Transition News (Hervorhebungen durch mich):

> *Auch wer heute mit* ***Steuergeldern sogenannte »gemeinnützige« Vereine finanziert,*** *bekommt im Gegenzug eine* ***verlässliche Schar von Aktivisten,*** *die bei jeder Gelegenheit* ***demonstrieren, protestieren und medienwirksam*** *Stellung beziehen. […] Andere Oppositionsparteien, allen voran die AfD, durchforsten seit Jahren den undurchsichtigen Dschungel dieser Organisationen. Dabei zeigt sich immer wieder das gleiche Muster:* ***NGO A finanziert NGO B, die wiederum Gelder an NGO C weiterleitet – doch am Ende stammt das Geld aus dem Steueraufkommen.***[92]

***

Richtig Bewegung in dieses Thema kam erst im Februar/März 2025, als zahlreiche NGOs und Verbände zu »Demonstrationen gegen rechts« aufriefen, die sich auch gegen die CDU-Politik richteten (siehe Kapitel → »Fragen, die nicht gestellt werden durften«).

Der Auslöser, der dem rot-grün-linken Establishment nicht passte, spielte sich Ende Januar 2025 im Deutschen Bundestag ab: Die CDU/CSU brachte zum ersten Mal in einer Abstimmung **mit** der AfD einen Antrag durch. Es ging um strengere Regeln für Asylbewerber: Die Grenzen sollten stärker kontrolliert und die Flüchtlinge schneller in ihre Heimat abgeschoben werden.[93] Abgesehen davon, dass Merz kurze Zeit später bei dem Thema wieder einmal »umfiel«, obwohl er vorher hatte verlauten lassen, notfalls auch mit der AfD abzustimmen, flippten Vertreter aller anderen Parteien regelrecht aus. Vor allem SPD und Grüne warfen der Union vor, die gemeinsame Vereinbarung, **nicht** mit den »Rechtsextremen« zu stimmen, sträflich gebrochen zu haben.[94]

Medial und politisch wurde die Union von diesem Moment an in die rechte Ecke gestellt, und das linke Fußvolk übernahm dieses Narrativ unreflektiert. Es gab Übergriffe, ja manche CDU-Infostände mussten sogar unter Polizeischutz gestellt werden[95] – und so befanden sich die Christdemokraten plötzlich in derselben Situation wie die AfD. So schnell kann das im »besten Deutschland« also gehen, wenn man **ein einziges Mal** nicht dem linken Narrativ folgt.

***

Friedrich Merz sagte, die Demonstrationen, zu denen einige der Organisationen aufgerufen hatten, seien »nicht einfach ›gegen rechts‹ gerichtet, sondern auch ganz dezidiert gegen uns«, und fügte hinzu (Hervorhebungen durch mich):

> ***Sollten sich gemeinnützige, sogenannte Nichtregierungsorganisationen von der Regierung finanziell fördern lassen, dann ist das ja zunächst einmal ein Widerspruch in sich.*** *Und wenn die Demos einseitig gegen missliebige politische Parteien gerichtet sind, dann sind die Veranstalter auch keine neutralen Nichtregierungsorganisationen mehr.*[96]

Genau das prangert die AfD schon seit Jahren an.

Fraktionsvize Mathias Middelberg ergänzte, öffentlich gefördertes Engagement dürfe »nicht zu parteipolitischen Zwecken eingesetzt werden«.[97] Genau das macht dieses Buch zum Thema, denn politische Bildung ist nicht förderbar, wenn sie eingesetzt wird, um die politische Willensbildung und die öffentliche Meinung im Sinne eigener Auffassungen zu beeinflussen.

Die Linken sehen das natürlich ganz anders. So sagte Clara Bünger, Abgeordnete der Linken:

> *Mit einer parlamentarischen Anfrage rächt sich die Union für die antifaschistischen Proteste der letzten Wochen und startet zugleich einen beispiellosen Angriff auf die demokratische Zivilgesellschaft.*[98]

Und damit haben wir wieder das Totschlagargument »Angriff auf die **Zivilgesellschaft**«, die die Linken einfach mal so für sich vereinnahmen (siehe Kapitel → »Sand in die Augen: Die ›Zivilgesellschaft‹ ist eine Metapher für linke Politaktivisten«).

***

Übrigens hat der Staatsrechtler Friedhelm Hufen, Professor für Staats- und Verwaltungsrecht an der Johannes Gutenberg-Universität Mainz, im Auftrag der Cellex Stiftung ein Gutachten veröffentlicht, welches besagt, dass politische Bildung und Demokratiearbeit »stets auf ethische Werte und Verfassungsziele gerichtet« und deshalb niemals neutral seien.[99]

Dass Professor Hufen damit NGOs verteidigt, verwundert mich nicht, schaut man sich doch an, mit welchen Themen sich die Cellex Stiftung unter anderem beschäftigt, die ihm den Auftrag für die Studie gegeben hat:

- »Tango – offen und bunt«
- »StandWithUkraine«
- »Weltoffene Gesellschaft«

- »Teilhabe und Integration von Menschen, die nach Deutschland kommen«
- »Mit Toleranz Grenzen überwinden«[100]
- etc.

Mein Kommentar: So weiß man doch gleich, wo der Hase hinläuft und wie »neutral« das von der Stiftung in Auftrag gegebene (finanzierte) Gutachten wohl sein wird.

***

Unter den Experten herrscht Einigkeit darüber, dass NGOs keinesfalls Gelder aus dem Bundesprogramm »Demokratie leben!« verwenden dürfen, um Demonstrationen zu organisieren, die sich **gegen die Existenz einer Partei** richten. Außerdem dürfen sie **nicht versuchen, den parteipolitischen Wettbewerb zu beeinflussen**, denn in einem solchen Fall wäre der Status der Gemeinnützigkeit unmittelbar gefährdet.[101]

Die Bundesregierung schreibt dazu (Hervorhebungen durch mich):

> *[Es] wird darauf hingewiesen, dass* ***Entscheidungen über Fördermittel wegen des Grundsatzes der Chancengleichheit der Parteien*** *(Art. 21 Abs. 1 Satz 1 GG) unter* ***Beachtung des Gebots staatlicher Neutralität getroffen*** *werden. So werden die Zuwendungsempfänger des Bundesprogramms* ***»Demokratie leben!« zudem seit Jahren ausdrücklich in einem gesonderten Schreiben darauf hingewiesen, dass sie bei ihrer zuwendungsfinanzierten Projektarbeit den Grundsatz der Chancengleichheit der Parteien und das Gebot der Sachlichkeit zu beachten haben.*** *Im Übrigen prüft die zuständige Bewilligungsbehörde die zweckentsprechende Mittelverwendung fortlaufend nach Maßgabe der gesetzlichen Regelungen […] sowie im Rahmen der Verwendungsnachweisprüfung […]. Eine zweckwidrige Mittelverwendung kann zur Aufhebung*

> *des Zuwendungsbescheides und zur (Teil-)Rückforderung der gewährten Zuwendung führen.*[102]
>
> *[Und ergänzt bezeichnenderweise:]*
>
> *Im steuerlichen Gemeinnützigkeitsrecht darf eine Körperschaft bereits nach geltendem Recht ihre Mittel weder für die* ***unmittelbare noch für die mittelbare Unterstützung oder Förderung politischer Parteien*** *verwenden.*[103]

Hehre Worte, die aber oft ignoriert und missachtet werden. Ich komme insbesondere in den Kapiteln → »Linke NGOs, die mit Steuergeldern finanziert wurden und werden« und → »Wie angeblich ›neutrale‹ NGOs politischen Einfluss nehmen« darauf zurück. Doch zunächst sehen wir uns einen der belliebtesten und größten »Futtertröge« linker NGOs an.

Zum Hintergrund

Demokratie leben!

Quelle: Bundesministerium für Familie, Senioren, Frauen und Jugend,
https://www.demokratie-leben

Das Bundesprogramm »Demokratie leben!«

Die Selbstbeschreibung lautet (Hervorhebungen durch mich):

»Das Bundesprogramm ›Demokratie leben!‹ des Bundesministeriums für Familie, Senioren, Frauen und Jugend (BMFSFJ) ist im Januar 2025 in seine 3. Förderperiode (2025 bis 2032) gestartet. Mit dem Programm **fördert** das BMFSFJ **zivilgesellschaftliches Engagement** auf allen Ebenen des Staates für ein **vielfältiges** und demokratisches **Miteinander** sowie die **Arbeit gegen Radikalisierungen** und Polarisierungen in der Gesellschaft.«[104]

Das Bundesprogramm unterteilt sich in fünf Programmbereiche:

- »**Partnerschaften für Demokratie:** In ganz Deutschland werden Städte, Gemeinden und Landkreise dabei unterstützt, im Rahmen von lokalen Partnerschaften für Demokratie Handlungskonzepte zur Förderung von Demokratie und Vielfalt und gegen Extremismus zu entwickeln und umzusetzen.«
- »**Landes-Demokratiezentren:** Mit den in allen Ländern geförderten Landes-Demokratiezentren wird ein bedarfsorientiertes und an die jeweiligen Herausforderungen angepasstes Beratungsangebot bereitgestellt.«
- »**Bundeszentrale Infrastruktur:** Mit der Entwicklung einer bundeszentralen Infrastruktur unterstützt ›Demokratie leben!‹ die deutschlandweite Vernetzung von Akteurinnen und Akteuren im Bundesprogramm, den Wissensaustausch und die Qualitätsentwicklung zu unterschiedlichen Themen.«
- »**Innovationsprojekte:** Innovationsprojekte dienen der Entwicklung und Erprobung neuer inhaltlicher und methodischer Arbeitsansätze. Auch neue Wege der Zielgruppenerreichung werden weiterverfolgt.«
- »**Extremismusprävention in Strafvollzug und Bewährungshilfe:** Es werden die Beratung und Begleitung von radikalisierungsgefährdeten, ideologisierten oder wegen einschlägiger Straftaten Inhaftierten und Klientinnen und Klienten der Bewährungshilfe weiterentwickelt und neue Ansätze erarbeitet.«[105]

Insgesamt setzt die Projektförderung verstärkt auf Vernetzung, Wissensaustausch und bundesweite Qualitätsentwicklung. In der Regel wird eine längerfristige Gesamtförderdauer von bis zu 8 Jahren ermöglicht.[106]

Auf der folgenden Website kann der Interessierte auf 42 Seiten nachlesen, welche einzelnen Projekte gefördert werden und wie hoch die Steuergeldzahlungen sind, die den NGOs dafür in den Rachen geworfen werden:

https://www.demokratie-leben.de/resource/blob/256166/8bf39dbcb7a34146f1c9045fb284301d/250217-uebersicht-bewilligte-projekte-fp3-data.pdf.

Unter den Geförderten sind beispielsweise:

- die **Amadeu Antonio Stiftung** für das Projekt »KompRex – Kompetent in der Rechtsextremismusprävention« mit **622 916,57 Euro,**[107]
- **HateAid gGmbH** als »Netzwerk gegen Hass im Netz und Desinformation« mit **424 823,00 Euro,**[108]
- das Netzwerk **NETTZ gGmbH** für das Projekt »gegen Hass im Netz und Desinformation« mit **625 000,00 Euro,**[109]
- **CORRECTIV** – Recherchen für die Gesellschaft gGmbH für das Projekt »Brandherd Desinformation: Schulungen zum Umgang mit TikTok in Feuerwehr und Vereinswesen Nordrhein-Westfalen« mit **140 876,83 Euro,**[110]
- **Wikimedia Deutschland e. V.** für das Projekt »ZUKUNFT D – Bundeszentrale Infrastruktur für Digitale Demokratie« mit **424 967,50 Euro,**[111]
- der **Bundesverband Queere Bildung e. V.** für das Projekt »Selbstverständlich Vielfalt – Kooperationsverbund für sexuelle, romantische und geschlechtliche Selbstbestimmung« mit **264 932,00 Euro,**
- der **Bund der Alevitischen Jugendlichen in Deutschland e. V.** (eine liberale Glaubensrichtung, deren Name auf Ali ibn Abi Talib, den Schwiegersohn des Propheten Mohammed, zurückgeht)[112] für das Projekt »KompRex – Kompetent in der Rechtsextremismusprävention« mit **407 974,36 Euro,**
- die **Bundeskonferenz der Migrant*innenorganisationen (BKMO), c/o Türkische Gemeinde in Deutschland e. V.** für das Projekt »Kompetenzverbund für Vielfalt und Zusammenhalt: Chancengerechtigkeit in der pluralen Gesellschaft« mit **419 992,35 Euro,**
- die **CRI - Civic Reseach and Innovation gGmbH** für das Projekt »Netzwerk gegen Hass im Netz und Desinformation«, **425 000,00 Euro,**
- das **Deutsche Kinderhilfswerk e. V.** für das Projekt »**Kooperationsverbund Demokratiebildung im Kindesalter**« mit **624 999,97 Euro,**
- der **Bundesarbeitskreis Arbeit und Leben** für das Projekt »Queer im dualen System. Vernetzung, Handlungskompetenz und Impulse für eine heteronormativitätskritische betriebliche Praxis« mit **250 000,00 Euro,**

- die **KWB Koordinierungsstelle Weiterbildung und Beschäftigung e. V.** für das Projekt »Settle In – Mentoring & Coaching für junge LSBTIQ*-Menschen mit Migrations- und Fluchtgeschichte« mit **239 890,42 Euro,**
- das **Sozialistisches Bildungszentrum Haard e. V.** für das Projekt »Escape It! – Kritisch gegen Verschwörungsdenken« mit **221 243,96 Euro,**
- der **Familien- und Sozialverein des LSVD⁺ – Verband Queere Vielfalt Köln e. V.** für das Projekt »Gewaltfrei Ankommen – Die Rechte von Queeren Geflüchteten: Verbesserter Zugang für geflüchtete vulnerable LSBTI* in Unterkünften zu Wissen um ihre Rechte, Meldung von Gewaltarten, Schulung von Mitarbeitenden, den entsprechenden Behörden und der Polizei und Informationen zu Unterstützungsmöglichkeiten und externen Beschwerdemöglichkeiten« mit **149 507,00 Euro.**[113]

Dazu kamen der **Bundesverband Trans* e. V.** (475 000,00 Euro), der **Sinti Verein Ostfriesland e. V.** (246 774,66 Euro), die **DEFRA e. V. – Schwarze deutsche Frauen und Schwarze Frauen in Deutschland** (199 848,72 Euro), der **Dachverband Lesben und Alter e. V.** (150 000,00 Euro), die »**Iranische Gemeinde in Deutschland e. V.**« (219 625,20 Euro) – und viele weitere.[114]

Damit wissen wir doch, wohin überall unsere hart verdienten Steuergroschen verschenkt werden. Und all diese Netzwerke und Organisationen müssen natürlich **liefern.** Inwieweit dies im Sinne des Staates geschieht und ob man das überhaupt evaluieren kann, bleibt fraglich.

Übrigens: Das Bundesprogramm wurde bereits 2014 von der schwarz-roten Koalition unter Bundeskanzlerin Angela Merkel (CDU) initiiert. In den vergangenen 3 Jahren wurden rund 580 Projekte mit einer **Gesamtsumme von 182 Millionen Euro** gefördert. »2015 verteilte ›Demokratie leben!‹ [nur!] 40 Millionen Euro, zwei Jahre später waren es 104 Millionen Euro, 2020 dann [schon] 115 Millionen Euro.«[115]

Die Bundesregierung merkte an:

> *Im Rahmen des Bundesprogramms »Demokratie leben!« werden insbesondere im Bereich der »Partnerschaften für Demokratie« Mittel*

> *an Letztempfänger zur Umsetzung von sogenannten Einzelmaßnahmen weitergeleitet. Über die Förderung dieser Einzelmaßnahmen entscheidet die jeweilige Partnerschaft bzw. das jeweilige federführende Amt in kommunaler Selbstverwaltung. Auch die Prüfung der Verwendung der Fördermittel obliegt bei Weiterleitungen stets den Erstmittelempfängern.*[116]

Im »Infopapier ›Demokratie leben!‹: Start der 3. Förderperiode« vom März 2025 ist Folgendes zu lesen:

> *»Demokratie leben!« fördert auch ab 2025 zivilgesellschaftliches Engagement für Demokratie, Vielfalt und gegen jede Form von Extremismus. Ziel des Bundesprogramms »Demokratie leben!« ist es, die Projektarbeit von Menschen, die sich täglich für eine offene und vielfältige Gesellschaft einsetzen, zu unterstützen und zu stärken. Das ist ein Auftrag unserer wehrhaften Demokratie – besonders in Zeiten, in denen u.a. rechtsextreme, rassistische und antisemitische Hetze und Gewalt zunehmen. Unsere Demokratie lebt von zivilgesellschaftlichem Engagement für ein friedliches und respektvolles Zusammenleben und gegen menschen- und demokratiefeindliche Phänomene. Mit dem inhaltlich umfassendsten Präventionsprogramm des Bundes wollen wir Demokratie fördern, Vielfalt gestalten und Extremismus vorbeugen. Dafür werden bewährte Ansätze weiterentwickelt und gleichzeitig neue erprobt.*[117]

Natürlich wieder **kein** Wort über **Linksextremismus, Islamextremismus** sowie **Migranten- und Flüchtlingsgewalt**.

***

Pikant: Im April 2024 packte eine Insiderin, die für das Bundesamt für Familie und zivilgesellschaftliche Aufgaben Projekte prüfte, die der »Förderung des

Erhalts und der Stärkung der Demokratie« dienen sollten, im *Focus* aus. Sie war Mitarbeiterin der sogenannten »Regiestelle«, die Millionen Steuergelder an Stiftungen, Vereine und Initiativen aus dem Bundesprogramm »Demokratie leben!« verteilt, für das seit 2015 über **eine Milliarde Euro** ausgegeben worden ist.[118] Welche Projekte im »Kampf gegen rechts« von 2017 bis Januar 2025 gefördert worden sind, zeigt die Aufstellung auf der Website *https://dserver.bundestag.de/btd/20/092/2009270.pdf* (Anlage 1 und 2).

In einem Hintergrundgespräch sagte die Insiderin über die Vergabepraxis von Steuergeldern: »Wir haben vieles durchgewunken, weil das Ministerium es so wünschte […]. Da es um hehre Ziele wie Demokratieförderung und den ›Kampf gegen rechts‹ gegangen sei, **habe niemand so genau hingeschaut**.«[119] Außerdem enthüllte sie (Hervorhebungen durch mich):

> *Eigentlich sind die Projekte zur Transparenz verpflichtet. Doch so gut wie kein Träger veröffentlicht seinen Jahresbericht. […] Im Jahresbericht steht zum Beispiel: Es wurden 20 Veranstaltungen durchgeführt.*

Einen Veranstaltungsbericht, wie anderswo vorgeschrieben, habe aber niemand liefern müssen.[120]

Der renommierte Historiker Hubertus Knabe schrieb im *Focus* über den zweifelhaften Umgang mit Steuergeldern (Hervorhebungen durch mich):

> *Rechtlich darf der Bund nur Projekte fördern, die von überregionaler Bedeutung sind und an denen ein erhebliches Bundesinteresse besteht. Außerdem müssen sie für* ***Jugendliche*** *bestimmt sein. Klickt man sich durch die Projekte, kann davon jedoch vielfach keine Rede sein. Das Ministerium hat deshalb mehr als hundert Vorhaben zu* ***»Modellprojekten« erklärt und macht aus erwachsenen Teilnehmern »Multiplikatoren«.*** *Zudem finanziert es* ***Dutzende Mitglieder in »Kompetenznetzwerken«, 16 »Landes-Demokratiezentren« und 360 lokale »Partnerschaften für Demokratie«.***[121]

Auch der **Bundesrechnungshof** schaltete sich mehrfach ein, indem **er die fehlende Erfolgskontrolle anprangerte.** Schon 2019 hatte er kritisiert, dass in der Richtlinie »die Förderziele nur sehr allgemein und vage beschrieben werden und so in einer Erfolgskontrolle nicht messbar sind«. 2022 kam er erneut zu dem Ergebnis, dass eine **»sachgerechte Zielerreichungskontrolle nicht möglich« sei.** Es fehlten »bereits die erforderlichen konkretisierten und ggf. mit geeigneten Indikatoren unterlegten Ziele sowie ein dokumentierter Ausgangszustand«.[122]

Die bereits erwähnte ehemalige Mitarbeiterin, die anonym bleiben wollte, bestätigte, dass es eine Erfolgskontrolle im eigentlichen Sinne nicht gebe. Die Regiestelle prüfe lediglich, ob die geplanten Maßnahmen auch durchgeführt worden seien. »Manchmal schrieben die Träger, sie hätten vier Veranstaltungen ›vorgeplant‹, und werteten dies als 80 Prozent Zielerreichung – obwohl sie keine einzige Veranstaltung durchgeführt hatten.«[123] In einem anderen Fall, so die Insiderin, »habe man Geld für Seminare in Gefängnissen bewilligt. Diese konnten jedoch nicht stattfinden, weil die Anstalten die Mitarbeiter nicht hineinließen. [...] Als die Regiestelle die Förderung daraufhin einstellen wollte, habe das Ministerium erklärt: ›Aber wir brauchen diese Organisation.‹«[124]

> *Über die Projekte entscheiden keine Wissenschaftler. [...] Es fehlt die kritische Distanz. Ausschlaggebend ist das richtige Weltbild.*[125]

Hinzu kämen politische Einflussnahmen von außen, insbesondere durch Abgeordnete. Fünf Forschungseinrichtungen hätten sogar eine Vollfinanzierung bekommen: »Die Arbeit der Institute wurde von uns komplett finanziert, obwohl sie in ihren Berichten oft nur die Jahreszahlen austauschten.«[126]

Dazu noch einmal Hubertus Knabe (Hervorhebungen durch mich):

> *Die* ***Politisierung des Ministeriums*** *und die schier unerschöpflichen Haushaltsmittel haben bewirkt, dass »Demokratie leben!« inzwischen zu einer Art* ***Selbstbedienungsladen für rot-grüne Institutionen*** *geworden ist. Die Schwarzkopf-Stiftung des ehemaligen SPD-Politikers André Schmitz bekam zum Beispiel 2,5 Millionen Euro, der*

Verein des früheren SPD-Regierungssprechers Uwe-Karsten Heye, »Gesicht zeigen«, erhielt 1,9 Millionen Euro, die NaturFreunde Deutschlands konnten sich über knapp eine Million Euro freuen. Die linkslastige Amadeu Antonio Stiftung profitierte mit 2,7 Millionen Euro besonders stark.[127]

***

Übrigens war man sich in den Koalitionsgesprächen zwischen der Union und der SPD einig: Das Projekt »Demokratie leben!« soll fortgesetzt werden. Dazu heißt es im Koalitionspapier (Hervorhebungen durch mich):

Mit Sorge sehen wir das ***Erstarken des Extremismus*** *und gruppenbezogener Menschenfeindlichkeit als Angriffe auf unseren gesellschaftlichen Zusammenhalt und auf das friedliche und respektvolle Miteinander. Wir sind überzeugt, dass wir verstärkt in die Wehrhaftigkeit unserer Demokratie investieren müssen.* ***Wir unterstreichen die Bedeutung gemeinnütziger Organisationen, engagierter Vereine und zivilgesellschaftlicher Akteure als zentrale Säulen unserer Gesellschaft. Die Unterstützung von Projekten zur demokratischen Teilhabe durch das Bundesprogramm ›Demokratie leben!‹ setzen wir fort.*** *Wir werden eine unabhängige Überprüfung dieses Programms in Bezug auf Zielerreichung und Wirkung veranlassen. Auf Basis der Ergebnisse prüfen wir weitere Maßnahmen für rechtssichere, altersunabhängige Arbeit gegen Extremismus und gruppenbezogene Menschenfeindlichkeit. Wir stellen weiterhin die Verfassungstreue geförderter Projekte sicher.*[128]

Auszug aus dem Koalitionsvertrag

investieren müssen. Wir unterstreichen die Bedeutung gemeinnütziger Organisationen, engagierter Vereine und zivilgesellschaftlicher Akteure als zentrale Säulen unserer Gesellschaft. Die Unterstützung von Projekten zur demokratischen Teilhabe durch das Bundesprogramm „Demokratie leben!" setzen wir fort. Wir werden eine unabhängige Überprüfung dieses Programms in Bezug auf Zielerreichung und

Quelle: *https://www.bild.de/ig/4b1b4091-97b1-4d1a-9cda-4657f68e6ee8/index/KoaV-2025.pdf*

Und das, obwohl Friedrich Merz das Programm »Demokratie leben!« in seinem 551-Fragen-Papier noch scharf kritisiert hatte.[129] Alles klar?

***

Das Magazin *Compact* veröffentlichte nach seinen Recherchen folgendes Schaubild:

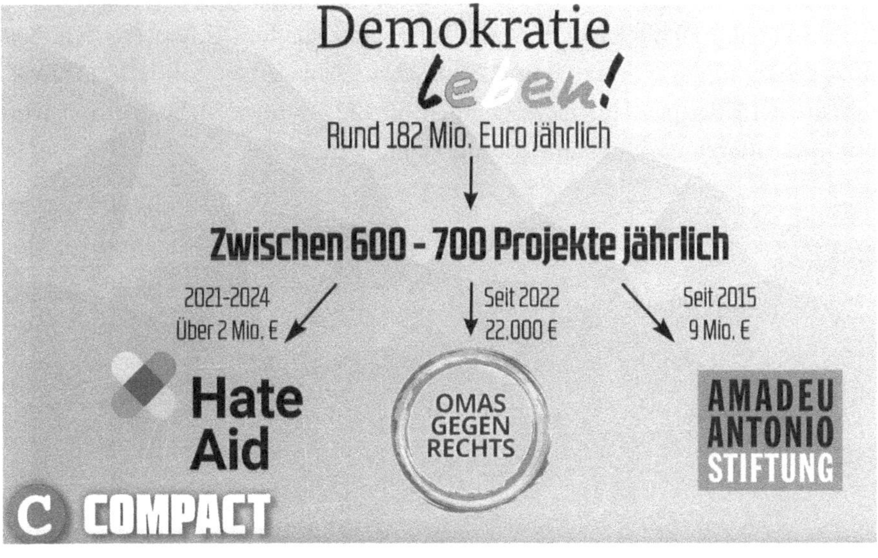

Quelle: Compact TV, *https://www.youtube.com*

Auf die im Schaubild genannten NGOs und Initiativen werde ich noch genauer eingehen.

Mein Kommentar: Gibt es also eine **politische Neutralität** staatlich geförderter Organisationen, zum Beispiel jener, die **»gegen rechts« mobilmachen,** oder wird der Steuerzahler hinsichtlich der Förderung dieser Netzwerke wieder einmal angelogen?
Es ist Zeit, diese Strukturen offenzulegen – wohl wissend, dass dies zur Schnappatmung der Betroffenen führen wird. Eine Infiltration des Systems von links kann nicht verleugnet werden, man braucht nur die Namen der Steuergeld-Empfängerorganisationen und die Bezeichnungen ihrer Projekte ansehen. Das Beispiel »Demokratie leben!« dürfte dies wohl unzweifelhaft gezeigt haben.[130]

Wie wir im Verlauf des Buches sehen werden, ist die **politische Instrumentalisierung** hauptsächlich **linker** NGOs kein neues Phänomen. Viele nach außen hin »gemeinnützige« Vereine und Netzwerke beherbergen politische Aktivisten, die bei jeder passenden Gelegenheit für die »richtige Sache« demonstrieren, protestieren und medienwirksam Stellung beziehen.[131]

II. Sand in die Augen: »Zivilgesellschaft« ist eine Metapher für linke Politaktivisten

Überall ist die Rede von der »Zivilgesellschaft«. Landauf und landab überbieten sich Politiker und Medien in der Verwendung dieses Begriffs. Aber was steckt eigentlich dahinter?

Das Bundesministerium für wirtschaftliche Zusammenarbeit und Entwicklung erklärt »Zivilgesellschaft« wie folgt (Hervorhebungen durch mich):

> *Ein ursprünglich unter anderem vom italienischen Theoretiker Antonio Gramsci (1891–1937) entwickelter Begriff. Er verstand darunter die Gesamtheit aller nichtstaatlichen Organisationen, die auf den »Alltagsverstand und die öffentliche Meinung« Einfluss haben. Heute umschreibt der Begriff einen Bereich innerhalb der Gesellschaft, der zwischen dem staatlichen, dem wirtschaftlichen und dem privaten Sektor angesiedelt ist. Die* ***Zivilgesellschaft umfasst die Gesamtheit des Engagements der Bürgerinnen und Bürger eines Landes – zum Beispiel in Vereinen, Verbänden und vielfältigen Formen von Initiativen und sozialen Bewegungen.*** *Dazu gehören alle Aktivitäten, die nicht profitorientiert und* ***nicht abhängig von parteipolitischen Interessen sind.*** *Verschiedene Politikwissenschaftler beschreiben die Zivilgesellschaft als Komponente, die neben dem Staat und den Kräften des Marktes notwendig ist, um eine ideale pluralistische Gesellschaft von engagierten Bürgerinnen und Bürgern zu schaffen.*[132]

Wikipedia beschreibt den Begriff so (Hervorhebungen durch mich):

> *Zivilgesellschaft bezeichnet umgangssprachlich einen Teilbereich der gesellschaftlichen Öffentlichkeit, in dem in Abgrenzung von Staat und Privatwirtschaft soziale Aktivitäten und Zusammenschlüsse weder der Erringung und Ausübung politischer Macht einerseits noch*

> *der Erwirtschaftung von materiellen Gütern und Profit andererseits dienen.* ***In einem engeren Sinn bezeichnet Zivilgesellschaft also die öffentliche Einflussnahme von Nichtregierungsorganisationen.*** *In einem weiteren Sinne werden auch Vereinsarbeit, freiwilliges und ehrenamtliches Engagement, Bürgerbeteiligung und -initiativen sowie Wohlfahrtsverbände und Stiftungen zur Zivilgesellschaft gezählt. Häufig wird der Begriff Zivilgesellschaft synonym mit dem Ausdruck Dritter Sektor bzw. Nonprofit-Bereich gebraucht.*[133]

Es ist jedoch keineswegs so, dass **nur** steuerbegünstigte Körperschaften im Sinne der Abgabenordnung zur Zivilgesellschaft gehören. Im Gegenteil, die Zivilgesellschaft ist auch in anderen Formen organisiert:

- **Gemeinnützige Kapitalgesellschaften:** GmbHs, Aktiengesellschaften und Unternehmergesellschaften (haftungsbeschränkt) gehören, wenn sie sich zu den allgemeinen Grundsätzen zivilgesellschaftlicher Organisationen bekennen, zur Zivilgesellschaft. Dies ist jedoch nur ausnahmsweise der Fall. Die Einzelheiten sind in einem Gesellschaftsvertrag geregelt.
- **Genossenschaften:** Sie können dann der Zivilgesellschaft zugerechnet werden, wenn sie als gemeinnützigen Zwecken dienend anerkannt werden. Der jeder Genossenschaft eigene Doppelzweck (Gemeinwohl und Gewinn) reicht hierfür nicht aus. Die Einzelheiten sind in einer Satzung geregelt.[134]
- **Gesellschaften bürgerlichen Rechts:** Zivilgesellschaftliche Bewegungen und Gruppen, auch solche, die spontan entstehen, erwerben, sofern ihr Handeln als gemeinsames Handeln erkennbar wird, automatisch und ohne eigenes Zutun den Status einer Gesellschaft bürgerlichen Rechts (GbR). Diese sind Personengesellschaften. Sie bedürfen keiner Satzung, können jedoch eine Satzung haben, in der Einzelheiten des gemeinsamen Handelns geregelt sind.[135]
- **Vereine** und **Stiftungen** gehören in der Regel zur Zivilgesellschaft, sofern sie bestimmte Kriterien erfüllen (gemeinnützigen, mildtätigen oder kirchlichen Zwecken dienend).[136]

Mein Kommentar: Wie wir noch sehen werden, ist diese »Zivilgesellschaft«, die **nicht** abhängig von parteipolitischen Interessen sein sollte, heutzutage von linken und sogar linksextremen Aktivisten unterwandert. So verkommt der Begriff der »Zivilgesellschaft« immer mehr zu einer Metapher für linke Politradikale.

III. Demos gegen rechts: Ein absurdes links-ideologisches Theater!

Anfang Februar 2025 waren Hunderttausende auf den Straßen, um »gegen rechts« und »für die Demokratie« (oder das, was die **selbsternannten »Demokraten«** dafür hielten) zu demonstrieren, aber auch, um »Haltung« zu zeigen.[137] Die Gründe dafür habe ich bereits im Kapitel → »Politische Neutralität staatlich geförderter Organisationen: Eine Lüge auf Kosten des Steuerzahlers?« aufgeführt.

Doch die »Botschaften« und linken Narrative, die auf den Demos von NGOs, Institutionen, Bündnissen und anderen Teilnehmern verbreitet wurden und von weiten Teilen der Politik und ihrer (Mainstream-»Systemmedien« als »wichtige politische Standortbestimmung« und als »mutiger Akt« dargestellt wurden,[138] waren und sind (weil sie immer noch verbreitet werden) für jeden **wahren** Demokraten äußerst bedenklich.

Dementsprechend schrieb der bereits genannte Journalist Tobias Riegel auf den (natürlich) als »rechts« geframten *nachdenkseiten.de* vollkommen zutreffend (Hervorhebungen durch mich):[139]

> *Es könnte z. B. bereits als* ***Anmaßung*** *empfunden werden, wenn sich ein* ***kleiner,*** *aber lauter* ***Teil der Bürger*** *als* ***die einzig berechtigten Vertreter*** *»der Demokratie« darstellen und sie dabei* ***tatkräftig von Regierungspolitikern und großen Medien unterstützt*** *werden.*

> *Demos im Sinne von Regierungspolitikern, angefacht von etablierten Medien – das soll »Protest« sein?* ***Und was ist das eigentlich für ein Demokratieverständnis, das das Verbot von konkurrierenden Parteien fordert und sich dazu berechtigt fühlt, deren Wahlkampf zu behindern und ihre Wähler zu beschimpfen?***
>
> *[...]*
>
> *Wäre ein wirksames Eintreten gegen rechtsextreme Tendenzen tatsächlich das Ziel, dann hätte man schon vor Jahren die Politik unter anderem bei den Themen Soziale Frage, Corona-Aufarbeitung, Steuerpolitik, Migration, Energiepolitik, Verteuerung des Alltags, Eskalation gegen Russland, Kulturkampf/Meinungsfreiheit/Cancel Culture, Aufrüstung und so weiter ändern müssen. Indem das verweigert wurde, wurden den Rechten zahlreiche Themen als Steilvorlagen auf dem Silbertablett serviert. Vor diesen Entwicklungen und dem daraus (absolut voraussehbar) folgenden Aufstieg der AfD hatten die NachDenkSeiten und viele andere Beobachter schon lange gebetsmühlenartig gewarnt. Doch diese Warnungen wurden ignoriert –* ***darum trifft die Verantwortung für den aufhaltsamen Aufstieg der Rechten unter anderem auch sich selber als (pseudo-)links wahrnehmende, aber tatsächlich rechte Politik fördernde Akteure in Medien, Politik und »Zivilgesellschaft«.*** *Doch um von dieser Verantwortung abzulenken, wird von denen jetzt, da das Kind im Brunnen liegt, ein umso schrilleres »Engagement« auf den Straßen und in sozialen Netzwerken entfacht.*[140]

Tobias Riegel erkennt zudem die Kombination aus »politischer Ignoranz« und »heuchlerischer Selbsterhöhung der eigenen Haltung«.[141]

***

Der Staatsrechtler Volker Boehme-Neßler von der Universität Oldenburg konstatierte im Magazin *Cicero*, wer gemeinnützig sein wolle, dürfe nicht reine

Parteipolitik machen, und sagte: »Die große Demonstration in Berlin gegen die CDU am Freitag vor der Wahl war offensichtlich nicht im Interesse der Allgemeinheit.« Die Teilnehmer hätten »Ganz Berlin hasst die CDU« skandiert, mit der Folge, dass »diese Hetzparole [...] auch überdimensional auf die Siegessäule projiziert [wurde]. Das war Wahlkampf der wüstesten Sorte.«[142]

***

Ich will nicht alle Demoteilnehmer der Demos über einen Kamm scheren, aber **viele** von ihnen waren und sind für meine Begriffe rot-grün-woke verblendet: linke politische Aktivisten oder gar Linksextreme. Dabei ist leicht aufzuzeigen, was mir an ihrem Verhalten als »Heuchelei« erscheint, wenn sie

- gegen »rechts« demonstrieren, aber in der Ukraine Neonazis in Armee, Militärführung sowie im Parlament tolerieren,[143]
- sich für eine Verlängerung des Krieges in der Ukraine einsetzen und damit weitere Tausende von Toten auf beiden Seiten in Kauf nehmen,
- sich für eine Politik der gnadenlosen Aufrüstung einsetzen,
- weitere Messer- und Anschlagstote durch die Aufnahme von immer mehr Flüchtlingen provozieren,
- gegen »rechts« demonstrieren, was eigentlich die AfD (und in Teilen jetzt auch die CDU) betrifft, und Millionen von Wählern aus dem demokratischen Diskurs herausnehmen (ist **das** etwa Demokratie?),
- die Coronapolitik, die Tausende von Menschen geschädigt hat, stillschweigend hinnehmen und deren Kritiker als »Rechte« verunglimpfen und dergleichen mehr.

Ein Beispiel unter vielen, wie linke NGOs, Bündnisse und Parteien »gegen rechts« mobilmachten

Quelle: *https://www.nius.de/politik/news/regierung-demos-gegen-rechts-ngo-steuern-vorfeld-campact-demokrateam/9ac02134-68e2-4030-a771-31d11afd06a5*

Mein Kommentar: Wie ich aufgezeigt habe, kennt die Heuchelei offenbar keine Grenzen. Natürlich wurde und wird dies weder vom Mainstream noch von irgendeinem Politiker der sogenannten »Altparteien« hinterfragt, denn sie sind selbst Teil dieser (linken) »Zivilgesellschaft«. Stattdessen wird uns von den GEZ-Lügennachrichten-Schleudern wie üblich eine extrem freundliche

Berichterstattung über die Proteste und Schützenhilfe von Regierungspolitikern und vonseiten linker, grüner und roter »Bündnisse« geliefert.

Mein Klartext, meine Meinung: Demos »gegen rechts« durch »Demokratieheuchler«, die es selbst nicht so genau mit der Demokratie nehmen, weil sie Millionen Menschen ausgrenzen, die bei demokratischen Wahlen abgestimmt haben, sind einfach nur absurdes links-ideologisches Theater!

IV. »Stopp Kopp!«: Linke Demo gegen die Meinungsfreiheit

Die **selbsternannten** »Demokraten« bilden sich ein, **bestimmen zu können, wer in die Gesellschaft passt und wer nicht,** wer »rechts« ist und wer nicht. Dabei grenzen sie selektiv aus. Ein weiterer Dorn in ihren Augen ist offenbar die Meinungsfreiheit. Denn sie glauben auch eine Deutungshoheit darüber zu haben, **welche Meinung die »richtige« ist und welche nicht.**

Das gilt auch in Bezug auf den Kopp Verlag und seine Autoren, mich eingeschlossen. Es scheint, als wollten die »Demokratiefaschisten« (wie ich sie nenne, weil sie Millionen Wähler ausgrenzen) am liebsten den ganzen Verlag auflösen und, so vermute ich, dessen Publikationen mit Vergnügen öffentlich verbrennen. **Doch in meinen Augen ist derjenige ein Faschist, der keine andere Meinung** – und sei sie auch unbequem – **zulässt.** So einfach ist das.

Mein Kommentar: Wovor genau haben die Demokratiefaschisten Angst? Ist es etwa die gleiche Angst, die Goebbels im Mai 1933 dazu getrieben hat, unliebsame und scheinbar »gefährliche« Bücher, in denen Autoren eine andere Meinung vertraten als die der Nationalsozialisten, verbrennen zu lassen?

Den unheilvollen Einfluss von Linken und Linksextremen hat auch der Kopp Verlag (sein Gründer Jochen Kopp war übrigens Polizist) mehrfach zu spüren bekommen. Hier ist **eines** von vielen Beispielen:

Vor gut einem Jahr, im Mai 2024, machten die Linken mit einer Fahrradddemo von Tübingen nach Rottenburg mit dem schwachsinnigen Motto »Fahrradhelme statt Aluhüte!«[144] mobil.

Thomas Morawitzky, dem der Angstschweiß beim Schreiben des Artikels »Die Giftküche im Hinterland« für die linksradikale Wochenzeitschrift *Kontext* wohl aus allen Poren floss, schrieb dazu, der Kopp Verlag verlege ein »Sammelsurium fragwürdiger Publikationen mit deutlichem Rechtseinschlag«. Folglich sei das »Ziel der Aktion […], den gefährlichen Unfug, der in Rottenburg seelenruhig und mit großem Erfolg produziert wird, ins Bewusstsein zu rücken und Widerstand zu wecken – denn der fehlt, vor allem seitens der Stadt Rottenburg«.[145]

»Fragwürdige Publikationen«, »deutlicher Rechtseinschlag«, »gefährlicher Unfug« – mit diesen Worten verunglimpfte der wohl nicht gerade erfolgreiche Journalist Morawitzky (sonst würde er wohl kaum für *Kontext: Wochenzeitung* schreiben) die vielen *Spiegel*-Bestseller mit insgesamt Millionenauflagen, die Jochen Kopp schon hervorgebracht hat. Organisiert wurde die Demo »Stopp Kopp« von einer Tübinger Initiative. Mit an Bord war das ganze Who's Who der Linken und Linksradikalen samt deren Provinzprominenz und hatte im Vorfeld sogar einen Aufruf gegen den Verlag unterschrieben:[146]

- Die Grünen
- Die Linke
- Fridays for Future
- GEW
- DGB-Jugend
- Attac
- Queeres Zentrum Tübingen
- TO AKT, das Tübinger Offene Antikapitalistische Klimatreffen,
- ZAK[3] (Gruppe gegen Kapitalismus, Krieg und Kohlendioxid),

- Parents of Future
- etc.[147]

Doch zum Schluss kamen nur läppische 90–100 Radler zusammen,[148] die übrigens offensichtlich auch noch Angst vor den Argumenten der Kopp-Mitarbeiter hatten, wie *Kontext* berichtete: »Vor dem Verlagsgebäude treffen sie Mitarbeiter:innen von Kopp an, zu Gesprächen kommt es dort nicht. ›Wir haben keinen Kontakt gesucht, wir wollen keinen Austausch mit dem Verlag‹, sagt ein Sprecher der Demonstrant:innen. ›Wir wollen kritische Aufmerksamkeit auf den Verlag lenken und ein Protestangebot schaffen.‹«[149]

Mein Kommentar: »Große Klappe, nichts dahinter«, sagte man in meiner Jugendzeit dazu.

Antonia Sachs aus Tübingen sprach für Fridays for Future. Sie zitierte eine Kopp-Veröffentlichung, in der von skrupellosen Geschäftemachern und NGOs die Rede ist, die die Fäden hinter dem Klimaprotest ziehen würden, den UN-Klimarat als geradezu kriminelle Vereinigung darstelle, Klimaaktivisten des Kommunismus bezichtige und in der vor einer kommenden Klimadiktatur gewarnt werde.[150] Genauso habe ich das auch gemeint. Denn die Rede war hier von meinem Buch *Kommt die Klima-Diktatur?*,[151] in dem ich den Klimawahn mit Dokumenten des Weltklimarats **selbst** widerlegt habe. Aber dafür, dies zu rezipieren, reicht die intellektuelle Halbbildung und ideologische grün-links-ökologische Verblendung bei vielen offenbar dann doch nicht aus.

Lucius Teidelbaum,[152] ein weiterer eher erfolgloser linker Autor und Mitglied der Initiative »Stopp Kopp!«, ließ dann die Katze aus dem Sack:

> *Natürlich wünschen wir uns, dass der Kopp-Verlag seinen Betrieb einstellt.*[153]

Mein Kommentar: Wie arrogant und anmaßend die linken angeblichen »Demokraten« doch sind! Sie wollen tatsächlich einen Verlag verbieten lassen, der Bücher publiziert, die nicht ihrer links-grünen Ideologie entsprechen. Also doch Bücherverbrennung 2.0?

Der *Kontext*-Autor Morawitzky zählt in seinem mehr oder weniger substanzlosen Artikel übrigens auf, welche Bücher vom Kopp Verlag für die Linken so »gefährlich« sind, dass sie ihn unbedingt »stoppen« möchten:

- Bücher, die den Ufo-Glauben feiern (zum Beispiel Erich von Däniken),
- Bücher, die sich gegen die sogenannte Schulmedizin stellen,
- Bücher, die für alle Probleme der Welt sehr einfache, infantile Erklärungsmodelle zur Verfügung stellen, auch für politische Fragen,
- Mysteryromane,
- Lebenshilfe,
- Ratgeber der Prepperszene.[154]

Ich wusste es schon immer: Erich von Däniken, der über 70 Millionen Bücher verkauft hat, ist ein »Rechter«. Leser von Büchern, die die Schulmedizin kritisieren, von Mysteryromanen, von Lebenshilfebüchern und Ratgebern der Prepperszene sind allesamt **Nazis**! **Allein daran** erkennen wir, wie absurd, verblendet und völlig realitätsfern die linken Schwurbler denken.

***

Auch die **Bundeszentrale für politische Bildung** (bpb) hat den Kopp Verlag – in meinen Augen – geschäfts- und rufschädigend herabgesetzt. Anton Maegerle, seines Zeichens Journalist, Autor von Büchern zum Rechtsextremismus, aber auch **SPD-Mitglied**[155] (ein Schelm, der dabei Böses denkt!), schrieb einen Artikel mit dem Titel »Was liest der rechte Rand?« und brachte den Verlag gleich mal mit den »extremen« Rechten in Verbindung:

> *Kopp Online ist ein Nachrichten-Portal, es wird betrieben vom gleichnamigen Verlagskomplex mit Sitz in Rottenburg am Neckar (Landkreis Tübingen). Das 1993 gegründete Unternehmen (Verlag, Versandbuchhandlung, Print-Zeitschrift Kopp Exklusiv, Webportal mit Nachrichten und einem Youtube-Videokanal) gilt als das derzeit ökonomisch erfolgreichste kommerzielle Projekt für eine Popularisierung aktueller und traditioneller Verschwörungstheorien und die Verbreitung rechtspopulistischer und rassistischer Weltsichten.*[156]

Abgesehen davon, dass **kein einziges** Buch des Verlags aus den oben genannten Gründen bisher indiziert und kein einziger Autor verklagt wurde, enthält dieser Absatz nur ungerechtfertigte Hetze und stellt sich gegen die Meinungsfreiheit, die auch für konservative Bücher zu gelten hat, was die linken Verdreher natürlich vergessen.

Dennoch wurde Maegerles Schwurbel-Artikel (in dem wohl auch ein wenig Neid mitschwingt?) dem Verlag zum Verhängnis, denn die Kreissparkasse Tübingen zog das Pamphlet doch tatsächlich als Begründung für eine Kündigung des Kontos und der Darlehen des Unternehmens heran.[157] Allein an diesem **einen** Beispiel sieht man, welch unheilvolle Auswirkungen für den Einzelnen und auch für Unternehmen die düsteren Machenschaften von NGOs, Vereinen, Netzwerken, Medien, Politikern und Behörden[158] der sogenannten »Zivilgesellschaft« haben können.

Übrigens: Der Name Anton Maegerle ist ein Pseudonym für einen Autoren und Journalisten, um dessen **Unabhängigkeit und journalistische Neutralität** es in Wirklichkeit so bestellt ist: Maegerle war langjähriger Mitarbeiter des **SPD**-nahen Fachportals *Blick nach rechts* beziehungsweise *Endstation Rechts. (bnr.de),* der jüdischen Zeitschrift *Tribüne* und des ARD-Politmagazins *Report Mainz.* 2007 wurde er mit dem Leuchtturmpreis für besondere publizistische Leistungen der Journalistenvereinigung Netzwerk Recherche ausgezeichnet.[159]

Die *taz* nennt Maegerle übrigens stolz einen »linken« Journalisten.[160] Der »Linke« arbeitet zudem mit dem Duisburger Institut für Sprach- und Sozialforschung zusammen, das sich zwar als »**tendenziell linkes,** aber parteipolitisch und organisationspolitisch unabhängiges Institut« versteht.[161]

Mein Kommentar: Obwohl Maegerle also ein durch und durch Linker ist, werden seine tendenziösen Artikel unter anderem von der Bundesanstalt Bundeszentrale für politische Bildung übernommen, wobei wir wieder beim Einfluss von linken Einrichtungen, Organisationen und Netzwerken wären. Im Kapitel → »Wie angeblich ›neutrale‹ NGOs politischen Einfluss nehmen« komme ich noch einmal darauf zurück. Im Kapitel → »Agiert die Bundeszentrale für politische Bildung wie eine links-grüne Vorfeldorganisation?« beleuchte ich diese Institution und deren Wirken.

KAPITEL 4

Wie kontrollieren staatliche Institutionen die politische Neutralität von NGOs?

Bundesministerium der Finanzen

Quelle: Presse- und Informationsamt der Bundesregierung / commons.wikimedia.org

Vorbemerkung 1: Die Bundesregierung weist auf Folgendes hin (Hervorhebungen durch mich):

> *Hinsichtlich der* ***Gemeinnützigkeit*** *hat der Bundesfinanzhof (BFH) mit seiner Entscheidung vom 10. Januar 2019 (V R 60/17) zum* ***politischen Engagement gemeinnütziger Organisationen*** *die Auffassung der Finanzverwaltung bestätigt, dass gemeinnützige Organisationen*

> ***politisch aktiv*** *sein dürfen. Die Bundesregierung weist darauf hin, dass es nach Ziffer 16 des Anwendungserlasses zur Abgabenordnung zu § 52 »nicht zu beanstanden ist, wenn eine steuerbegünstigte Körperschaft außerhalb ihrer Satzungszwecke* ***vereinzelt*** *zu* ***tagespolitischen*** *Themen Stellung nimmt (z.B. ein Aufruf eines Sportvereins für Klimaschutz oder gegen Rassismus)«. Diese Regelung ergibt sich aus der Rechtsprechung des Bundesfinanzhofs und dem aus dem Verhältnismäßigkeitsgrundsatz hervorgehenden Bagatellvorbehalt (BFH-Urteil vom 12.3.2020, V R 5/17, BStBl 2021 II S. 55).*[162]

Vorbemerkung 2: Das Bundesfamilienministerium schrieb an 560 NGOs, die von dem Programm »Demokratie leben!« gefördert werden, die Bundesregierung habe wegen des Grundsatzes der Chancengleichheit der Parteien »das **Gebot staatlicher Neutralität** zu beachten«. Nach diesem Grundsatz dürften mit öffentlichen Mitteln »keine Maßnahmen gefördert werden, **die zielgerichtet für eine politische Partei werben oder zielgerichtet gegen eine politische Partei Einfluss nehmen**«. Das gelte **»in besonderem Maße vor anstehenden Wahlen«.**[163]

Doch viele der staatlich geförderten linken NGOs pfiffen offenbar darauf, als sie vor der Bundestagswahl bei den »Demos gegen rechts« (siehe oben) teilnahmen.

***

Einer der wichtigsten Sätze der Antwort der Bundesregierung auf die 551 Fragen der Union wurde medial und politisch überhaupt nicht beachtet, obwohl dieser das ganze Dilemma der Finanzierung **gemeinnütziger** NGOs illustriert. Auf die Frage nach der **»parteipolitischen Tendenz«** von NGOs antwortete die Bundesregierung selbstentlarvend:[164]

»Im Übrigen weist die Bundesregierung darauf hin, dass sie aufgrund des parteipolitischen Neutralitätsgebots grundsätzlich keine Bewertung hinsichtlich der politischen Ausrichtung zivilgesellschaftlicher Organisationen vornimmt.«[165]

Mein Kommentar: Die Bundesregierung gibt also selbst zu, dass sie die **politische Ausrichtung** (auch) gemeinnütziger NGOs **nicht** bewertet, obwohl sie diese fördert, und schiebt dann die Verantwortung auf untergeordnete Behörden ab:

Ob politische Tätigkeiten gemeinnütziger Körperschaften – falls diese dem Grunde nach überhaupt vorliegen – im Einzelfall zur Aberkennung der Gemeinnützigkeit führen, ist durch die jeweilig zuständige Landesfinanzbehörde unter Berücksichtigung des vollständigen und durch die Landesfinanzbehörde zu ermittelndem Sachverhalt zu entscheiden.[166]

***

Hierzulande gibt es verschiedene Mechanismen, um sicherzustellen, dass NGOs politisch neutral bleiben, insbesondere, wenn sie von staatlichen Geldern profitieren:

- **Gemeinnützigkeitsrecht:** NGOs müssen sich an die Vorgaben der Abgabenordnung (§ 52 AO) halten, um als gemeinnützig anerkannt zu werden. Politische Parteienförderung oder parteiische Einflussnahme kann dazu führen, dass der Gemeinnützigkeitsstatus aberkannt wird.
- **Finanzielle Transparenz:** NGOs müssen ihre Finanzierung offenlegen und nachweisen, dass staatliche Mittel zweckgebunden verwendet werden.
- **Rechenschaftspflichten:** Organisationen, die öffentliche Gelder erhalten, unterliegen Prüfungen durch staatliche Stellen wie dem Bundesrechnungshof oder Ministerien.
- **Staatliche Förderkriterien:** Fördergelder dürfen nur für Projekte verwendet werden, die nicht unmittelbar parteipolitischen Zwecken dienen.
- **Öffentliche Kontrolle und Debatte:** Medien, parlamentarische Anfragen und die Zivilgesellschaft sorgen für eine kritische Auseinandersetzung mit der politischen Neutralität von NGOs.

Mein Kommentar: Das ist die Theorie. Doch die Praxis sieht wieder einmal ganz anders aus. Denn das juristische Spannungsfeld zeigt, dass gemeinnützige Organisationen einerseits das Recht haben, sich gesellschaftspolitisch im Rahmen ihres Satzungszwecks zu äußern, andererseits aber nicht parteipolitisch agieren dürfen, wenn sie steuerlich begünstigt werden.

KAPITEL 5

Wie werden NGOs gefördert?

KI-generiert / ChatGPT

I. Staatliche Förderungen

Fördergelder für NGOs kommen von verschiedenen staatlichen Stellen, von

- **Bundesministerien** für nationale und internationale Initiativen,
- **Landesministerien** für regionale Initiativen,

- **kommunalen Stellen** für lokale Initiativen;
- zusätzlich existieren viele **spezifische Förderprogramme** wie zum Beispiel das Bundesprojekt »Demokratie leben!« (siehe gleichnamiges Kapitel).[167]

Wie wir gesehen haben, finanzieren sich in Deutschland zahlreiche Organisationen über Mittel des Bundes, der Länder oder der EU oder andere spezifische Förderungen (siehe dazu das Kapitel → »›Staatsgeheimnis‹ NGO-Finanzierung«). Auch Stiftungen mit staatlicher Beteiligung oder eine Bundesoberbehörde wie die Bundeszentrale für politische Bildung (bpb) stellen Finanzmittel für Projekte bereit (siehe Kapitel → »Agiert die Bundeszentrale für politische Bildung wie eine links-grüne Vorfeldorganisation?«).[168]

Außerdem gibt die Bundesregierung über verschiedene Kanäle Geld, unter anderen das Ministerium für wirtschaftliche Zusammenarbeit und Entwicklung (BMZ) und das Auswärtige Amt (AA). Sie alle fördern Organisationen, parteinahe Stiftungen und angeblich unabhängige NGOs, die sich jedoch für politische Lobbyarbeit einsetzen.[169]

Die Vielzahl deutscher Fördermechanismen für NGOs führt zum sogenannten »**Double Dipping**«, bei dem **eine** Organisation durch **mehrere** deutsche Durchführungsorganisationen gefördert werden kann, häufig für ähnliche Aktivitäten und denselben Zeitraum.[170] Der NGO Monitor legt dieses Gebaren offen (Hervorhebungen durch mich):

> ***Deutschland fördert eine ausgewählte Gruppe stark vernetzter NGOs, die sich Vorstandsmitglieder teilen und Teil derselben Dachorganisationen und Netzwerke sind.*** *Diese NGOs führen auch Evaluierungen für die Regierung durch und liefern Informationen an diese. Es gibt jedoch keinen Hinweis darauf, dass externe Akteure unabhängige Evaluierungen der Wirksamkeit dieser NGOs durchführen oder Input von außen bezüglich dieser Organisationen liefern.* ***Diese enge Beziehung führt zu einer geschlossenen Echokammer, die den NGOs einen immensen Einfluss gewährt, der nicht unbedingt das öffentliche Interesse oder demokratische Normen widerspiegelt.***[171]

Pikant: Die wichtigsten dafür zuständigen Bundesbehörden sind laut NGO Monitor das Ministerium für wirtschaftliche Zusammenarbeit und Entwicklung (BMZ) und das Auswärtige Amt (AA). Sie sind allerdings nur für die politischen Aspekte verantwortlich, wobei die **tatsächliche Durchführung von Projekten an staatliche Gesellschaften mit beschränkter Haftung und NGOs ausgelagert** wird. Dieses **dezentrale System macht es nahezu unmöglich, dem Steuergeldfluss zu folgen.**[172]

II. Andere Formen von Förderungen

- **Private Spenden und Mitgliedsbeiträge**
  Ein nicht zu unterschätzender Teil der Finanzierung von NGOs stammt aus Beiträgen und Spenden von Privatpersonen, aber auch Unternehmen. Crowdfunding-Kampagnen und regelmäßige Spendernetzwerke sind wesentliche Instrumente in diesem Bereich.[173]
- **Stiftungen und Förderprogramme**
  Private und halböffentliche Stiftungen wie etwa die Open Society Foundations von George Soros, die Heinrich-Böll-Stiftung der Grünen oder die Friedrich-Ebert-Stiftung der SPD unterstützen NGOs auf verschiedenen politischen und gesellschaftlichen Feldern. Das Geld dazu wird häufig projektgebunden vergeben und ist an bestimmte Zielsetzungen gekoppelt.[174]
- **Einnahmen aus wirtschaftlichen Aktivitäten**
  Einige NGOs generieren Einnahmen durch Dienstleistungen, Beratung oder den Verkauf von Materialien und Publikationen. Sie agieren dadurch ähnlich wie Unternehmen und verfolgen das Ziel, ihre Unabhängigkeit zu sichern.[175]

KAPITEL 6

NGO, GO, GONGO

KI-generiert / ChatGPT

I. Unterschiede

Die Grenzen zwischen Nichtregierungsorganisationen (NGOs) und Regierungsorganisationen (GOs) sind **eigentlich** streng gezogen, und zwar in den Bereichen

- Finanzierung,
- strukturelle Unabhängigkeit,

- Entscheidungsautonomie,
- rechtlicher Status.[176]

Es gibt folgende Unterschiede:

- **Nichtregierungsorganisationen (NGOs)**
  - Sie sind unabhängig vom Staat. Wenn in Leitungsfunktionen aber Regierungsvertreter oder parteinahe Akteure sitzen, ist diese Unabhängigkeit gefährdet.
  - Sie sind zivilgesellschaftlich tätig, indem sie sich für soziale, ökologische oder politische Anliegen einsetzen.
  - Sie finanzieren sich aus Spenden, Mitgliedsbeiträgen oder Stiftungsmitteln. Wenn eine NGO jedoch **über 50 Prozent** ihrer Mittel aus staatlichen Quellen erhält, ist sie finanziell abhängig, was wiederum ihre Unabhängigkeit infrage stellt. Das gilt auch, wenn die Finanzierung an politische Bedingungen geknüpft ist und NGOs damit de facto Regierungsprogramme umsetzen.
  - Sie entscheiden selbstständig über ihre Projekte.[177]

Mein Kommentar: Wenn eine Organisation also wesentliche Teile ihrer Mittel aus staatlichen Quellen bezieht und politische Programme umsetzt, die mit Regierungsinteressen übereinstimmen, stellt sich die Frage, ob sie noch als NGO gelten kann oder bereits eine Regierungsorganisation darstellt. Daher sollten NGOs, die staatliche Mittel erhalten, offenlegen, inwieweit sie durch politische Vorgaben beeinflusst werden oder, **was noch wichtiger ist,** inwieweit sie selbst die Politik beeinflussen.[178] Bitte behalten Sie diesen Punkt im Hinterkopf.

- **Government-Organized Non-Governmental Organizations (GONGOs)**
  - So widersprüchlich sich das auch anhört: GONGOs sind von der Regierung organisierte Nichtregierungsorganisationen.

- Sie geben vor, unabhängig zu sein, werden aber großteils durch Regierungsbudgets finanziert.
- In vielen Ländern gibt es Organisationen, die als NGOs auftreten, aber überwiegend durch staatliche Mittel finanziert werden oder sogar von staatlichen Stellen ins Leben gerufen wurden.
- »Regierungsnahe« NGOs (GONGOs) erfüllen häufig politische Regierungsfunktionen, treten aber nach außen als zivilgesellschaftliche Akteure auf.[179]

- **Beispiele für GONGOs in Deutschland wären die folgenden:**
  - Förderprogramme wie »Demokratie leben!« (siehe oben), aus denen Mittel an Organisationen fließen, die Demonstrationen oder politische Bildungsmaßnahmen organisieren, können GONGOs sein.
  - Gewerkschaftsnahe Stiftungen (zum Beispiel Friedrich-Ebert-Stiftung, Heinrich-Böll-Stiftung) erhalten staatliche Mittel, arbeiten jedoch unter dem Label »NGO«.[180]

Mein Kommentar: Man erkennt daran, wie schwierig es ist, angeblich »gemeinnützige« NGOs von politischen oder regierungsnahen GONGOs zu unterscheiden.

II. Wann wird eine NGO zur GO/GONGO?

Diese Frage ist weitgehend klar zu beantworten, denn das hängt von ein paar Kriterien ab. Eine NGO wird dann zu einer GO/GONGO, wenn

- wie schon erwähnt mehr als 50 Prozent der Mittel aus staatlichen Quellen stammen und direkt an politische Bedingungen geknüpft sind,
- zentrale Entscheidungen durch staatliche Stellen oder regierungsnahe Akteure beeinflusst werden,

- die Organisation hauptsächlich staatliche Programme umsetzt und nicht mehr als unabhängiger Akteur agiert.[181]

In all diesen Fällen kann eine Organisation nicht mehr als »echte« NGO gelten, sondern wird de facto zu einer regierungsnahen Organisation (GONGO) oder – noch schlimmer – zu einer staatlich gelenkten Einrichtung.[182]

Deshalb ist es **wichtig,** dass in der Öffentlichkeit klar erkennbar ist, welche NGO eine GONGO ist und welche nicht. Doch wie wir sehen werden, verwischt diese Transparenz mehr und mehr. Denn:

- NGOs nehmen zunehmend Einfluss auf gesellschaftspolitische Debatten und politische Entscheidungen.
- Falls NGOs staatliche Fördermittel erhalten, aber parteipolitisch agieren, kann das gegen das Gebot der politischen Neutralität verstoßen.
- Erhalten NGOs Steuergelder oder steuerliche Vorteile, dann ist es wichtig, auch deren Verwendung zu überprüfen.
- Die Offenlegung der Finanzquellen kann Interessenkonflikte und/oder politische Einseitigkeit aufdecken.
- Auch politische Parteien und Wirtschaftsakteure unterliegen Offenlegungspflichten und Transparenzregeln. NGOs, die öffentliche Mittel beziehen oder erheblichen politischen Einfluss ausüben, müssen ebenso Transparenz zeigen.[183]

KAPITEL 7

Linke NGOs, die mit Steuergeldern finanziert wurden und werden

KI-generiert / ChatGPT

I. Der Attac-Trägerverein

Vorbemerkung

Einst erhielt auch Attac staatliche Fördergelder. Heute nicht mehr. Weshalb beschäftige ich mich in diesem Buch trotzdem mit dieser NGO? Die Erklärung ist ganz einfach: Attac ist eines der größten NGO-Netzwerke in Deutschland und hat einen dementsprechend großen Einfluss. Zudem hat das sogenannte »Attac-Urteil« Auswirkungen auf alle anderen NGOs, gerade auch auf jene, die heute noch Steuergelder erhalten, weshalb man dieses Urteil unbedingt kennen muss.

***

Attac Deutschland ist formal ein Projekt des Attac Trägervereins e. V.[184] Die Abwicklung der Einnahmen und Ausgaben wird vom Trägerverein vorgenommen und verantwortet. Satzungsgemäß verfolgt Attac gemeinnützige Zwecke.[185]

Gründung

Zu seiner Gründung liest man auf der Website von Attac:

> *Am 22. Januar 2000 trafen sich in Frankfurt am Main 120 Einzelpersonen und Vertreter*innen von mehr als 50 Verbänden und Initiativen, um ein Netzwerk zur demokratischen Kontrolle der Finanzmärkte zu gründen. […] Am 17./18. November 2000 beschloss ein weiterer »Ratschlag« (Versammlung) dann den Namen »ATTAC Netzwerk zur demokratischen Kontrolle der internationalen Finanzmärkte«. Mit der Übernahme des französischen Ausdrucks (»Association pour la Taxation des Transactions financières pour l'Aide aux Citoyens«) wollten die Gründer des Netzwerks deutlich machen, dass sie sich als Teil der internationalen Attac-Bewegung verstehen.*[186]

Wirken

Attac hat etwa 90 000 Mitgliedern in 50 Ländern. In Deutschland bildet Attac laut Selbstaussage, »ein breites gesellschaftliches Bündnis, das von ver.di und der

GEW über den BUND und Pax Christi bis hin zu kapitalismuskritischen Gruppen unterstützt wird«.[187] Es gibt mittlerweile über 150 Attac-Gruppen vor Ort.

Attac Deutschland ist ein Projekt des eingetragenen Vereins Attac Trägerverein e. V. »Der Verein ist beim Amtsgericht Frankfurt am Main unter der Vereinsregisternummer VR 12648 registriert.«[188]

Laut Eigenbeschreibung streitet Attac für eine **neue Weltwirtschaftsordnung,** in der der **Reichtum der Welt gerecht verteilt** und **ökologisch genutzt** wird. Damit positioniert sich die NGO im links-grünen Umfeld. »Attac ist [zudem] Bestandteil der Antikriegs- und Friedensbewegung, denn eine gerechte Welt ist ohne Frieden nicht möglich.«[189]

Was Attac will

KI-generiert / ChatGPT

Einige der Ziele von Attac sind zu unterschreiben, andere wiederum zeigen dessen offen kapitalismusfeindliches und sozialistisch-linkes Gesicht. Hier sind einige davon (Hervorhebungen durch mich):

- Attac setzt sich ein für das »Ende der neuen Kriegsvorbereitungen und Kriege und für zivile und friedliche Konfliktlösungen«,
- lehnt »eine Militarisierung der Außenpolitik und Kriegseinsätze der Bundeswehr im Ausland« ab,
- will »die Schließung der Steueroasen, die Regulierung von Derivaten und das Verbot von hochspekulativen Fonds« (sogenannten »Hedgefonds«),
- möchte eine »**stärkere Besteuerung von Kapitaleinkünften** und großen Vermögen«.
- Attac wehrt sich »gegen die Einschränkung des Demonstrationsrechtes, der Bewegungsfreiheit, des Rechts auf freie Meinungsäußerung« sowie »die Kriminalisierung der Bewegung gegen die neoliberale Globalisierung«.
- Attac sieht eine »**Umverteilung und Umbewertung** von Erwerbs- und unbezahlter Arbeit im Rahmen der Internationalen und geschlechtsspezifischen Arbeitsteilung« vor sowie
- »die **Regulierung und Einschränkung** der Macht transnationaler Konzerne und ökonomischer Machtzusammenballungen durch Kartelle und Fusionen«.[190]
- Laut Attac »macht eine soziale und **ökologische Transformation** eine Abwicklung der neoliberalen Wirtschaftsordnung nötig«.[191]
- Attac kämpft für die Abwehr neoliberaler Freihandelsabkommen der EU und sucht »das **Bündnis mit Umwelt- und Menschenrechtsorganisationen, der Klimabewegung und Gewerkschaften**«.[192]
- Attac glaubt, die **»Vergesellschaftung von Unternehmen«** könne ein wesentliches Element »bei der sozial-ökologischen Transformation« sein.[193]
- »**Alle Menschen**, egal ob jung oder alt, krank oder gesund, hier geboren oder eingewandert, **egal welchen Aufenthaltsstatus sie haben**, [sollen laut Attac] **das gleiche Recht auf soziale Sicherheit und Gesundheitsversorgung** haben.«[194]
- Attac glaubt, nur »eine radikale **Erwerbsarbeitszeitverkürzung mit vollem Lohnausgleich** [...] mindestens für untere und mittlere Einkommensgruppen

[könne] den notwendigen **Abbau klimaschädlicher Produktion** ohne Massenarbeitslosigkeit auffangen«.[195]

- »Attac befürwortet Initiativen wie ›Solidarische Städte‹, die auf kommunaler Ebene die Lebensbedingungen **für Menschen mit prekärem Aufenthaltsstatus verbessern**, indem sie zum Beispiel kommunale Personalausweise oder anonyme Krankenscheine ausstellen und den kostenlosen Zugang zu sozialen Einrichtungen ermöglichen.«[196]
- Statt Grenzregimen fordert Attac eine **»globale Bewegungsfreiheit«**, also »das Recht für alle Menschen, frei zu entscheiden, wo sie leben möchten«.[197]
- »Der Weg in eine **geschlechtergerechte Gesellschaft** gehe über eine grundlegende **sozial-ökologische Transformation.**«[198]

Menschen in Attac setzen sich auch mit Protesten, Streiks und **Aktionen zivilen Ungehorsams**[199] für ihre Forderungen ein.

Mitgliedsorganisationen

Hierzu erfahren wir auf der Website von Attac:

> *Attac ist ein breites gesellschaftliches Bündnis. Neben Verbänden, Initiativen und politischen Gruppen können auch lokale Untergliederungen von Parteien Attac mit ihrer Mitgliedschaft unterstützen. Diese haben jedoch kein Stimmrecht. Überregional arbeitende Parteien und Parteiuntergliederungen können nicht Mitgliedsorganisation werden. Ausgenommen sind lediglich die Jugendorganisationen der Parteien, die ebenfalls als Mitglieder geführt werden.*[200]

Unter **Mitgliedsorganisationen** führt die Homepage von Attac unter anderen folgende linke Organisationen/Parteien/Vereine auf, von denen viele staatliche Fördergelder erhalten:

- das Bildungswerk ver.di in Niedersachsen **(erhielt staatliche Fördergelder)**[201]
- den Bund für Umwelt und Naturschutz Deutschland e. V. (BUND; er soll 2025 allein für das Projekt »Blended Learning für den Durchblick: Rechtsextreme Unterwanderung im Natur-, Klima-und Umweltschutz stoppen« **249820,20 Euro Steuergelder** erhalten haben)[202]
- die Christen für den Sozialismus.
- die DGB Jugend **(erhielt staatliche Fördergelder)**[203]
- Eine Welt e. V. **(erhielt staatliche Fördergelder)**[204]
- den AK Asyl
- Germanwatch e. V. **(erhielt staatliche Fördergelder)**[205]
- den Bundesverband Grüne Jugend
- das Institut für sozial-ökologische Wirtschaftsforschung e. V. (isw)
- den Bundesverband Jusos
- linksjugend [solid]
- Pro Asyl
- die Vereinte Dienstleistungsgesellschaft (ver.di,[206] **einzelne Ver.di-Organisationen erhielten staatliche Fördergelder**)[207]

Als **regional arbeitende Mitgliedsorganisationen** sind unter unter anderen aufgeführt:

- der Arbeitskreis Asyl Rheinland-Pfalz **(erhielt staatliche Fördergelder)**[208]
- das Bildungswerk ver.di Uelzen **(erhielt staatliche Fördergelder)**[209]
- der DGB Saar **(einzelne DGB-Organisationen erhielten staatliche Fördergelder)**[210]
- die Feministische Partei die FRAUEN Landesverband Bayern
- das Forum linker Gewerkschafter Ost Westfalen Lippe
- die GEW Bayern
- die IG Metall Hanau
- die Jusos Hessen Süd
- der Ver.di Landesbezirk Nordrhein-Westfalen[211]

Als **Unterstützer** sind unter anderen aufgeführt:

- Bündnis 90/Die Grünen Kreisverband Erding
- Bündnis 90/Die Grünen KV Mühlheim
- Bündnis 90/Die Grünen KV-Coburg
- Bündnis 90/Die Grünen/GAL Münster
- Bündnis 90/Die Grünen KV Barnim
- SPD Bezirk Hessen-Süd
- Die Linke[212]

Mein Kommentar: Es ist deutlich zu erkennen, dass sich unter dem Attac Trägerverein e. V. das Who's Who der Linken und Grünen tummelt und einzelne »Mitgliedsorganisationen« üppige staatliche Fördergelder erhielten.

Prominente (ehemalige) Mitglieder von Attac

Zu diesem Punkt gibt es nur eine einzige Quelle, und zwar die von Attac selbst, die ich nur über die Wayback Machine des Internetarchivs auffinden konnte. Dort schrieb Attac:

> *Teil des Attac-Netzwerks sind viele Künstlerinnen und Künstler, Wissenschaftlerinnen, Journalisten und Politikerinnen, die sich aus Überzeugung für eine Mitgliedschaft bei Attac entschieden haben. Auf dieser Seite stellen wir einige von ihnen vor – und bedanken uns herzlich für die Unterstützung!*[213]

Hier ist eine Auswahl aus der Präsentation (Hervorhebungen durch mich):

- **Bela B.**: »Schlagzeuger, Songwriter und Sänger der Band **Die Ärzte** und als

Schauspieler und Synchronsprecher tätig. Bela B. ist seit dem 28. Juni 2007 Mitglied bei Attac.«

- **Konstantin Wecker:** »Musiker [*Du bist so hässlich*], Liedermacher, Komponist und Autor. Er ist jahrelanger Sympathisant und seit dem September 2001 Mitglied bei Attac.«
- **Joachim Witt:** »Musiker [*Goldener Reiter*] und Schauspieler. Er ist seit 1. Dezember 2001 Mitglied bei Attac.«
- **Urban Priol:** »Kabarettist und bekannt aus der ZDF-Kabarettsendung ›Neues aus der Anstalt‹. Priol ist Attac-Mitglied seit dem 7. Mai 2009.«
- **Charlotte Roche:** »Moderatorin und Autorin [*Feuchtgebiete*]. Seit dem 13. April 2010 ist sie Mitglied bei Attac.«
- **Tom Bohn:** Filmregisseur und Drehbuchautor *(Tatort, Stahlnetz)*. »Seit dem 12. Juli 2011 ist er Attac-Mitglied.«
- **Roger Willemsen (†):** Publizist, Autor, Essayist und Fernsehmoderator. Er war Attac-Mitglied seit dem 7. Mai 2009.
- **Günter Grass (†):** Schriftsteller *(Die Blechtrommel, Im Krebsgang)*, Bildhauer, Maler und Grafiker und galt »als einer der bedeutendsten deutschsprachigen Autoren der Gegenwart. Er [war] seit dem 26. November 2008 Mitglied bei Attac«.
- **Andrea Nahles:** Politikerin (SPD), seit dem 1. August 2022 Vorstandsvorsitzende der Bundesagentur für Arbeit. »Nahles ist seit August 2001 Mitglied bei Attac.«
- **Sven Giegold:** Politiker (Die Grünen), war von 2021 bis 2024 beamteter Staatssekretär im Bundesministerium für Wirtschaft und Klimaschutz und davor von 2009 bis 2021 Mitglied des Europäischen Parlamentes. Seit November 2024 ist er stellvertretender Bundesvorsitzender seiner Partei. »Giegold gehört zu den etwa 200 Gründern von Attac-Deutschland und war beim Aufbau der Organisation einer der prägenden Aktivisten.«
- **Oskar Lafontaine:** Politiker (BSW), »von 1985 bis 1998 war er Ministerpräsident des Saarlandes. Er war Kanzlerkandidat der SPD für die Bundestagswahl 1990 und von 1995 bis 1999 deren Vorsitzender. Nach der Bundestagswahl 1998 übernahm er das Bundesministerium der Finanzen. Im März 1999 legte

er alle politischen Ämter nieder […]. Oskar Lafontaine ist Attac-Mitglied seit September 2001.«

- **Heiner Geißler (†):** Politiker (CDU). »Von 1977 bis 1989 war er Generalsekretär der CDU, in den 80er Jahren außerdem Bundesminister.«
- **Frank Bsirske:** Er war von 2001 bis 2019 Vorsitzender der Gewerkschaft ver.di und ist seit 1987 Mitglied der Partei Bündnis 90/Die Grünen. Seit 2021 ist er Bundestagsabgeordneter. »Bsirske ist Attac-Mitglied seit dem 23. März 2007.«[214]

Organisatorisches

Im folgenden Schaubild ist die Struktur des Attac-Ratschlags dargestellt:

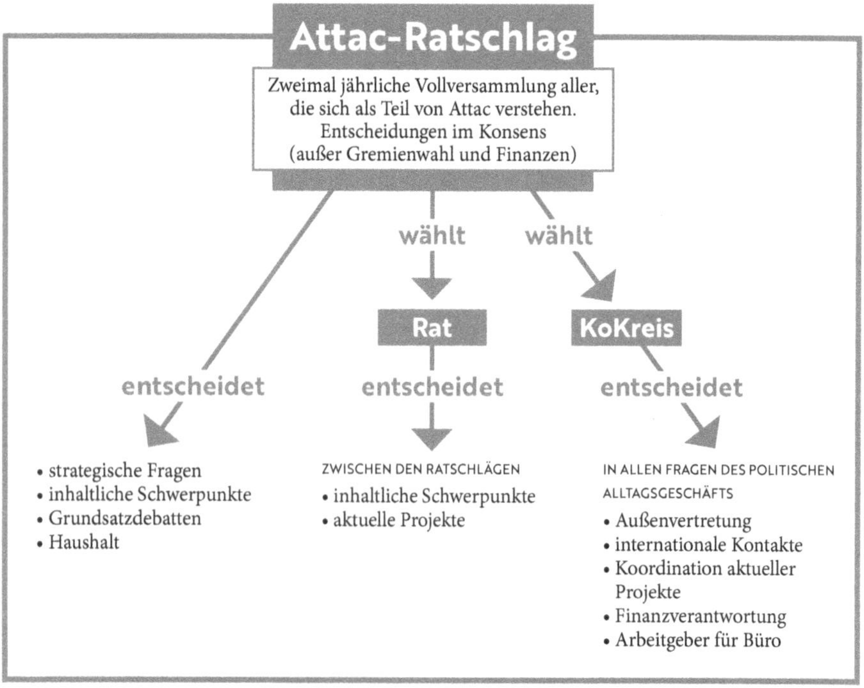

Quelle: *https://www.attac.de/das-ist-attac/organisation/ratschlag*

Zum Hintergrund

Das »Attac-Urteil«

Am 10. Januar 2019 urteilte der Bundesfinanzhof (BFH) gegen Attac Deutschland.[215] Dieser Beschluss markiert einen Wendepunkt in der rechtlichen Beurteilung gemeinnütziger Organisationen, die sich **politisch** betätigen. Somit hat die Entscheidung nicht nur Auswirkungen auf Attac selbst, sondern wirft grundlegende Fragen zur Gemeinnützigkeit und der staatlichen Förderung von NGOs auf.

I. Die Leitsätze des Urteils

Die Rechtsanwaltskanzlei Graf Kerssenbrock & Kollegen erstellte dazu eine juristische Analyse,[216] auf die ich mich im Folgenden stütze (Hervorhebungen durch mich):

- »Wer **politische Zwecke durch Einflussnahme auf politische Willensbildung** und Gestaltung der öffentlichen Meinung verfolgt, erfüllt **keinen gemeinnützigen Zweck.**[217] Eine gemeinnützige Körperschaft darf sich in dieser Weise nur betätigen, wenn dies der Verfolgung eines der in § 52 Abs. 2 AO[218] ausdrücklich genannten Zwecke dient.«
- »Bei der **Förderung der Volksbildung** (Erziehung, Volks- und Berufsbildung einschließlich der Studentenhilfe)[219] hat sich die **Einflussnahme** auf die **politische Willensbildung und Gestaltung der öffentlichen Meinung** auf **bildungspolitische** Fragestellungen zu **beschränken.«**
- **»Politische Bildung** vollzieht sich in geistiger **Offenheit.** Sie ist **nicht förderbar,** wenn sie **eingesetzt wird, um die politische Willensbildung und die öffentliche Meinung im Sinne eigener Auffassungen zu beeinflussen.«**

- »Bei der **Prüfung der Ausschließlichkeit** der steuerbegünstigten satzungsmäßigen Zweckverfolgung und der **tatsächlichen Geschäftsführung**[220] **kann zwischen der Körperschaft als »Träger« eines »Netzwerks« und den Tätigkeiten des unter dem gleichen Namen auftretenden »Netzwerks« zu unterscheiden sein.** Dabei sind alle Umstände einschließlich des Internetauftritts der Körperschaft zu berücksichtigen.«[221]

II. Die Kernaussagen des Urteils

Die bereits benannte Rechtsanwaltskanzlei Graf Kerssenbrock & Kollegen stellte auch die Kernaussagen des Urteils zusammen.

Der Bundesfinanzhof (BFH) stellte fest, dass die **politische Tätigkeit von Attac Deutschland nicht** mit den **Anforderungen des Gemeinnützigkeitsrechts** in der Abgabenordnung (AO) **vereinbar** ist.

Im Kern argumentierte das Gericht folgendermaßen:

- »**Fehlende unmittelbare Zweckverwirklichung:** Attac **verfolge politische Zwecke**, die **nicht unmittelbar einem gemeinnützigen Zweck zugeordnet werden** konnten.[222] Der BFH betonte, dass **politische Bildung als gemeinnütziger Zweck zulässig** sei, **jedoch nicht mit gezielter Einflussnahme auf politische Willensbildung und öffentliche Meinung** einhergehen darf.«
- **»Unzulässige politische Kampagnen:** Attac wurde vorgeworfen, durch **öffentlichkeitswirksame Kampagnen aktiv in politische Entscheidungsprozesse einzugreifen,** etwa durch Steuerpolitik-Initiativen und Protestaktionen gegen Finanzspekulationen. Diese Tätigkeiten wertete der BFH **als politische Meinungsbildung und nicht als gemeinnützige Bildungsarbeit.«**
- **»Neutralitätsgebot und politische Einflussnahme:** Das Gericht unterstrich, dass **gemeinnützige** Organisationen **nicht parteipolitisch agieren** oder sich mit **spezifischen politischen Positionen identifizieren** dürfen. **Attac überschreite** nach Auffassung des BFH **diese Grenze durch seine deutliche Positionierung in politischen Debatten.«**[223]

Ich fasse noch einmal zusammen:

Laut höchstrichterlicher Sprechung, darf eine **gemeinnützige** NGO

- **keine** politischen Zwecke verfolgen;
- **nicht gezielt** auf politische Willensbildung und öffentliche Meinung **Einfluss nehmen;**
- **nicht** durch öffentlichkeitswirksame Kampagnen **in politische Entscheidungsprozesse eingreifen,** da sie eine politische Meinungsbildung und nicht gemeinnützige Bildungsarbeit darstellen;
- **nicht parteipolitisch agieren** oder sich mit spezifischen **politischen Positionen identifizieren.**

III. Die Folgen des Urteils

Das Urteil führte zum **Verlust der Gemeinnützigkeit** von Attac mit erheblichen finanziellen Konsequenzen. Die **steuerlichen Vergünstigungen** und **Spendenabzugsfähigkeit** fielen abrupt weg. Attac erhält seither keinerlei staatliche Förderung mehr und genießt seit dem Entzug der Gemeinnützigkeit 2014 auch keinerlei steuerlichen Vorteile, das heißt Unterstützer können ihre Spende an Attac nicht mehr von der Steuer absetzen.[224]

Außerdem wurden weitere zivilgesellschaftliche Organisationen wie unter anderem **Campact** und **Deutsche Umwelthilfe** hinsichtlich ihrer Gemeinnützigkeit überprüft.[225]

Die Rechtsanwälte der Kanzlei Graf Kerssenbrock & Kollegen resümieren (Hervorhebungen durch mich):

> *Ein **zentrales Problem** der BFH-Entscheidung ist die **Unklarheit der Grenze zwischen gemeinnütziger Bildungsarbeit und politischer Einflussnahme.** Dies betrifft insbesondere Organisationen, die sich für Umwelt-, Menschenrechts- oder soziale Themen einsetzen. […] Ein weiterer Streitpunkt ist die staatliche Förderung von NGOs, die*

> *sich politisch engagieren. Während Attac keine direkten staatlichen Zuwendungen erhielt, gibt es* ***Programme wie »Demokratie leben!«, aus denen andere NGOs, die in politischen Kampagnen aktiv sind, Mittel beziehen.***[226]

Mein Kommentar: Das ist eine treffende Analyse, denn vergleichen Sie diese Leitsätze des Attac-Urteils einmal mit dem, was sich auf unseren Straßen durch »gemeinnützige« und steuergeldfinanzierte NGOs **ab**spielt, wenn sie politische Demonstrationen veranstalten, und wie sich NGO-Vertreter in Medien **auf**spielen, wenn sie ihre politische Gesinnung verbreiten.

Graf Kerssenbrock & Kollegen:

> *Die BFH-Entscheidung hat eine Debatte über die Reform des Gemeinnützigkeitsrechts ausgelöst. Kritiker fordern eine Klarstellung der Abgabenordnung, um gemeinnützigen Organisationen mehr Spielraum für politische Bildungsarbeit zu geben, ohne ihre steuerlichen Vorteile zu gefährden. Auf der anderen Seite plädieren konservative Stimmen für eine strengere Abgrenzung zwischen gemeinnütziger Arbeit und politischer Aktivität, um eine indirekte Parteienfinanzierung durch steuerbegünstigte NGOs zu verhindern.*[227]

IV. Die Reaktionen von Attac

Ich zitiere von der Homepage von Attac (Hervorhebungen durch mich):

> *2014* ***entzog*** *das Finanzamt Frankfurt Attac jedoch die* ***Gemeinnützigkeit*** *mit der* ***Begründung,*** *unser* ***Engagement sei zu politisch.***

*Attac klagte und gewann das Verfahren vor dem Hessischen Finanzgericht im Jahr 2016. Dagegen legte das Frankfurter Finanzamt auf Weisung des Bundesfinanzministeriums Revision ein. Im Februar 2019 bestätigte der Bundesfinanzhof die Sichtweise des Finanzamtes und verwies das Verfahren zurück an die erste Instanz. Bei der erneuten Verhandlung vor dem Hessischen Finanzgericht im Februar 2020 mussten die dortigen Richter*innen den Maßgaben des Bundesfinanzhofs folgen – entgegen ihrer eigenen Überzeugung. Attac unterlag. Die von uns eingereichte Revision wurde vom Bundesfinanzhof im Januar 2021 abgelehnt. Damit ist der Rechtsweg ausgeschöpft. Wir haben* ***Verfassungsbeschwerde***[228] *eingereicht.*[229]

[…]

Nachdem der Rechtsweg erschöpft war, ***ist Attac 2021 vor das Bundesverfassungsgericht in Karlsruhe gezogen. Ein Verhandlungstermin steht noch nicht fest.*** *Seit dem zweiten Revisionsurteil des Bundesfinanzhofs (BFH) vom Januar 2021 ist der Instanzenweg zu Ende. Der BFH hatte es versäumt, sein auch in Fachkreisen umstrittenes erstes Urteil vom Februar 2019 einer kritischen Prüfung zu unterziehen. Dabei hatte die erste Instanz, das Hessische Finanzgericht in Kassel, die Revision explizit zugelassen, damit der BFH sein erstes Urteil korrigieren oder zumindest besser begründen könne. Die Richter*innen in Kassel vermuteten gar, dem BFH seien die gesellschaftlichen Auswirkungen seines ersten Urteils nicht bewusst gewesen.*[230]

[…]

Das sogenannte Attac-Urteil des BFH vom Februar 2019 hat ***verheerende Folgen für die Demokratie und den Kampf gegen Rechtsextremismus:*** *Es schränkt das politische Engagement gemeinnütziger zivilgesellschaftlicher Organisationen stark ein. Hauptgrund ist eine stark verengte neue* ***Definition des Satzungszwecks »Politische Bildung« (Volksbildung) durch den BFH.*** *Gemeinnützige Körperschaften mit diesem Satzungszweck, die sich gegen Rassismus, für*

> *Menschenrechte und Demokratie einsetzen, sind seither vom Entzug der Gemeinnützigkeit bedroht. So wurde kurze Zeit* ***nach dem Urteil gegen Attac der Kampagnenorganisation Campact die Gemeinnützigkeit entzogen.*** *Auch das soziokulturelle Zentrum DemoZ in Ludwigsburg traf es und – mit einer etwas anderen Begründung – vorübergehend die Vereinigung der Verfolgten des Naziregimes (VVN-BdA). Gemeinnützige Vereine müssen sich seither immer fragen, ob und wie sie sich demokratisch engagieren dürfen, und halten sich im Zweifel lieber zurück.*[231]

Mein Kommentar: In dieser Stellungnahme verwechselt Attac in meinen Augen den Sinn des Urteils. Es ging **nicht** um den Entzug der Gemeinnützigkeit von Körperschaften, die sich für Demokratie etc. einsetzen, es ging darum, dass gemeinnützige Körperschaften **keinen Einfluss auf die politische Willensbildung** nehmen dürfen. Laut Ansicht der Richter verstößt Attac aber genau gegen diesen Grundsatz.

Update: Ein Termin, wann sich das Bundesverfassungsgericht mit der Causa Attac befasst, ist noch nicht bekannt (Stand: Mai 2025).[232]

Mein Kommentar: Das Opfergehabe, dass man mit dem Urteil das politische Engagement von gemeinnützigen Organisationen einschränken will, geht ins Leere. Wenn Attac Einfluss auf die politische Willensbildung nehmen will, dann bitte **ohne** Steuergeldgeschenke. Basta!

Attac beantwortet die Fragen der CDU/CSU

Wie ich im Kapitel → »Fragen, die nicht gestellt werden durften« erläutert habe, hat die CDU/CSU am 24. Februar 2025 insgesamt 551 Fragen zur politischen Neutralität und Finanzierung von gemeinnützigen NGOs gestellt,[233] was diese und die grün-linken Parteien auf die Zinne gebracht hat.

Noa Neumann aus dem Koordinierungskreis von Attac kontert mit den altbekannten linken Diffamierungsargumenten (Hervorhebungen durch mich):

> *Der Fragenkatalog macht deutlich, dass CDU und CSU gar keine Antworten auf ihre Fragen erwarten, sondern vor allem* ***zivilgesellschaftliche Organisationen diffamieren*** *wollen. Das zeigt sich schon darin, dass die Anfrage sich angeblich auf »staatlich geförderte Organisationen« bezieht, tatsächlich aber zahlreiche Organisationen angesprochen werden, die keinerlei staatliche Gelder beziehen. Die Union* ***spielt bewusst mit Unwahrheiten.*** *Ziel ist es offenbar,* ***die rechtsextreme Erzählung eines sogenannten Schattenstaates zu verbreiten,*** *der zufolge NGOs den Staat unterwandern und eine Gefahr für die Demokratie sind. Das ist infam. Darum haben wir uns entschieden, dem die Wahrheit entgegenzusetzen und die Fragen, auf die offenbar keine Antworten gewünscht sind, zu beantworten.*[234]
>
> *[Und an anderer Stelle:]*
>
> *Diese Anfrage zeigt: Der zu befürchtende* ***Großangriff auf die emanzipatorische Zivilgesellschaft*** *unter einer Regierung Merz hat begonnen. Der Einsatz für soziale Gerechtigkeit und der Kampf gegen rechts sind der Union offensichtlich ein Dorn im Auge. Mit einer von der Springer-Presse gestützten Kampagne versucht die Union,* ***Akteure der demokratischen Zivilgesellschaft gezielt zu diskreditieren*** *und damit schon im Vorfeld der Amtszeit von Friedrich Merz zu schwächen.*[235]

Mein Kommentar: Neumann bezichtigte die CDU/CSU also indirekt als **Lügner** (»spielt bewusst mit Unwahrheiten«) und **Verbreiter von rechtsextremen** Erzählungen.

Frauke Distelrath, Geschäftsführerin von Attac, blies in dasselbe Horn und brachte sogar Trump und Orbán ins Spiel:

> *Der CDU geht es offenbar vor allem um ein* ***einschüchterndes Signal*** *an Organisationen, die noch gemeinnützig sind oder Projektgelder beziehen. Sie sollen den Mund halten und sich in den nächsten vier Jahren jede Kritik an der Union verkneifen, sonst geht es ihnen an den Kragen. Das ist* ***antidemokratisch,*** *so wie wir es von* ***Trump oder Orbán kennen.*** *Darauf zielt unsere Empörung. Diese absurden Fragen zu beantworten, ist nicht unser Problem.*[236]
>
> *[An anderer Stelle:]*
>
> *Begonnen hat der* ***Angriff der Union auf die demokratische Zivilgesellschaft*** *vor mehr als zehn Jahren mit dem Entzug der Gemeinnützigkeit von Attac – damals noch unter Wolfgang Schäuble als Bundesfinanzminister. Jetzt setzt sie den Angriff fort und macht sich dabei* ***mit der Hetze der AfD gegen alles, was links aussieht, gemein.*** *Das ist brandgefährlich und* ***beschädigt die Demokratie.***[237]

Mein Kommentar: Distelrath bezichtigt die CDU/CSU also, sie seien **antidemokratisch** und machten sich **mit der AfD gemein.** Antidemokratisch ist es in meinen Augen, wenn man einer demokratisch gewählten Partei und über 10 Millionen Wählern die Demokratie abspricht.

***

An dieser Stelle möchte ich die Antworten von Attac auf die Fragen der CDU/CSU dokumentieren, die eigentlich die Bundesregierung beantworten sollte. Die Entgegnungen der linken NGO sind interessant und teilweise selbstentlarvend. Jene Fragen und Antworten, die gegenstandslos sind, führe ich nicht auf:[238]

Antworten auf die »Kleine Anfrage« der Union vom 24.2.2025 bezüglich des Attac Trägervereins e. V.

[95.] Gibt es Fälle, in denen der Attac Trägerverein e. V. explizit für oder gegen eine Partei geworben hat?

Für eine Partei nicht. Gegen die AfD ja.

[96.] Wurde der Attac Trägerverein e. V. in der Vergangenheit wegen parteipolitischer Betätigung abgemahnt oder verwarnt?

Nein.

[97.] Wie groß ist der Anteil der finanziellen Mittel des Attac Trägervereins e. V., der aus staatlichen Förderprogrammen stammt?

0,0 %

Mein Kommentar: Das ist erst seit Entzug der Gemeinnützigkeit so.

[98.] Wie hoch ist der Anteil der Spenden aus der Wirtschaft oder von parteinahen Stiftungen an den Attac Trägerverein e. V.?

0,0 %

[99.] Gibt es direkte Verbindungen zwischen dem Attac Trägerverein e. V. und bestimmten Parteien oder politischen Akteuren?

Attac ist ein Netzwerk mit zahlreichen Mitgliedsorganisationen, wie zum Beispiel der Gewerkschaft Verdi. Parteien können nicht Mitglied bei Attac sein, lediglich Jugendverbände und Parteigliederungen unterhalb der Landesebene sind zugelassen. Sie haben aber kein Stimmrecht.

Mein Kommentar: Damit gibt Attac zu, dass es sehr wohl Verbindungen zu Parteien und Jugendverbänden gibt. Ob diese Stimmrechte haben oder nicht, ist auf den Demos auf den Straßen vollkommen egal.

[100.] Haben oder hatten Vorstände, Führungspersonen oder (Gründungs-)Mitglieder des Attac Trägervereins e. V. politische Ämter oder enge Verbindungen zu Parteien?

*Auch als Parteimitglied oder Inhaber*in eines politischen Amtes darf man Mitglied im Attac-Koordinierungskreis sein; Parteimitgliedschaften und -ämter müssen bei einer Kandidatur offengelegt werden. Es sind und waren schon Menschen aus verschiedenen Parteien Mitglied im Koordinierungskreis, auch schon aus der Union. Politiker*innen verschiedener Parteien waren schon Attac-Mitglied, darunter auch Heiner Geißler (CDU) bis zu seinem Tod.*

Mein Kommentar: Attac gibt auch hier unumwunden zu, dass Parteimitglieder sogar Führungspositionen innehaben können.

[101.] Inwiefern beeinflusst der Attac Trägerverein e. V. politische Entscheidungsprozesse oder Gesetzesvorhaben nach Einschätzung der Bundesregierung?

Das kann nur die Bundesregierung beantworten. Wir hoffen: etwas.

[102.] Gibt es Hinweise darauf, dass der Attac Trägerverein e. V. gezielt gegen bestimmte Parteien oder Politiker Kampagnen führt?

Attac führt gezielt Kampagnen gegen unsoziale, klimaschädliche und diskriminierende Politik. Dabei geht es um Inhalte, nicht Parteien. Wenn die Union also mit einem rassistischen Vorstoß im Bundestag den Schulterschluss mit der AfD sucht, ist sie bei unseren Protesten gegen rechts mitgemeint. Wenn die FDP Reichtum von unten nach oben umverteilen will, protestieren wir dagegen. Wenn die Ampelkoalition sich um die Auszahlung des Klimagelds drückt, protestieren wir dagegen bei SPD, FDP und den Grünen. Und wenn das Parteiprogramm der AfD eben programmatisch nahezu ausschließlich unsoziale, klimaschädliche und diskriminierende Positionen vertritt, tritt Attac auch dieser Partei entgegen. Attac führt also gezielt Kampagnen für oder gegen bestimmte Inhalte, nicht Parteien.

Mein Kommentar: Das sehe ich ganz anders. Hauptfeind von Attac ist die AfD, was aus der Antwort zu Frage 95 hervorgeht. Attac ist links!

[103.] Unterstützt der Attac Trägerverein e. V. politische Demonstrationen oder Proteste mit ihren finanziellen Mitteln?

Ja, manchmal.

Mein Kommentar: Damit gibt Attac also zu, dass sie Einfluss auf die politische Willensbildung nimmt, was allem Jammern und Opfergehabe zum Trotz bedeutet, dass der Entzug der Gemeinnützigkeit richtig war.

[105.] Gibt es Kooperationen zwischen dem Verein Campact e. V. und parteinahen Stiftungen wie der Rosa-Luxemburg-Stiftung, der Heinrich-Böll-Stiftung, der Friedrich-Ebert-Stiftung oder der Desiderius-Erasmus-Stiftung?

[…] Attac kooperiert gelegentlich bei Projekten oder Veranstaltungen mit Stiftungen; diese Stiftungen finanzieren dann ihren Anteil an diesen Veranstaltungen, Attac seinen. Diese Kooperationen sind immer öffentlich und transparent.

Mein Kommentar: Attac bestätigt also, dass sie mit anderen Parteistiftungen zusammenarbeitet.

[106.] Hat die Bundesregierung Erkenntnisse dazu, dass Parteien Einfluss auf die Entscheidungsstrukturen innerhalb des Attac Trägervereins e. V. haben, und wenn ja, welche?

Wir wissen nicht, ob die Bundesregierung dazu Erkenntnisse hat, beantworten aber die Frage gern: Parteien haben keinen Einfluss auf die Entscheidungsstrukturen innerhalb von Attac.

Mein Kommentar: Obwohl man mit Parteistiftungen zusammenarbeitet, Parteijugendverbände Mitgliedsorganisationen sind und Parteimitglieder sogar im Koordinierungskreis saßen/sitzen? All dies soll keinen Einfluss auf die Entscheidungsstrukturen innerhalb von Attac nehmen?

[109.] Hat die Bundesregierung Kenntnis darüber, ob der Attac Trägerverein e. V. von internationalen Organisationen oder NGOs aus dem Ausland Gelder erhält, und wenn ja, welche sind das und wie viel?

Attac bekommt keine Gelder von internationalen Organisationen oder NGOs aus dem Ausland.

[111.] Sieht die Bundesregierung in der Website des Attac Trägervereins e. V. *(www.attac.de)* eine parteipolitische Tendenz, und wenn ja, wie beurteilt sie diese Tendenz vor dem Erfordernis der parteipolitischen Neutralität?

Diese Frage kann nur die Bundesregierung beantworten. Wir sind parteipolitisch unabhängig.

Mein Kommentar: Wenn ich sehe, welche Mitgliederorganisationen es gibt, und angesichts der Tatsache, dass auch Parteimitglieder im Koordinierungskreis saßen/sitzen, hege ich da berechtigte Zweifel.

[112.] Nimmt nach Einschätzung der Bundesregierung der Attac Trägerverein e. V. oder seine rechtlichen Vertreter aktiv an Wahlkämpfen teil oder ruft zur Wahl bestimmter Parteien auf?

Wir wissen nicht, wie die Bundesregierung das einschätzt. Attac ruft nicht zur Wahl bestimmter Parteien auf.

Mein Kommentar: Ein geschicktes Ausweichen, denn Attac ist **gegen** die AfD, wie die linke NGO selbst zugibt (siehe oben, Antwort auf Frage 95).

[113.] War der Attac Trägerverein e. V. nach Erkenntnissen der Bundesregierung in der Vergangenheit an politischen Kampagnen beteiligt, und wenn ja, welchen?

Wir wissen nicht, was die Bundesregierung für Erkenntnisse hat. Attac engagiert sich für eine solidarische, gerechte Welt; alles daran ist politisch. Damit sind auch alle Kampagnen von Attac politisch: https://www.attac.de/kampagnen.

Mein Kommentar: Wiederum gibt Attac zu, sich politisch zu betätigen und dadurch Einfluss auf die politische Willensbildung zu nehmen. Dies ist erneut ein Grund dafür, dass sie die Gemeinnützigkeit zu Recht verloren hat.

[114.] Gibt es Belege dafür, dass der Attac Trägerverein e. V. einseitige Narrative in politischen Debatten fördert, und wenn ja, welche?

Ein Narrativ ist eine Erklärung für einen gesellschaftlichen Zustand. Organisationen sind nicht verpflichtet, alle denkbaren Erklärungen für einen gesellschaftlichen Zustand aufzuzählen, sondern verbreiten jeweils selbstverständlich die Erklärung, die sie für plausibel halten. In diesem Sinn ist jedes Narrativ »einseitig«.

Mein Kommentar: Aus meiner Sicht ist Attac ganz klar links positioniert und fördert deshalb auch linke Narrative, da braucht man nicht lange herumzudiskutieren.

[115.] Wie beeinflusst der Attac Trägerverein e. V. die mediale Berichterstattung über politische Themen?

Wir glauben: noch nicht genug.

Mein Kommentar: Attac gibt also unumwunden zu, die mediale Berichterstattung zu beeinflussen – ja sogar noch mehr beeinflussen zu wollen.

[116.] Gibt es nach Erkenntnissen der Bundesregierung wissenschaftliche Studien, die den Einfluss des Attac Trägervereins e. V. auf die öffentliche Meinungsbildung untersuchen?

Wir wissen nicht, ob die Bundesregierung dazu Erkenntnisse hat; uns ist keine solche Studie bekannt.

[117.] Werden von dem Attac Trägerverein e. V. gezielt politische Gegner diskreditiert oder diffamiert, und wenn ja, welche und wie beurteilt die Bundesregierung dies vor dem Hintergrund der Förderung?

Politik wird von Attac inhaltlich kritisiert. Diese Kritik kann durchaus auch humoristisch passieren, wie etwa bei Bildaktionen oder auf

*Social Media üblich. Personen des öffentlichen Lebens müssen damit klarkommen, dass sie auch Gegenstand von Satire sind. Das ist nicht rufschädigend und damit nicht diskreditierend. Diffamiert wird niemand von Attac. Attac hält sich an Fakten und inhaltliche Kritik. Attac stellt auch keine Suggestivfragen, um gezielt Unwahrheiten über politische Gegner*innen zu streuen. Der zweite Teil der Frage ist gegenstandslos, da Attac keine Förderung bekommt (anders als von der Union mit zahlreichen Fragen suggeriert).*

Mein Kommentar: Die AfD als »Rattenfänger«[239] (siehe unten) und demnach über 10 Millionen Wähler als »Ratten« (?) zu beleidigen soll »Satire« und »nicht rufschädigend« sein?

[118.] Haben die Kampagnen des Attac Trägervereins e. V. nach Einschätzung der Bundesregierung direkte Auswirkungen auf Wahlergebnisse oder politische Entscheidungen?

Schön wär's. (Wir hätten gern dafür gesorgt, dass die AfD an der Fünf-Prozent-Hürde scheitert.)

Mein Kommentar: Attac gibt damit zu, dass sie absolute Gegnerin der AfD ist. Dabei erzählt uns Attac eine Antwort zuvor das Märchen, dass sie niemanden diffamiert.

[119.] Gibt es nach Kenntnis der Bundesregierung Stellungnahmen von Staatsrechtlern, die die Aktivitäten des Attac Trägervereins e. V. im Hinblick auf das Neutralitätsgebot bewerten?

Gemeinnützige Vereine müssen nicht politisch oder weltanschaulich ›neutral‹ sein. Sie dürfen keine politischen Parteien fördern.

> *Davon abgesehen ist Attac bereits vor mehr als zehn Jahren auf Betreiben des damals CDU-geführten Bundesfinanzministeriums die Gemeinnützigkeit entzogen worden. Der Fall liegt derzeit beim Bundesverfassungsgericht.*[240]

Mein Kommentar: Genau das sahen die Richter des BFH in ihrem Urteil anders.

Die Antworten von Attac sind also ziemlich selbstentlarvend und zementieren noch einmal, dass es **richtig** war, dieser links agierenden NGO die Gemeinnützigkeit und die Förderung durch Steuergelder zu entziehen.

Im April 2025 kam dann der Attac-Frühjahrsratschlag (siehe Kapitel → »Organisatorisches«) zusammen. Bereits beim Ankündigungstext auf der Homepage kann man erkennen, wie politisch **neutral** und **gemeinnützig** diese linke NGO in Wirklichkeit ist, ich zitiere (Hervorhebungen durch mich):

> ***Rechtsruck in Deutschland, Staatsstreich in den USA*** *– und die* ***Klimakrise eskaliert.*** *Die Zeiten sind düster, und sie drohen noch finsterer zu werden, wenn wir nicht mit aller Kraft dagegenhalten. Doch es gibt auch Hoffnung. Hunderttausende querbeet durch die Gesellschaft stellen sich bei Demos der* ***rechten Hetze*** *entgegen. Junge Menschen schalten ihren eigenen Kopf ein und mischen die* ***Parteienlandschaft von links*** *auf, statt den* ***Rattenfängern der AfD*** *hinterherzulaufen. Was heißt das für uns bei Attac als Teil der emanzipatorischen Zivilgesellschaft? Welche Themen wollen wir setzen, für welche Forderungen streiten und wie die Menschen »da draußen« erreichen?*[241]

Mein Kommentar: Die Linken der Attac erkennen also einen **»Rechtsruck«** in Deutschland (es waren legitime Wahlen), einen **»Staatsstreich«** in den USA (es waren legitime Wahlen) und titulieren die AfD als **»Rattenfänger«** und folglich deren Wähler als **»Ratten«**(?). Schlimmer kann eine Hetze gegen Andersdenkende nicht sein. Hier müsste man ein **Verbot** der linksradikalen Organisation prüfen. Doch der Verfassungsschutz ist auf dem linken Auge blind, das wissen wir.

II. Correctiv gGmbH

Vorspiel: Das Narrativ der »zweiten Wannseekonferenz«

Ende 2023 kam es zu einem Ereignis, das Correctiv blitzartig in nationale und internationale Schlagzeilen katapultierte. Die Rede ist vom »Potsdamer Deportationstreffen«.

Wikipedia schreibt zum »Treffen der Rechtsextremisten in Potsdam 2023« (Rechtsschreibfehler von mir korrigiert, Hervorhebungen durch mich):

> *Das Treffen von Rechtsextremisten in Potsdam war eine Zusammenkunft in der* ***Villa Adlon*** *am Lehnitzsee in Potsdam, das am 25. November 2023 stattfand und Mitte Januar 2024* ***durch einen Bericht des Medienunternehmens Correctiv publik wurde.*** *Auf der Veranstaltung stellte der Rechtsextremist Martin Sellner als* ***»Masterplan zur Remigration«*** *bezeichnete Überlegungen vor. Sellners Nutzung des Wortes »Remigration« wurde vielfach als verharmlosende Umschreibung einer* ***Ausweisung, Abschiebung, Vertreibung und/oder Deportation*** *sowohl von Asylbewerbern und Ausländern mit Bleiberecht als auch von »nicht assimilierten« deutschen Staatsbürgern verstanden.* ***Anwesend waren Mitglieder von AfD, CDU, ÖVP, des Vereins Werteunion, der Identitären Bewegung*** *und weitere Personen, die über*

> *die Umsetzung diskutierten. Für die* ***mediale Falschberichterstattung,*** *auf dem Treffen sei auch über die Ausbürgerung und Ausweisung deutscher Staatsbürger gesprochen worden, war* ***laut Landgericht Berlin II Correctiv mitverantwortlich.***[242]

Was sich im November 2023 in der Villa Adlon abgespielt haben soll, wurde im Januar 2024 durch das »Rechercheportal« Correctiv bundesweit und international bekannt. Deren »seriöse« Journalisten behaupteten damals, beim Potsdamer Treffen sei anhand eines **»Masterplans zur Vertreibung«**[243] über die Ausweisung von Menschen beraten worden. Correctiv interpretierte dies, laut RND, medienwirksam dahingehend, dass die Gespräche in Potsdam auch Deutsche mit Migrationshintergrund beinhaltet hätten. Es hieß, der eingeladene österreichische Rechte Martin Sellner wolle die Ansiedlung von Ausländern »rückabwickeln«, wobei es ihm auch um »nicht assimilierte Staatsbürger« gegangen sei.[244]

Dies suggerierte in den Augen der damaligen Innenministerin Nancy Faeser **»unwillkürlich Erinnerungen an die furchtbare Wannseekonferenz«**[245] und so, gibt Maria-Sibylla Lotter im IPG-Journal der Friedrich-Ebert-Stiftung den Correctiv-Bericht wieder, habe die AfD (obwohl auch CDU-Mitglieder anwesend waren) einen **»Geheimplan gegen Deutschland«** entwickelt und plane nach der **»Machtergreifung«** die **»millionenfache Deportation von Menschen allein aus rassistischen Gründen«.**[246]

***

Die Folgen dieses Berichtes, den die meisten Medien ungeprüft übernahmen und der wie schon erwähnt pressewirksam aufgeblasen wurde: wochenlange Schlagzeilen, empörte politische Reaktionen und Hunderttausende von Demonstranten – natürlich – gegen rechts. Die Diskussion um ein AfD-Parteiverbot schwappte ebenfalls neu auf, denn in Potsdam waren auch mehrere AfD-Politiker anwesend gewesen.[247]

Die größten »Demos gegen rechts« als Folge des Correctiv-Artikels fanden in folgenden Städten statt:

Ort	Datum	Demonstrierende (mindestens)
Hamburg	19.01.	180 Tsd.
Berlin	03.02.	150 Tsd.
Düsseldorf	27.01.	100 Tsd.
Münschen	21.01.	100 Tsd.
Köln	21.01.	70 Tsd.
Bremen	21.01.	50 Tsd.
Hannover	20.01.	35 Tsd.
Frankfurt am Main	20.01.	35 Tsd.
Bonn	21.01.	30 Tsd.
Freiburg im Breisgau	03.02.	30 Tsd.

Tabelle: taz Quelle: taz/Statistisches Bundesamt/Bundeswahlleiterin

Quelle: *https://taz.de/Ein-Jahr-Correctiv-Recherche/!6058332/*
(Unter der Überschrift »Hier wurde gegen Rechtsextremismus demonstriert« auf »Liste« klicken)

Das *RND – RedaktionsNetzwerk Deutschland* – berichtete:

> *Selten hat eine journalistische Recherche in den vergangenen Jahren derart große gesellschaftliche Reaktionen in Deutschland hervorgerufen: Der Artikel des Recherchezentrums Correctiv über ein »Geheimtreffen« von rechtsextremen Aktivistinnen und Aktivisten, Unternehmerinnen und Unternehmern, AfD-Politikerinnen und -Politikern und Mitgliedern von CDU und Werteunion im Potsdamer Hotel »Landhaus Adlon« im vergangenen November hat Millionen Menschen in Deutschland erreicht und bundesweit Massendemonstrationen gegen die AfD beflügelt.*[248]

Selbst die *New York Times* berichtete von den Protesten und titelte: »Die Deutschen wehren sich, während der Einfluss der extremen Rechten wächst.«[249] Das Berliner Institut für Protest- und Bewegungsforschung stellte fest, dies sei die bis dahin »größte Protestwelle in der Geschichte der Bundesrepublik«.[250]

Die damalige Innenministerin Nancy Faeser (SPD), Entwicklungsministerin Svenja Schulze (SPD) und Familienministerin Lisa Paus (Die Grünen) gingen dem Correctiv-Suggestivmärchen auf den Leim und verbreiteten den Deportationsmythos mit »Pauken und Trompeten« (NIUS)[251] weiter.[252]

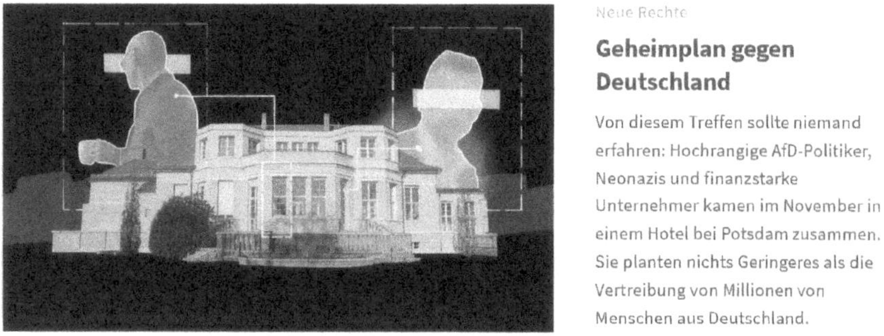

Quelle: Correctiv, *https://correctiv.org/themen/geheimplan-recherche/*

Laut RND hatte Correctiv zuvor von einem »Masterplan« zur »Ausweisung deutscher Staatsbürger« berichtet und diesen dahingehend zusammengefasst, deutsche Staatsbürger sollten im rechtlichen Sinne »ausgewiesen« werden, und ihnen solle das Aufenthaltsrecht in Deutschland genommen werden.[253] Der Correctiv-Artikel hatte den reißerischen Titel »Geheimplan gegen Deutschland« und folgenden Teaser (Hervorhebungen durch mich):

> *Von diesem Treffen sollte niemand erfahren: Hochrangige AfD-Politiker, Neonazis und finanzstarke Unternehmer kamen im November in einem Hotel bei Potsdam zusammen. Sie* ***planten nichts Geringeres als die Vertreibung von Millionen von Menschen aus Deutschland.***[254]

In dem Artikel war dann Folgendes zu lesen (Hervorhebungen durch mich):

> ***Was Sellner*** *[ein österreichischer rechter Aktivist, von 2015–2023 Sprecher der Identitären Bewegung Österreich/MGR]* ***entwirft, erinnert an eine alte Idee:*** *1940 planten die Nationalsozialisten,* ***vier Millionen Juden auf die Insel Madagaskar zu deportieren.*** *Unklar ist, ob Sellner die historische Parallele im Kopf hat. Womöglich ist es auch Zufall, dass die Organisatoren gerade diese Villa für ihr konspiratives Treffen gewählt haben:* ***Knapp acht Kilometer entfernt von dem Hotel steht das Haus der Wannseekonferenz, auf der die Nazis die systematische Vernichtung der Juden koordinierten.***[255]

Für jeden dürfte klar sein, was die »seriösen« Correctiv-Journalisten damit suggerieren wollen.

Und so sieht die »Seriosität« letztendlich aus:

Die »seriösen« Journalisten des »seriösen« investigativen Medienhauses haben ihren eigenen »seriösen« Artikel auf der Homepage bereits viermal korrigiert und nennen das »Updates«.[256]

Zudem hat es im Epilog des Artikels ursprünglich geheißen, bei dem Potsdamer Treffen sei es um einen »Masterplan« zur Ausweisung von deutschen Staatsbürgern aufgrund ihrer »Ethnie« gegangen. Correctiv strich den Verweis auf die Ethnie später jedoch aus dem Text und erklärte, es habe sich um eine Kürzung aus **redaktionellen Gründen** gehandelt, die ohne Absicht nicht kenntlich gemacht wurde, was später dann korrigiert wurde.[257]

Übrigens: Die Gedenkstätte des Hauses der Wannseekonferenz benutzte das Correctiv-Narrativ der »Wannseekonferenz« bis Anfang Juni 2025, bevor die Tafeln wieder abgebaut wurden sogar für die »Manipulation ihrer Besucher« (Alexander Schwarz, auf *ansage.org*),[258] wie das folgende private Foto bewies:

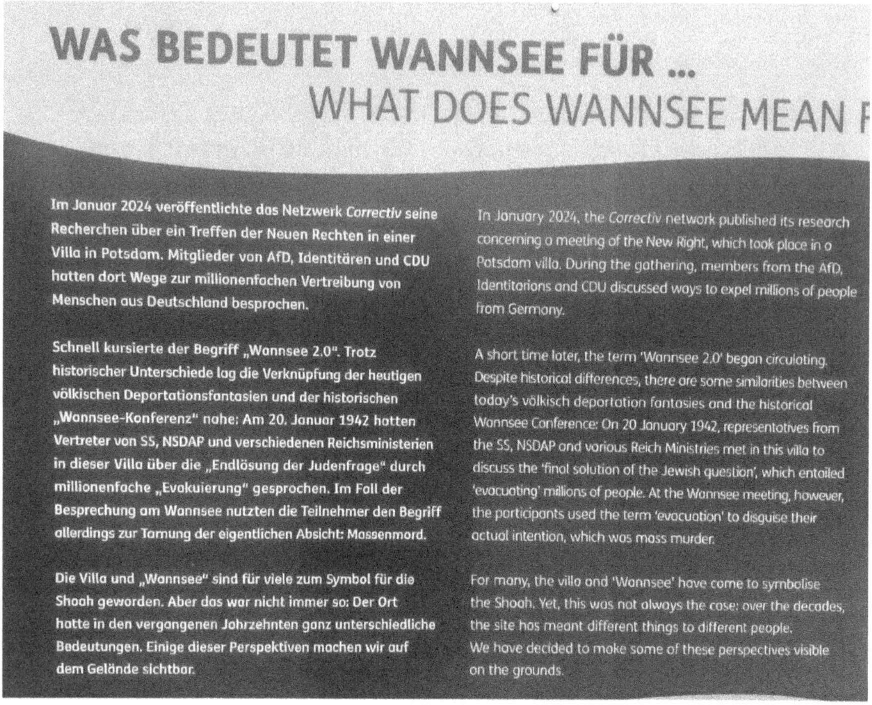

Quelle: *https://ansage.org/aberwitzige-geschichtsklitterung-gedenktafel-am-wannsee-haus-wiederholt-correctiv-luegen*

Alexander Schwarz schrieb dazu am 14. April 2025:

> *Die Verantwortlichen für diese Perversion, himmelschreiende Geschichtsklitterung und [diesen] propagandistischen Missbrauch des Holocaust müssten augenblicklich ihrer Posten enthoben und die skandalöse »Einordnung« auf der Website entfernt werden.*[259]

***

Als einige Teilnehmer der Runde in Potsdam sich juristisch gegen Falschbehauptungen in dem Artikel wehrten, knickte das »seriöse« Investigativportal ein.

Das *RND* berichtete wie folgt (Hervorhebungen durch mich):

> ***Correctiv selbst erklärte*** *schon im Februar in einem Gerichtsverfahren, dass auf dem Potsdamer Treffen* ***nicht über Ausweisungen von Deutschen gesprochen*** *worden sei. »Im Gegenteil: Die* ***deutsche Staatsbürgerschaft*** *hat Sellner* ***ausdrücklich als juristische Sperre für eine Ausweisung anerkannt****«, heißt es im Schriftsatz des Correctiv-Anwalts, »****dementsprechend entwickelte sich unter den Teilnehmern auch keine Diskussion*** *darüber«.*[260]

Rechtsanwalt Carsten Brennecke, der einige Teilnehmer des Potsdamer Treffens vertritt, verklagte den NDR und das ZDF, wenn diese von Plänen einer »Ausweisung« oder gar »Deportation« von deutschen Staatsbürgern berichteten. Das Landgericht Hamburg untersagte diese Formulierungen, weil hier nicht an anderer Stelle präzise und korrekt berichtet wurde.[261]

Die AfD-Abgeordnete Beatrix von Storch hatte die Correctiv-Berichterstattung als »dreckige Correctiv-Lüge« bezeichnet. Dagegen zog Correctiv beleidigt vor Gericht. Im Dezember 2024 hielt das Landgericht Berlin II dies dann für eine zulässige Meinungsäußerung, weil der Correctiv-Bericht zumindest einen falschen Eindruck erweckt habe.[262]

***

Für Correctiv spielten angeblich **auch** finanzielle Aspekte eine Rolle bei ihrer theatralisch-»seriösen« Berichterstattung, anders kann ich Correctiv-Autor Bensmanns Ausführungen nicht auffassen. Denn laut Bensmann konnte Correctiv **nach** der Veröffentlichung neue Spendeneinnahmen und Unterstützer gewinnen. Correctiv sei durch die Veröffentlichung wesentlich bekannter geworden.[263]

Das Internetportal NIUS schrieb dazu:

> *Lügen scheint sich zu lohnen. Nach der spektakulären Geheimplan-Geschichte über ein Treffen von CDU- und AfD-Politikern sowie*

rechten Aktivisten in Potsdam im November 2023 konnte das Medienunternehmen Correctiv seine Spendeneinnahmen durch Privatpersonen mehr als verdreifachen. Erhielt Correctiv im Jahr 2023 lediglich ca. 1,8 Millionen Euro von sogenannten privaten »Unterstützerinnen und Unterstützern«, waren es 2024 laut dem hauseigenen Transparenzbericht satte sechs Millionen Euro.[264]

***

Der Rechtsextremismusexperte Axel Salheiser (Institut für Demokratie und Zivilgesellschaft, Jena) verwies mit Blick auf die Wahlergebnisse der zurückliegenden Europa-, Kommunal- und Landtagswahlen (damals noch vor der Bundestagswahl) darauf, dass die Correctiv-Recherchen und die öffentliche Kritik an den vermeintlichen »Remigrationsplänen« der AfD bei deren Wählern nicht verfangen hätten: »Daran haben auch die Massendemonstrationen gegen Rechtsextremismus im ganzen Land prinzipiell nichts geändert«.[265]

Mein Kommentar: War es das eigentliche Ziel von Correctiv, mit ihrer zweifelhaften Berichterstattung über »Rechte«, die AfD und ihre angeblichen »Vertreibungspläne«, die Wahlen zu beeinflussen und für sich selbst »Kohle« zu machen?

Prof. Dr. Maria-Sibylla Lotter, Professorin für Philosophie mit Schwerpunkt Ethik und Ästhetik an der Ruhr-Universität Bochum, vermutete Ähnliches (Hervorhebungen durch mich):

> *Schon seit* ***Monaten war vorher in Regierungs- und Journalistenkreisen darüber diskutiert worden, wie man den Zulauf zur AfD stoppen kann.*** *Den Bericht von Correctiv* ***verstehe ich als Versuch,*** *eine von den beteiligten Journalisten vermutlich als durchaus real*

> *eingeschätzte Gefahr von rechts* ***mit einem Nazi-Illusionstheater zu bekämpfen, weil man die Bevölkerung nicht für schlau oder mündig genug hält, diese Gefahr selbst zu erkennen. […] Ein staatsdienliches Märchen ist eine Lüge oder irreführende Rede, die nicht zum Eigennutz, sondern altruistisch zum Wohle der Gemeinschaft ersonnen wird.*** *Es dient dazu, diejenigen, die selbst nicht fähig sind, die Wahrheit zu erkennen, auf den richtigen Weg zu bringen.*[266]

***

Und dann auch noch diese Meldung: Das Nachrichtenportal NIUS fand heraus, dass sich die Correctiv-Geschäftsführerin ein paar Tage **vor** dem angeblichen »Deportationstreffen« mit dem damaligen Bundeskanzler Scholz getroffen hatte:

> *Die Bundesregierung hat sich öfter mit dem Rechercheportal Correctiv getroffen als bisher bekannt. Das geht aus der Antwort der Bundesregierung auf eine schriftliche Frage des AfD-Bundestagsabgeordneten Matthias Moosdorf hervor, die NIUS exklusiv vorliegt. Demnach kam es unmittelbar vor »Geheimtreffen« am 25. November 2023 in Potsdam zu zwei Begegnungen zwischen der Correctiv-Geschäftsführerin, Jeannette Gusko, und Vertretern des Bundeskanzleramts.*
>
> *[…]*
>
> *In der Antwort der Bundesregierung auf Moosdorfs Frage nach Treffen zwischen Vertretern der Bundesregierung und Correctiv heißt es wortwörtlich: ›Eine Begegnung des Bundeskanzlers mit der Geschäftsführerin von Correctiv Frau Gusko […] spontan am Rande der Konferenz Ostdeutschland 2030 am 17.11.2023‹ stattgefunden. Zudem fand zehn Tage vorher, am 7. November 2023, eine Diskussionsrunde im Bundeskanzleramt statt, bei der Correctiv-Geschäftsführerin Gusko teilnahm und unter anderem auf den Ostbeauftragten der Bundesregierung, Carsten Schneider (SPD), traf. […] Als Jeannette Gusko am 17. November auf Olaf Scholz traf, wusste Correctiv nach Recherchen*

> *von NIUS schon längst darüber Bescheid, dass das Treffen zwischen AfD-Politikern, rechten Aktivisten, Unternehmern und Vertretern der Werte-Union infiltriert wird.*[267]

Mit der Anmerkung, **»diesbezügliche Daten [seien] somit möglicherweise nicht vollständig«,** gibt die Bundesregierung selbst folgende Treffen mit Correctiv-Vertretern zu:

- »**Staatssekretär Steffen Seibert a. D.: Austausch mit David Schraven** (CEO CORRECTIV) und anderen Faktencheckern im Rahmen eines Gesprächs zum Thema Desinformation am 15. Juli 2020.«
- »**Staatssekretär Steffen Seibert a. D.: Interview** mit dem Jugendprogramm ›Salon 5‹ von CORRECTIV am 11. September 2020.«
- »**Stellvertretende Regierungssprecherin Christiane Hoffmann: Gemeinsamer Auftritt** am Stand der Bundesregierung auf der Frankfurter Buchmesse am 22. Oktober 2022: Podiumstalk zum Thema ›Desinformation und Fake News – wie gehen wir damit um?‹ mit dem Geschäftsführer des Recherchezentrums CORRECTIV, **David Schraven** […].«
- »**Stellvertretender Regierungssprecher Wolfgang Büchner: Gemeinsame Teilnahme** an einem Talk im Rahmen des Tages der offenen Tür der Bundesregierung am 21. August 2022. Thema: ›Desinformation und Fake News erkennen. Wie werde ich Faktenchecker/-in?‹ mit dem Geschäftsführer des Recherchezentrums CORRECTIV, **David Schraven.** Weitere Teilnehmende: Henriette Löwisch (Deutsche Journalistenschule) und Josephine Ballon **(HateAid)** […].«
- »**Begegnung des Bundeskanzlers** mit der **Geschäftsführerin von CORRECTIV,** Jeannette Gusko, spontan am Rande der Konferenz Ostdeutschland 2030 am 17. November 2023.«
- »**Teilnahme der Geschäftsführerin von CORRECTIV,** Jeannette Gusko, an einer Diskussionsrunde im Rahmen der Veranstaltung vom **Staatsminister Carsten Schneider** ›Zweiter PANDA Women Leaders Salon Ostdeutschland‹ am 7. November 2023 im Bundeskanzleramt.«[268]

Mein Kommentar: Kritiker aus dem konservativen Lager vermuten, dass es bei den letzten Zusammenkünften zwischen Correctiv und der Bundesregierung vielleicht Absprachen zwecks dem »Deportationstreffen« in Potsdam, dessen öffentlicher Inszenierung durch Correctiv und der Diskriminierung der AfD gegeben haben könnte. Das ist so nicht zu bestätigen, aber auch nicht gänzlich zu verneinen. Es bleibt jedenfalls festzuhalten: Wenn sich schon Staatssekretäre, Staatsminister und sogar der Bundeskanzler persönlich mit Correctiv-Geschäftsführer treffen, sind die Bande wohl enger als gedacht.

***

Skandalös ist auch das: Die Bundesregierung stuft ihre Erkenntnisse über das »Potsdamer Treffen« zur angeblichen »Remigration« als **GEHEIM** ein und sieht sogar das **Staatswohl gefährdet**! Das ergab die Antwort auf eine Anfrage der AfD. Wörtlich (Hervorhebungen durch mich):

> *In Übereinstimmung mit dem Bundesverfassungsgericht (BVerfG) geht die Bundesregierung davon aus, dass das* ***Staatswohl das Wohl des Bundes oder eines Landes umfasst und eine Informationsübermittlung zu unterbleiben hat,*** *sofern und soweit – auch nach Abwägung und unter Berücksichtigung der Bedeutung des parlamentarischen Fragerechts – durch die* ***Bekanntgabe geheimhaltungsbedürftiger Informationen das Staatswohl gefährdet*** *ist (BVerfGE 146, 1–70, Rn. 94 ff.). Aus der Möglichkeit, eine Beantwortung unter Einstufung nach der Geheimschutzordnung vorzunehmen, folgt nicht, dass jede Anfrage nach Vornahme einer entsprechenden Einstufung beantwortet werden muss. So erkennt auch das Bundesverfassungsgericht ausdrücklich an, dass »hinsichtlich bestimmter Informationen ein legitimes Interesse [besteht], den Kreis der Geheimnisträger auf das notwendige Minimum zu beschränken« (BVerfGE a. a. O. Rn., 125).*
>
> *[…]*

> *Nach sorgfältiger Abwägung ist die Bundesregierung zu der Auffassung gelangt, dass* ***eine Beantwortung der Frage nach ihren Kenntnissen zu der Veranstaltung am 25. November 2023 in Potsdam/Brandenburg aufgrund entgegenstehender überwiegender Belange des Staatswohls nicht erfolgen kann.*** *Die Beantwortung könnte Rückschlüsse auf den Erkenntnisstand des Bundeamtes für Verfassungsschutz (BfV) und die nachrichtendienstlichen Methodiken und Arbeitsweisen zulassen. Dies würde die Arbeitsfähigkeit und Aufgabenerfüllung des BfV gefährden.*[269]

Mein Kommentar: Folglich kann der vermeintliche »Sumpf« zwischen dem Innenministerium, dem Inlandsgeheimdienst und Correctiv nicht aufgearbeitet werden. Das alles hat einen schlechten Beigeschmack, ganz besonders dann, wenn man weiß, dass Correctiv auch mit Staatsgeldern finanziert wird (siehe unten). Diese Geheimhaltung öffnet jedenfalls Tür und Tor für »Verschwörungstheorien«.

Die »seriösen« Journalisten von Correctiv machten auch mit anderen Recherchen auf sich aufmerksam, die in die Hose gingen. Es folgen zwei Beispiele.

2014: Krankenhauskeime

In diesem Fall zitiere ich einmal die *taz*, für die einst Correctiv-Geschäftsführer David Schraven gearbeitet hat:

> ***Schlechte Recherche von Journalisten:*** *Das Correctiv korrigiert sich. Diverse Zeitungen haben die bislang größte Geschichte des Rechercheteams Correctiv übernommen. Von der bleibt bei näherem Hinsehen aber wenig übrig.*
>
> *[…]*

Es war eine Blamage im Großformat: Die bisher am weitesten verbreitete Recherche des gemeinnützigen Journalistenteams Correctiv lief Ende vergangener Woche in der Zeit und mehreren Regionalblättern. Unter der Überschrift »Tödliche Keime« ging es um die – seit Langem bekannte – Gefahr durch Krankheitserreger, die sich nicht mehr mit Antibiotika bekämpfen lassen. 20 Reporter hätten an dem Projekt mitgewirkt, verkündete die Zeit, die aus der Recherche sogar den Aufmacher ihrer aktuellen Ausgabe strickte. Allein: Der Correctiv-Text kann seine zentrale These nicht belegen, dass es mehr Tote durch antibiotikaresistente Erreger gebe »als offiziell verlautbart«.[270]

2017: Hygiene in Krankenhäusern

Ich zitiere dazu aus einem Bericht des Portals BibliomedManager für Entscheider im Krankenhaus:

Ein Bericht des Recherche-Netzwerks »Correctiv« über eine angeblich »schlampige Hygiene« in deutschen Kliniken findet in der Branche keine Freunde. »Die Daten sind veraltet«, teilte die Deutsche Krankenhausgesellschaft (DKG) in einer ersten Stellungnahme mit. Die Analysen des Berichts, der in Kooperation mit der TV-Sendung »Plusminus« entstand und inzwischen von zahlreichen Medien aufgegriffen wurde, beruht auf den Qualitätsberichten aus dem Jahr 2014 [die zum Zeitpunkt der Ausstrahlung also 3 Jahre alt waren].

[…]

In ihrer Analyse ignorieren die Correctiv-Autoren auch externe Krankenhaushygieniker und geben deshalb dem Klinikum Saarbrücken beispielsweise eine schlechte Bewertung. Der Recherche der Autoren zufolge würden externe Hygieniker teils nur einmal pro Jahr ins Krankenhaus kommen. Dem widerspricht die Klinikleitung in Saarbrücken energisch. Dort schätze man die externe Kompetenz

> *außerordentlich. »Dies bedeutet nicht nur, dass täglich ein Krankenhaushygieniker vor Ort präsent ist, sondern dass je nach Fragestellung auf ein erweitertes Team von Spezialisten jederzeit, auch in Urlaubs- und Krankheitszeiten, zurückgegriffen werden kann«, heißt es in einer Mitteilung.*[271]

Dieses meiner Ansicht nach aktivistische und teilweise regierungsfinanzierte[272] Medienportal, das 2024 zudem vom gebührenfinanzierten **MDR** (für das Projekt »Barrierefrei«) fast **150 000 Euro** überwiesen bekam,[273] werde ich jetzt genauer unter die Lupe nehmen.

Selbstbeschreibung

Das Medienhaus beschreibt sich selbst folgendermaßen (Hervorhebungen durch mich):

> *CORRECTIV ist ein* ***gemeinwohlorientiertes Medienhaus,*** *das Demokratie stärkt. Als vielfach ausgezeichnete Redaktion stehen wir für* ***investigativen Journalismus.*** *Wir lösen öffentliche Debatten aus, arbeiten mit Bürgerinnen und Bürgern an unseren Recherchen und* ***fördern die Gesellschaft mit unseren Bildungsprogrammen.***[274]

Mein Kommentar: Erstreckt sich diese »Gemeinwohlorientierung« lediglich auf links-grüne Ansichten? Soll die Gesellschaft nur mit links-grünen Narrativen »gebildet« werden?

Wofür steht Correctiv? – Auch darüber erfahren wir auf der Homepage mehr (Hervorhebungen durch mich):

- **Für investigative Recherche:** »Im Zentrum von CORRECTIV steht der investigative Journalismus. Journalismus hat eine essenzielle Kritik- und Kontrollfunktion in unserer Gesellschaft. Wir recherchieren langfristig – **im Sinne des öffentlichen Interesses, mit Sorgfalt** und Ausdauer – und decken strukturelle Missstände, Korruption und **unethisches Verhalten** auf [...].«[275]

Mein Kommentar: Was genau im Sinne des »öffentlichen Interesses« steht und **was** für Correctiv »unethisches Verhalten« sein soll, bleibt wohl ideologiebezogen. Wie »sorgfältig« Correctiv vorgeht, haben wir an den Recherchen zum angeblichen »Deportationstreffen« gesehen.

- **Für alle:** »Als Non-Profit-Organisation sind wir überzeugt, dass **unabhängiger** Journalismus nicht ausschließlich hinter Bezahlschranken zugänglich sein sollte. Alle Menschen haben ein Recht auf **sorgfältig recherchierte** Informationen. Unsere Inhalte sind frei für jede und jeden, damit sich alle Menschen informiert einbringen können. Es ist unser Ziel, eine demokratische Zivilgesellschaft zu stärken.«[276]

Mein Kommentar: Für mich ist Correctiv **keinesfalls** unabhängig! Heißt es doch so schön: »Wes Brot ich ess, des Lied ich sing.« Im Abschnitt über die Finanzierung werde ich darauf zurückkommen.

- **Für unabhängigen Journalismus:** »Wir recherchieren **frei von politischen und wirtschaftlichen Abhängigkeiten.** Unsere Reporterinnen und Reporter orientieren sich am Gemeinwohl. Dabei arbeiten wir transparent und nachvollziehbar. Unsere Themen und Tätigkeiten wählen wir selbst. CORRECTIV wird getragen durch private Spenderinnen und Spender, sowie Zuwendungen von Stiftungen und Institutionen. So ist der Journalismus nicht von Quoten,

Werbung oder politischen Entscheidern getrieben, sondern von Bürgerinnen und Bürgern.«[277]

Mein Kommentar: Genau dies halte ich für ein »Märchen«.

- **Für einen faktenbasierten Diskurs:** »Fakten sind die Grundlage informierter Entscheidungen in unserer Demokratie. **Gezielte Desinformation, Falschbehauptungen und Halbwahrheiten** sorgen für Hass und Respektlosigkeit in öffentlichen Debatten. Wir wollen dem **mit Fakten entgegenwirken** und so gegen die Spaltung unserer Gesellschaft vorgehen. Mit einer eigenständigen **Faktencheck-Redaktion** setzen wir uns **gegen Falschinformationen** ein, decken **Halbwahrheiten und Gerüchte** auf und bieten Kontext an.«[278]

Mein Kommentar: Die »Recherchen« zum angeblichen »Deportationstreffen« haben gezeigt, dass es Correctiv in diesem Fall nicht so genau mit den Fakten nahm, ansonsten hätten Gerichte einen Teil der Behauptungen nicht zurückgepfiffen und es wären keine Richtigstellungen im Artikel selbst erschienen.[279] Die »Faktencheck-Redaktion« sollte sich deshalb besser um ihre **eigenen** Berichte kümmern, um falschen Annahmen aus dem eigenen Haus entgegenzuwirken.

- **Für Partizipation und Kooperation:** »Unser Journalismus lebt davon, dass wir Menschen einbinden und ihre Gedanken ernst nehmen. Daher haben wir den CrowdNewsroom entwickelt: eine Online-Plattform für Redaktionen, die gemeinsam mit ihren Leserinnen, Zuhörern und Zuschauerinnen recherchieren. Mit CORRECTIV.Lokal stoßen wir Recherchen in Themenfeldern an, die eine nationale Bedeutung haben und gleichzeitig vor Ort relevant sind. Gemeinsam mit Leserinnen und Lesern oder mit nationalen und internationalen Medien erreichen wir immer wieder mehr als allein.«[280]

Mein Kommentar: Dieser Schuss in Sachen »Geheimtreffen« ging gewaltig nach hinten los, was der NDR und das ZDF gerichtlich zu spüren bekamen.

- **Für Bildung:** »Alle Menschen sollten die Kompetenz besitzen, selbst **zuverlässige Quellen** beurteilen und **seriöse Informationen** erkennen und einordnen zu können. Fakten zu checken, zu recherchieren und zu publizieren ist kein Zauberwerk, das nur wir Journalisten beherrschen können. Wir wollen nachhaltig zu einer **aufgeklärten Zivilgesellschaft** beitragen. Interessierte können in der Reporterfabrik ihre Medienkompetenz schulen. In unserer Jugendredaktion Salon5 erwerben **Jugendliche** das Know-how, um in der Gesellschaft medial mitzumischen. Das Programm Reporter4You richtet sich an **Schülerinnen und Lehrer.**«[281]

Mein Kommentar: Dass ausgerechnet Correctiv mit Begriffen wie »zuverlässige Quellen« und »seriöse Informationen« hausieren geht, lässt mich angesichts der oben geschilderten Ereignisse nur den Kopf schütteln. Doch wir sehen mit Erschrecken, dass Correctiv mit seinen »seriösen Informationen« sogar Einfluss auf Jugendliche, Schüler und Lehrer nehmen will.

- **Für eine starke Demokratie:** »Mit unserer Arbeit stehen wir für eine **offene und demokratische Gesellschaft** ein. Ob Steuerbetrug, illegale Parteienfinanzierung oder **gezielte Falschmeldungen** – wir wollen sichtbar machen, wo Macht missbraucht wird und bringen wichtige Fragen in öffentliche Diskurse ein. So stoßen wir mit unserer Arbeit Veränderungen an. Es ist auch unser Ziel, dass sich Menschen sachkundig informieren und in Debatten einbringen können. Unsere Arbeit gründet auf der Überzeugung, dass durch ein Mehr an Partizipation und Austausch der Zusammenhalt in einer offenen Gesellschaft gestärkt wird.«[282]

Mein Kommentar: »Demokratisch« heißt auch, eine andere Meinung zu haben als der links-grüne Mainstream und sich **gegen** allzu viel Offenheit auszusprechen. Meinungsfreiheit ist der Grundpfeiler der Demokratie und wird – meiner Ansicht nach – von Medien wie Correctiv mit ihrer – für mich – politisch einschlägigen Berichterstattung (siehe unten) erschüttert.

Übrigens: Seit der Gründung 2014 wurde Correctiv mit über 30 Preisen für seine journalistische Arbeit ausgezeichnet.[283]

Die Recherchekategorien

Alleine die Auswahl der Recherchekategorien des »Medienhauses« Correctiv zeigen, wohin die Reise geht:

- **Korruption:** Beiträge unter anderem zur russischen Einflussnahme, zum System Putin, zum Russlandgeschäft von Rheinmetall und zu sonstiger nationaler und internationaler Korruption.[284]
- **Neue Rechte:** Beiträge unter anderem über völkisches Denken in der AfD und wie sich Querdenker und Neonazis vernetzen, Remigration, rechtsextreme Vernetzung der AfD, Trumps Freunde bei der AfD etc.[285]
- **Wirtschaft:** Beiträge unter anderem über Gazprom, russische Oligarchen, BlackRock, China etc.[286]
- **Flucht & Migration:** Beiträge unter anderem über angemessene Lebensbedingungen für Schutzbedürftige, über das Know-how und das ignorierte Potenzial von Geflüchteten, über die Nichtversorgung psychisch kranker Geflüchteter, über die doppelte Staatsbürgerschaft, für ein offenes Europa etc.[287]
- **Auskunftsrechte:** Beiträge unter anderem über die Stärkung der Pressefreiheit, Auskunftspflichten etc.[288]

- **Justiz:** Beiträge über den Staatsschutz, Gerichte, Polizeibehörden, Reichsbürger und Rechtsextreme als Schöffen, das Leben im Gefängnis, warum Polizisten nur selten vor Gericht kommen etc.[289]

Es geht unter anderem gegen

- Russland,
- Putin,
- Trump,
- Rechte,
- AfD,
- Querdenker,[290]
- Populismus und ein
- AfD-Verbot.[291]

Anmerkung:

Correctiv gab sogar ein »Schwarzbuch AfD« heraus.[292]

Mein Kommentar: Correctiv recherchiert also all das, was auch das polit-mediale Establishment tagtäglich verteufelt. Damit zeigt sich für mich, dass vordergründig **unabhängiger** und **gemeinnütziger** Journalismus **NICHT** neutral ist, zumal wenn er mit der Herausgabe eines »Schwarzbuchs« gegen die AfD agitiert, die immerhin von mehr als 10 Millionen Menschen gewählt wurde.

Dabei schreibt Correctiv selbst in ihren Redaktionsstatuten (Hervorhebungen durch mich):

> *CORRECTIV berichtet über Missstände und über Maßnahmen, die einen Missstand beheben können. Dabei **ist CORRECTIV***

überparteilich und unabhängig. *Wir* ***veröffentlichen keine Inhalte in der Absicht, damit das Interesse einer Partei zu fördern,*** *sondern nur in der Absicht, über ein Problem zu berichten und gegebenenfalls Lösungsvorschläge anbieten zu können,* ***unabhängig von den Vorstellungen eines politischen Verbandes oder einer Partei.*** *Dabei haben wir den Anspruch, die Wirklichkeit möglichst genau und klar in allgemein verständlicher Sprache abzubilden. Wir sind immer fair, hören alle Seiten an, versuchen alle Argumente zu verstehen und legen Interessenkonflikte offen.* ***Wir lassen keine Informationen bewusst weg, um einer Recherche eine Zielrichtung zu geben.***

[...]

Geldgeberinnen und Geldgeber haben keinen Einfluss auf redaktionelle Inhalte, Recherchen oder jedwede anderen Entscheidungen der CORRECTIV-Redaktionen und ihrer Mitarbeiter oder Mitarbeiterinnen.[293]

Mein Kommentar: Das zu glauben fällt mir ehrlich gesagt schwer. Ich wiederhole: Correctiv greift quasi jene Themen auf, die auch im politmedialen Establishment aufgegriffen werden. So veröffentlicht das Medienhaus beispielsweise nichts, was die AfD verteidigt oder zumindest neutral darstellt,[294] gibt der Flüchtlingskriminalität nur sehr wenig Platz, publiziert hingegen viele Artikel über – ich drücke es ganz platt aus – die »armen Geflüchteten«, dämonisiert Putin und Trump und singt damit also genau das Lied der Regierung, von dem es auch noch Steuergelder erhält.

Ich wiederhole noch einmal den treffenden Leitspruch der Landsknechte, die sich während des Dreißigjährigen Krieges anheuern ließen: »Wes Brot ich ess', des Lied ich sing.« »Je nachdem, wer Sie gerade angeworben hatte und bezahlte, dienten diese Landsknechte mal der einen und mal der anderen Seite« und übernahmen dementsprechend dessen »Lied« beziehungsweise die Hymne[295] –

womit wir bei der Finanzierung des »seriösen« Medienhauses und seiner »unabhängigen« Journalisten wären.

Die »Unabhängigkeit« von Correctiv-Journalisten

Das Mantra von der angeblichen »Unabhängigkeit« von Correctiv wird für mich durch den »Quartalsbericht XXI« noch fraglicher. Zwar stammt dieser Bericht aus dem Jahr 2019, einen neueren Quartalsbericht mit diesen Informationen habe ich nicht gefunden, aber viele der dort genannten Correctiv-Mitarbeiter sind laut Website bis heute dort angestellt (Ich habe sie mit *** markiert).[296] Jedenfalls gab Correctiv selbst an, **welche Mitgliedschaften** seine Mitarbeiter damals innehatten:

- **Annika Joeres***:** Reporterin, Mitgliedschaften unter anderem in **IG Medien Verdi** und der NGO **Amnesty International**
- **Bastian Schlange***:** Reporter, Mitglied bei **Verdi**
- **David Schraven***:** Publisher, Mitglied im Verein/NGO **Netzwerk Recherche**
- **Frederik Richter:** Stellvertretender Chefredakteur, Mitglied im Verein/NGO **Netzwerk Recherche**
- **Ivo Mayr***:** Fotochef, Mitglied bei **Verdi**
- **Jonathan Sachse***:** Reporter, Mitglied im Verein/NGO **Netzwerk Recherche**
- **Justus von Daniels***:** Mitglied im Verein/NGO **Netzwerk Recherche**
- **Katharina Späth:** Community Engagement, Mitglied in der NGO **Junges Europa e. V.** und **Bündnis90/DIE GRÜNEN**
- **Marcus Bensmann***:** Reporter, Mitglied im Verein/NGO **Netzwerk Recherche**
- **Marius Wolf***:** Projektmanagement, Mitglied bei **Gegen Vergessen – Für Demokratie e. V., Bündnis90/DIE GRÜNEN**
- **Oliver Schröm:** Chefredakteur, Mitglied im Verein/NGO **Netzwerk Recherche** und in der NGO **Bürgerbewegung Finanzwende** (dessen Mitbegründer der ehemalige Bundestagsabgeordnete der Grünen, Gerhard Schick[297] ist)

- **Simon Wörpel:** Datenjournalist, Mitglied im Verein/NGO **Netzwerk Recherche**
- **Till Eckert***:** Faktenchecker, Mitglied in der NGO **Amnesty International**[298]

Wir sehen also, die Mitgliedschaften von Correctiv-Mitarbeitern reichen von den Grünen, Gewerkschaften bis hin zu anderen NGOs. Viele Correctiv-Mitarbeiter sind auch Mitglied im Verein Netzwerk Recherche, weswegen wir uns diesen einmal genauer ansehen müssen.

***

Das **Netzwerk Recherche e. V.** (NR) ist ein eingetragener Verein mit Sitz in Berlin.[299] Er wurde 2001 von Journalisten gegründet und hat zurzeit über 1200 Mitglieder.[300] Zielvorgaben des Vereins sind:

- die Förderung der Bildung,
- die Vermittlung von Recherchetechniken im Rahmen der journalistischen Ausbildung,
- die Vermittlung von Wissen über professionelle Recherche zur Qualitätssteigerung der Medienberichterstattung,
- die Information über Maßnahmen zur Wahrung der Medienkultur,
- die Vermittlung von Wissen und den Erfahrungsaustausch über investigativen Journalismus.[301]

Spenden und Fördermittel kamen laut Jahresbericht 2023 (ein neuerer ist bisher nicht veröffentlicht) unter anderem von folgenden Geldgebern:[302]

- »**Die Beauftragte Bundesregierung für Kultur und Medien** (**97 412 Euro,** Projekt: Fragen & Antworten – Auskunftsrechte kennen und nutzen)«
- »**Freie und Hansestadt Hamburg/Behörde für Kultur und Medien** (**25 000 Euro,** Jahreskonferenz)«
- »**DER SPIEGEL:** (**10 000 Euro,** Zuwendung für Helpline)«
- »**Süddeutsche Zeitung** (**10 000 Euro,** Zuwendung für Helpline)«

- »**Landesanstalt für Medien NRW** (**8400 Euro,** Projektförderung für Fortbildungskurs Förderkosmos)«
- »**Rudolf Augstein Stiftung** (**6500 Euro,** Projektförderung für Vielfalt-Fellowship)«
- **Heinrich-Böll-Stiftung** (**Die Grünen, 3000 Euro,** Mitglieder und Förderbeiträge)
- **Südwestrundfunk SWR** (**2000 Euro,** Mitglieder und Förderbeiträge)
- **Umweltstiftung Greenpeace** (**2000 Euro,** Mitglieder und Förderbeiträge)
- **ARD.ZDF medienakademie** (**2000 Euro,** Mitglieder und Förderbeiträge)
- **Friedrich-Naumann-Stiftung für die Freiheit** (**FDP, 2000 Euro,** Mitglieder und Förderbeiträge)

Zu den **Partnern und Förderern** des Netzwerks Recherche gehören unter anderem

- die Friedrich-Naumann-Stiftung (FDP),
- die Friedrich-Ebert-Stiftung (SPD),
- die Heinrich-Böll-Stiftung (Grüne),
- die Umweltstiftung Greenpeace,
- die Behörde für Kultur und Medien Hamburg,
- die Rudolf Augstein Stiftung,
- *Der Spiegel,*
- Die Beauftragte der Bundesregierung für Kultur und Medien,
- der NDR,
- der SWR,
- der BR,
- die Landesanstalt für Medien NRW,
- die Neuen deutschen Medienmacher*innen,
- die *Süddeutsche Zeitung* und
- arte.[303]

Mein Kommentar: Einige der »unabhängigen« Mitarbeiter des »unabhängigen« Medienhauses Correctiv waren/sind zugleich Mitglied bei den Grünen, Gewerkschaften und anderen NGOs. Zugleich sind einige von ihnen Mitglied im Netzwerk Recherche, das wiederum von GEZ-Medien, parteinahen Stiftungen (SPD, Grüne, FDP) und Bundesbehörden gefördert und finanziert wird. Unabhängigkeit? Werden die »unabhängigen« Journalisten **kritisch** oder **gegen** die Geldgeber des Vereins oder gegen Gewerkschaften, Parteien und NGOs schreiben, in denen sie selbst Mitglied sind? – Finde den Fehler!

Finanzierung

Auf der Correctiv-Homepage gibt es eine eigene Sparte zum Thema »Transparente Finanzen«. Dort lesen wir, dass Correctiv die Rechtsform einer gemeinnützigen GmbH (gGmbH) innehat.[304] Die **3-Säulen-Finanzierung**[305] funktioniert über

1. **Spenden und Beiträge** von Bürgerinnen und Bürgern
2. **Finanzierungen von Stiftungen und Institutionen,** die deren Vorhaben unterstützen
3. **Einnahmen aus eigenen wirtschaftlichen Aktivitäten,** beispielsweise aus Workshops oder Buchverkäufen.

Die **CORRECTIV Verlag und Vertrieb UG** ist eine Tochtergesellschaft der **gemeinnützigen CORRECTIV Recherchen für die Gesellschaft gGmbH** und bildet einen Verbund. Alles im Verbund gehört zusammen, nur das Risiko und der wirtschaftliche Geschäftsbetrieb befinden sich in der UG.[306]

Die Zuwendungen für 2024

Spenden / Zuwendungen *	
Spenden von Unterstützerinnen und Unterstützern	6.062.898,25€
Schöpflin Stiftung	300.000,00€
Stichting Adessium	225.000,00€
Mercator Stiftung	182.000,00€
Foundation for Democracy and Pluralism	111.000,00€
European Climate Foundation	105.200,00€
Vereint für die Demokratie Förderfonds (Allianz Foundation)	100.000,00€
Weitere Projektförderungen	
Jugendredaktion Salon5	
Deutsche Postcode Lotterie	250.000,00€
ZEIT-Stiftung Ebelin und Gerd Bucerius	150.000,00€
Brost-Stiftung	150.000,00€
Landeshauptkasse NRW [1]	129.357,35€
RAG-Stiftung	125.000,00€
Publix gGmbH (Mittelweitergabe Deutsche Postcode Lotterie)	30.000,00€
BUHCK-Stiftung	16.980,00€
Entwicklung Faktenforum (Forschungsverbund noFake)	
Bundesministerium für Bildung und Forschung, ausgezahlt durch Bundeskasse Halle [2]	176.050,66€
CORRECTIV.Exile	
JX Fund gGmbH [4]	155.120,00€
The US Russia Foundation	78.958,65€
Landeshauptkasse NRW [1]	58.700,00€
JX Fund gGmbH [4]	21.556,00€
Robert Bosch Stiftung	5.000,00€
Stichting Niederlands Helsinki Comitee	1.692,50€
CORRECTIV.Lokal-Konferenz	
Alfred Toepfer Stiftung	23.500,00€
Madsack Stiftung	20.000,00€
Sparda Bank Berlin	15.000,00€
Thüringer Staatskanzlei [2]	15.000,00€
Rudolf-Augstein-Stiftung	7.500,00€
Reporterfabrik	
Bundesprogramm „Demokratie Leben", ausgezahlt durch die Bundeskasse [2]	69.059,40€
Sonstige	
Projekt Barrierefrei mit dem MDR	149.800,00€
Konsortialpartner GADMO [3]	120.086,00€
Konsortialpartner EFCSN/ Standards [3]	48.917,10€
Konsortialpartner EFCSN/ Faktencheck [3]	34.226,24€
Konsortialpartner EFCSN/FactCRICIS [3]	10.126,48€

[1] *Landesmittel*
[2] *Bundesmittel*
[3] *Projektmittel oder Ko-Finanzierung durch EU*
[4] *Finanzierung aus öffentlichen Mittel und privaten Zuwendungen, unabhängige Mittelvergabe*

** CORRECTIV veröffentlicht alle Zuwendungen, die mehr als ein Prozent des Jahresumsatzes der gemeinnützigen CORRECTIV Gesellschaft ausmachen. Alle Zuwendungen von staatlichen oder staatlich kontrollierten Stellen werden unabhängig von ihrer Höhe immer veröffentlicht mit Benennung der zuweisenden Stelle. Im letzteren Fall wird weiterer Kontext gegeben, in dem die geförderten Projekte und die weiteren Förderungen der jeweils unterstützen Projekte genannt werden.*

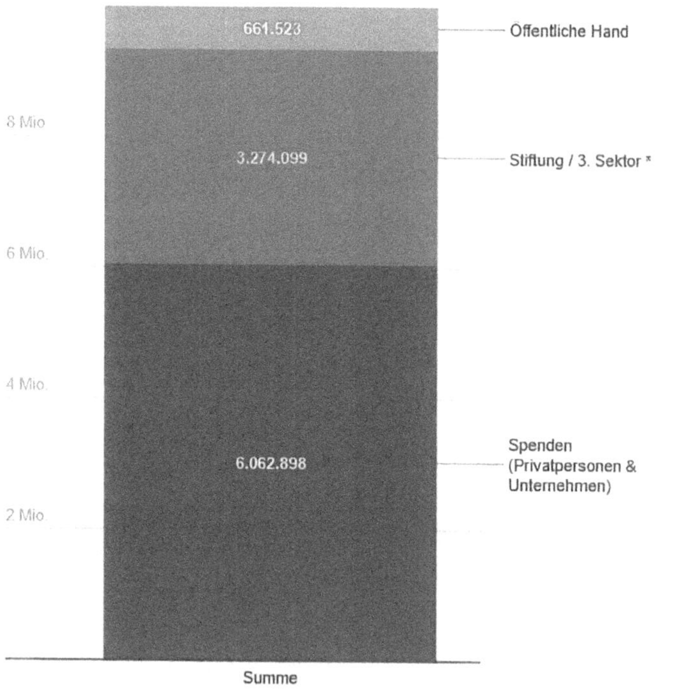

** inkl. Zuwendung unter 1% der Jahreseinnahmen*
Quelle: CORRECTIV

Quelle: Correctiv, *https://correctiv.org/ueber-uns/finanzen/*

Laut Zahlen, die die Bundesregierung veröffentlicht hat, erhält Correctiv für das Jahr **2025** insgesamt **208 000 Euro** Steuergelder.[307]

> Das **Gehalt** für die **Geschäftsführerin Jeannette Gusko,** die »vollzeitnah« gearbeitet hatte, lag im Jahr 2023 (neue Zahlen wurden noch nicht veröffentlicht) bei **97 155,38 Euro.** Das sind rund **8100 Euro im Monat.**
> Das **Gehalt** für den ehemaligen Gründungsgeschäftsführer[308] der linken ***taz***-Redaktion[309] und jetzigen Correctiv-**Geschäftsführer David Schraven** lag 2023 bei satten **120 000,00 Euro** im Jahr, also **10 000 Euro** im Monat[310] – da kann man als »Chef« und »Chefin« einer **»gemeinnützigen«** Organisation wohl nicht meckern!

Doch schauen wir uns einige **finanzielle Unterstützer von Correctiv** einmal genauer an:

1. Die Stiftung Mercator GmbH (182 000 Euro Spenden an Correctiv):

Die Mercator GmbH ist eine gemeinnützige private deutsche Stiftung, die national und international tätig ist. 2008 gründete sie zusammen mit der Volkswagen Stiftung und weiteren Stiftungen den **Sachverständigenrat deutscher Stiftungen für Integration und Migration** (SVR), der die Migration und Integration in Deutschland untersucht. Der SVR wurde im Januar 2021 in den **Sachverständigenrat für Integration und Migration** umgewandelt und erhält seitdem ausschließlich eine institutionelle Förderung durch den Bund.[311] Zudem **unterstützt** die Stiftung die **Integration von Muslimen.**[312]

Im Jahr 2012 wurde von der Stiftung Mercator die Denkfabrik **Agora Energiewende** initiiert,[313] die auch von der **European Climate Foundation** (von der **Correctiv 2024 zusätzlich zu den Spenden von Mercator 105 200 Euro** erhielt)[314] unterstützt wird. Zum Jahreswechsel 2020/2021 hat die Stiftung ihre Gesellschafteranteile an der Agora Energiewende an das aktive Management des Think Tanks übertragen.[315] 2012 gründete die Stiftung Mercator gemeinsam mit dem **Potsdam-Institut für Klimafolgenforschung** (PIK) das **Mercator Research Institute on Global Commons and Climate Change** (MCC).[316] Europapolitisch tätig wurde Mercator 2012 durch die Beteiligung an der Imagekampagne **»Ich will Europa«.** Die Stiftung versucht zunehmend, auf dem Feld der politischen Kommunikation tätig zu werden.[317]

2016 wurde zudem die **Agora Verkehrswende** gegründet, deren Gesellschafter aus der Stiftung Mercator und der European Climate Foundation (ECF) bestehen. Das Projekt strebt die Schaffung einer kohlenstofffreien Verkehrswirtschaft an.[318]

Mein Kommentar: Eine Stiftung, die sich für Integration und Migration, Energiewende, Klima, Europa und die Verkehrswende einsetzt, spendete Correctiv **182 000 Euro,** also mehr als 15 000 Euro pro Monat (siehe »Zuwendungen 2024«). Die European Climate Foundation steuerte überdies 102 000 Euro hinzu. **Werden die »unabhängigen« Journalisten migrations-, europa- und klimakritische Artikel schreiben?** – Sollten meine Leser einen dementsprechenden Artikel finden, teilen Sie mir das bitte mit. Ich muss passen.

---

2. Vereint für Demokratie Förderfonds/Allianz Foundation (100 000 Euro Spenden an Correctiv):

Die Allianz Foundation und ProjectTogether haben den Fonds Vereint für Demokratie ins Leben gerufen. Organisationen, die regional, bundesweit und online aktiv sind, werden mit mehr als 2 Millionen Euro unterstützt. Ein breites Bündnis lädt weitere Unternehmen und Geldgebende zur Beteiligung ein.[319]

Die Selbstbeschreibung von Vereint für Demokratie (Hervorhebungen durch mich): »Unsere Demokratie ist in Gefahr. Hass, Rassismus und Extremismus nehmen zu. Zahlreiche Organisationen und engagierte Menschen **verteidigen Demokratie und Vielfalt** jeden Tag – vor Ort, deutschlandweit und im Netz. Sie brauchen finanzielle Unterstützung. Viele Unternehmen wollen jetzt nicht nur Haltung zeigen, sondern auch handeln. Vereint für Demokratie ist ein Bündnis, bestehend aus der Allianz Foundation, dem Business Council for Democracy, ProjectTogether, Scholz & Friends, **Charta der Vielfalt e. V.** und weiteren Organisationen aus der Zivilgesellschaft und Wirtschaft.«[320]

Und weiter: »Der Vereint für Demokratie Fonds bündelt finanzielle Mittel von Unternehmen und Stiftungen für eine schnelle und unbürokratische Vergabe an Organisationen aus der Zivilgesellschaft, die mit bewährten Ansätzen Demokratie stärken und jetzt ihre Aktivitäten ausweiten wollen. Die Auswahl trifft eine unabhängige und vielfältig zusammengesetzte Jury.«[321]

Eine **Auswahl** der geförderten Organisationen:

- **Bündnis für Demokratie und Weltoffenheit Kloster Veßra**
- **Correctiv gGmbH**
- **Ezra** (Beratungsstelle für Opfer rechter, rassistischer und antisemitischer Gewalt)
- **DaMOst e. V.** (Dachverband der Migrant*innen in Ostdeutschland); dieser Verein bekommt wiederum in Sachsen-Anhalt **425 000 Euro staatliche Förderung.**[322]
- **Aelius Förderwerk e. V.** (setzt sich für gerechtere Bildungschancen für junge Menschen unter anderem mit Rassismuserfahrungen ein)
- **Afropa e. V.** (fördert das friedliche und soziokulturelle Zusammenleben von Menschen verschiedenster Nationen)
- **Aktionsbündnis Weltoffenes Werder** (für eine vielfältige Gesellschaft und gegen Rechtsextremismus)
- **Anne Frank Zentrum,** das wiederum über das Bundesprogramm »Demokratie leben!« in Berlin **624 518,25 Euro staatliche Förderung** erhält.[323]
- **Brandenburg zeigt Haltung**
- **Junge Islam Konferenz**
- **MigraNetz Thüringen e. V.**, das im Jahr 2025 aus dem Bundesprogramm »Demokratie leben!« **249 914,64 Euro** Förderung durch **Steuergelder** erhält.[324]
- **Omas gegen Rechts Erfurt e. V.**
- **FFF Reclaim TikTok** (Kampagne von Fridays for Future)

- **Haite Aid gGmbH,**[325] die aus dem Bundesprogramm »Demokratie leben!« für 2025 exakt **424823,00 Euro** erhält.[326]

Zu den Aktivitäten und Organisationen, die über den **Vereint für Demokratie Fonds** gefördert werden können, sind (Hervorhebungen durch mich):

- »**Regionale Gestalter:innen:** Als regionale Gestalter:innen suchen wir Organisationen, die durch ihr Engagement Probleme vor Ort angehen, breite Bündnisse (idealerweise mit Akteur:innen aus der Zivilgesellschaft, der Wirtschaft und der Lokalpolitik) schmieden und einen gesellschaftlichen Aufbruch für die jeweilige Region ermöglichen. So erreichen und aktivieren sie eine Vielzahl an Menschen und **stellen populistischen und rechtsextremen Bewegungen ein beteiligendes gesellschaftliches ›Dafür‹ entgegen.**«[327]
- »**Demokratie und Vielfalt vor Ort schützen:** Wir fördern Bündnisse oder Organisationen vor Ort (oder regional / überregional), die Bürger:innen aktivieren, **gegen Rechtsextremismus und für Demokratie und Vielfalt einzustehen**, oder die sich vor Ort für den Erhalt von Rechtssicherheit im Engagement-Bereich oder gegen gruppenbezogene Menschenfeindlichkeit einsetzen.«[328]
- »**Bundesweit skalierte (digitale) Angebote, die Demokratie schützen und erneuern:** Wir fördern bundesweit agierende Organisationen (mindestens in 3 Bundesländern aktiv), die Demokratie und Rechtsstaatlichkeit schützen. Das umfasst auch digitale Angebote.«[329]

Die **Jury** (die über die Förderung von Projekten entscheidet) setzt sich unter anderem zusammen aus:

- **Christiane Benner** (Vorsitzende der IG Metall)
- **Friedrich Kramer** (Landesbischof der Evangelischen Kirche in Deutschland)
- **Medina Yilmaz** (Staatswissenschaftlerin)
- **Naika Foroutan** (Direktorin des Deutschen Zentrums für Integrations- und Migrationsforschung)
- **Rainer Esser** (Geschäftsführer der ZEIT Verlagsgruppe)

- **Sabine Leutheusser-Schnarrenberger** (ehemalige Bundesministerin)
- **Tanja Gönner** (Hauptgeschäftsführerin des Bundesverbands der deutschen Industrie)
- **Thomas Krüger** (Präsident der Bundeszentrale für politische Bildung)[330]

Mein Kommentar: Vereint für Demokratie, ein Bündnis, das sich für Migration, Islam, Fridays for Future und natürlich gegen rechts positioniert, spendete Correctiv **100 000 Euro** im Jahr. **Werden die »unabhängigen« Journalisten Migrations-, Islam- und Fridays-for-Future-kritische Artikel schreiben?** Sollten meine Leser einen dementsprechenden Artikel finden, teilen Sie mir das bitte mit. Ich muss passen.

---

3. Konsortialpartner GADMO (120 086 Euro Spenden an Correctiv):

Das German-Austrian Digital Media Observatory (GADMO) wurde erst im November 2022 gegründet und ist eine supranationale Vereinigung von **Faktencheck-Organisationen,** die sich die Bekämpfung von Desinformation im deutschsprachigen Raum zum Ziel gesetzt hat. Die Finanzierung erfolgt durch die Europäische Union.[331]

GADMO besteht aus der Deutschen Presse-Agentur **(dpa),** der Agence France Press (AFP), der Austria Presse Agentur (APA) und dem Recherchenetzwerk Correctiv. Seit Februar 2023 haben die Faktencheck-Teams und Forschenden, die sich als GADMO zusammengeschlossen haben, die neue Faktencheck-Plattform »Fakten gegen Fakes« gestartet. Damit entstand das größte freizugängliche Archiv von deutschsprachigen Faktenchecks. Künftig sollen auch Lernangebote zur Förderung der Medienkompetenz auf der Seite angeboten werden. Ziel: Wirksamer gegen Falschbehauptungen und Desinformationen im Internet vorgehen.[332]

Mein Kommentar: Es ist folgerichtig und passt zum Gesamtbild, wenn sich Correctiv an der Meinungsausspähung beteiligt, die mit staatlichen/europäischen Steuergeldern alimentiert wird. Auch vom **European Fact-Checking Standards Network (EFCSN),**[333] einer weiteren Schnüffelorganisation, erhielt Correctiv 2024 insgesamt **48917,10 Euro,** von **EFCSN/Faktencheck** zudem **34226,24 Euro** und von einem weiteren Konsortialpartner, **EFCSN/FactCRICIS 10126,48 Euro.**[334]

---

4. Gelder der öffentlichen Hand (661523 Euro an Correctiv):

Dazu kamen 2024 **auch öffentliche Gelder** von Bund und Ländern, unter anderem:

- Die **Landeshauptkasse NRW** (Finanzverwaltung Nordrhein-Westfalen) für die Jugendredaktion Salon5: **129 357,35 Euro** und **58 700,00 Euro** für CORRECTIV.Exile.
- **Bundesministerium für Bildung und Forschung** (ausgezahlt durch Bundeskasse Halle) für die Entwicklung Faktenforum (Forschungsverbund noFake): **176050,66 Euro.**
- **Thüringer Staatskanzlei** für CORRECTIV.Lokal-Konferenz: **15000,00 Euro.**
- **Bundesprogramm »Demokratie leben!«** für die Reporterfabrik (ausgezahlt durch die Bundeskasse): **69059,40 Euro.**[335] Für 2025 erhält Correctiv aus diesem Programm nur für das Projekt »Brandherd Desinformation: Schulungen zum Umgang mit TikTok in Feuerwehr und Vereinswesen Nordrhein-Westfalen« **140876,83 Euro.**[336]

***

Correctiv-Chefredakteur Justus von Daniels erklärte bereits im Januar 2024 auf Nachfrage von *RND* (Hervorhebungen durch mich):

> *Wir haben **uns selbst den Auftrag zur Medienbildung gegeben,** und für solche Projekte bekommen wir auch institutionelle Förderung.*

> ***Das hat aber nichts mit unseren Recherchen zu tun.*** *Die Gelder sind zweckgebunden. […] Vorwürfe zu Regierungsnähe sind komplett haltlos.* ***Wir sind ein unabhängiges Medienhaus, wir recherchieren unabhängig.***[337]

Das nehme ich Daniels sogar ab, aber es kommt auf den Mix der Veröffentlichungen an, und der ist nun mal so, wie ich es oben dargestellt habe. Mit kleinen Ausnahmen, etwa der Berichterstattung über Cum-Ex[338] oder das EU-Lieferkettengesetz,[339] schreibt Correctiv ansonsten viele Beiträge gegen die AfD, gegen Russland, Putin, Trump, Rechte, Populismus und das AfD-Verbot. Regierungskonform!

Mein Kommentar: Wenn ich über 600 000 Euro staatliches Geld oder Geld der öffentlichen Hand erhalte, werde ich es mir wohl zweimal überlegen, ob ich eher regierungs- oder eher oppositionskritisch schreibe.

---

5. Privatpersonen und Unternehmen (6 062 898 Euro an Correctiv):

Diese Spenden wurden auf der Homepage nur als Gesamtsumme offengelegt. Spenden oder Förderungen über 1000 Euro werden allerdings stets mit Namen der Geldgeberinnen und Geldgeber im Geschäftsbericht (der noch nicht vorliegt) bekannt gegeben.[340]

Mein Fazit zu den Correctiv-Finanzen:

Wirklich unabhängiger Journalismus muss auf **Distanz zu staatlichen** Stellen und deren Futtertrögen gehen. Außerdem sollten die Correctiv-Mitarbeiter unabhängig und nicht Mitglieder in Gewerkschaften, anderen NGOs oder Parteien sein. Dementsprechend ordne ich deren »seriöse« und »unabhängige« Arbeit auch ein.

Correctiv beantwortet die Fragen der CDU/CSU selbst

Wie schon im Kapitel → »Fragen, die nicht gestellt werden durften« beschrieben, stellte die CDU/CSU dem Bundestag am 24. Februar 2025 551 Fragen, die sich unter anderem mit der Finanzierung von gemeinnützigen NGOs befassten. Correctiv wollte sie vorab selbst beantworten. Und das sieht folgendermaßen aus:[341]

»Kleine Anfrage der Unionsfraktion zu NGO: Unsere Antworten auf die Fragen zu Correctiv Antworten auf die ›Kleine Anfrage‹ der Union vom 24.2.2025 bezüglich von Correctiv

[...]

1. Erfüllt die Correctiv gGmbH aus Sicht der Bundesregierung ausschließlich gemeinnützige Zwecke gemäß der Abgabenordnung (§ 52 AO) und wenn ja, welche?

Wir können nicht für die Bundesregierung sprechen. CORRECTIV erfüllt die folgenden Zwecke, die in der Satzung der Organisation definiert sind:

die Förderung der Volks- und Berufsbildung,

- **Durch journalistische Berichte und Recherchen, zudem durch die Vermittlung von Medien- und Nachrichtenkompetenz sowie die allgemeine Schreib- und Ausdrucksstärkung in digitalen Bildungseinrichtungen mit über 100000 Einschreibungen wie der Reporterfabrik oder der Bürgerakademie sowie durch für die Allgemeinheit zugängliche Workshops und Konferenzen.**

die Förderung der Jugendhilfe und von Kunst und Kultur,

- **Durch die Jugendredaktion Salon5, Schulworkshops, die Erstellung von Unterrichtsmaterialien zur Entwicklung von Medien- und Nachrichtenkompetenz sowie die Schaffung von allgemein zugänglichen Medienbildungsangeboten für alle Altersgruppen.**
- **Durch die Entwicklung von zeitgeschichtlichen Erzählformen in Theatern und mit Kunstschaffenden in Form von Stücken, Ausstellungen und Kunstwerken.**

die Förderung internationaler Gesinnung,

- **Durch die Etablierung des europaweiten Netzwerkes CORRECTIV.Europe zum Austausch von europäischen Themen, die direkt für Bürgerinnen und Bürger relevant sind. Damit wollen wir das Verständnis dafür schärfen, dass Europa vor gemeinsamen Herausforderungen steht, Probleme europaweit gelöst werden können und Europa zusammengehört.**

die Förderung der Toleranz auf allen Gebieten der Kultur und des Völkerverständigungsgedankens,

- **Durch die Etablierung von Exil-Netzwerken wie CORRECTIV.Exile, in dem Menschen ganz unterschiedlicher Herkunft und Religion in Workshops und Dialogformaten über die Themen sprechen, die die Demokratie ausmachen. In diesem Sinne berichtet etwa das Sakharov-Zentrum mit der Audio-Plattform Radio Sakharov über das zivilgesellschaftliche Engagement und den Widerstand in Russland. Oder der türkische Exiljournalist Can Dündar über die Zivilgesellschaft in der Türkei. Im Fokus steht dabei auch, welche Wechselwirkungen mit der deutschen Gesellschaft bestehen.**

die Förderung der Verbraucherberatung und des Verbraucherschutzes,

- **Durch Recherchen zu gesellschaftlich relevanten Themen sowie durch die Etablierung des Faktenchecks und des Faktenforums, um Menschen für einen faktenbasierten Diskurs zu interessieren, ihnen gleichzeitig Medienkompetenz zu vermitteln und sie in der Erkennung von Desinformationen zu schulen. Dies soll ihnen helfen, informierte Entscheidungen zu treffen.**

die allgemeine Förderung des demokratischen Staatswesens im Geltungsbereich der Abgabenordnung,

- **Durch Aufklärung über Wahlen und Wahlfunktionen gerade für junge Menschen im Alter von 13 bis 18 Jahren im Rahmen der Jugendredaktion Salon5. Jugendliche erklären zielgruppengerecht, wie Wahlen funktionieren, was gewählt wird und in welchem Rahmen Wahlen durchgeführt werden.**
- **Wir setzen dementsprechend die Zwecke unserer Satzung um, die wir hier veröffentlicht haben.«**

Mein Kommentar: Correctiv will also **durch seine Berichte und Recherchen** auf die **Volks- und Berufsbildung Einfluss** nehmen und eine internationale Gesinnung fördern, die da heißt: Europa steht im Mittelpunkt. Zugleich will Correctiv durch seine »Faktenchecker« **Einfluss auf die Medienkompetenz** nehmen und gegen Desinformationen vorgehen. Correctiv will schon **Kinder ab 13 Jahren aufklären.** Dabei dürfte die AfD (obwohl über 10 Millionen Wähler) wohl nicht gut wegkommen. Demzufolge gehe ich von einer politisch einseitigen Beeinflussung von Kindern und Jugendlichen aus, was das »Schwarzbuch AfD« wohl beweisen dürfte.

»2. Wie definiert die Correctiv gGmbH ihre gemeinnützigen Tätigkeiten und wie grenzt sie sich von parteipolitischer Einflussnahme ab?
CORRECTIV ist das erste gemeinwohlorientierte Medienhaus in Deutschland. Unsere Mission ist es, die Demokratie durch gemeinnützigen Journalismus, Medienkompetenzbildung und Technologieentwicklung zu stärken. Unsere Satzungszwecke definieren unsere gemeinnützigen Tätigkeiten (siehe Frage 1).
CORRECTIV ist überparteilich und hat sich in seinem Redaktionsstatut zu Überparteilichkeit verpflichtet. Diese Überparteilichkeit wird insbesondere im Hinblick auf unsere Faktenchecks durch die Standards des International Fact-Checking Network (IFCN) und des European Fact-Checking Standards Network (EFCSN) überwacht. Darüber hinaus ist im Redaktionsstatut festgelegt, dass sich Mitarbeitende von CORRECTIV nicht parteilich erkennbar engagieren dürfen. Totalitäre Bestrebungen werden abgelehnt.«

Mein Kommentar: Im Verlauf des Abschnitts über Correctiv habe ich herausgearbeitet, wie »unabhängig« das Medienhaus tatsächlich ist: nämlich abhängig von privaten und öffentlichen Geldgebern.

»3. Gibt es Fälle, in denen die Correctiv gGmbH explizit für oder gegen eine Partei geworben hat?

Nein. Einzelne Mitarbeitende von CORRECTIV haben sich auf Basis der Erkenntnisse zu verfassungsfeindlichen Äußerungen in der AfD für ein Verbotsverfahren gegen die AfD ausgesprochen. Sie haben dies im Rahmen der individuellen Meinungsfreiheit erklärt. CORRECTIV als Organisation hat hierzu keine Äußerungen getätigt.«

Mein Kommentar: *Correctiv.org* hat das »Schwarzbuch AfD«[342] herausgegeben und schreibt immer wieder gegen die AfD. Einzelne Mitarbeiter sprachen sich zudem für ein Verbotsverfahren aus. Werden diese »Mitarbeiter« (sofern sie journalistisch für Correctiv tätig sind und sich **für** ein AfD-Verbotsverfahren ausgesprochen haben) wirklich **objektiv** über diese Partei berichten? Ich weiß nicht, wen Correctiv mit seiner Antwort hinter die Fichte führen wollen, mich jedenfalls nicht.

»4. Wann wurde die Gemeinnützigkeit der Correctiv gGmbH letztmalig durch das zuständige Finanzamt geprüft?
Die Prüfung 2022 läuft derzeit. CORRECTIV wird seit seiner Gründung im Jahr 2014 regelmäßig kritisiert und angezeigt. Bis jetzt wurde die Gemeinnützigkeit immer bestätigt.«

Mein Kommentar: Ich hoffe, mein Buch trägt dazu bei, dass Correctiv die Gemeinnützigkeit entzogen wird, denn in meinen Augen betreibt das Medienhaus eine ziemlich einseitige politische Bildung, die sich eher im linken als im konservativen Bereich verorten lässt. Warum sollen AfD- oder CDU-Steuerzahler diese mit ihren Geldern alimentieren?

»5. Wurde die Correctiv gGmbH in der Vergangenheit wegen parteipolitischer Betätigung abgemahnt oder verwarnt?
Nein.

6. Wie groß ist der Anteil der finanziellen Mittel der Correctiv gGmbH, der aus staatlichen Förderprogrammen stammt?

Im Jahr 2024 betrug der Anteil an projektgebundenen Fördermitteln aus staatlichen Förderprogrammen weniger als zehn Prozent der Gesamteinnahmen.

7. Wie hoch ist der Anteil der Spenden aus der Wirtschaft oder von parteinahen Stiftungen an die Correctiv gGmbH?
CORRECTIV bekommt Spenden, Förderungen und Zuwendungen von diversen Unternehmen und Stiftungen. Die Zahlungen werden entsprechend des Redaktionsstatuts veröffentlicht, wenn sie ein Prozent der Jahreseinnahmen überschreiten. Die Liste für das Jahr 2024 und die der Vorjahre sind hier einsehbar.

* Update 4. März 2025. Im Jahr 2015 erhielt CORRECTIV eine Spende in Höhe von 12 000 Euro von der Heinrich-Böll-Stiftung [Grünen-nahe Parteistiftung/MGR] für ein Bildungsprojekt für syrische Flüchtlinge. Es ist CORRECTIV nicht bekannt, darüber hinaus von einer parteinahen Stiftung eine Spende bekommen zu haben.

8. Gibt es direkte Verbindungen zwischen der Correctiv gGmbH und bestimmten Parteien oder politischen Akteuren?
Wir wissen nicht, was mit dieser Frage gemeint sein könnte. Mit politischen Akteuren sowie Mandatstragenden und Kandidierenden zu sprechen ist eine Kernaufgabe von Journalismus. Deshalb kennen Mitarbeitende von CORRECTIV, insbesondere aus der Redaktion, Menschen aus allen Parteien und stehen mit ihnen im Rahmen von Recherchen und der tagesaktuellen Berichterstattung im Austausch.«

Mein Kommentar: Ich traue den Correctiv-Mitarbeitern zu, dass sie zwischen den Zeilen lesen können. Mit »Verbindungen«, wie es in der Frage formuliert wurde, ist sicherlich nicht gemeint, dass man verschiedene Parteimitglieder interviewt oder dergleichen, sondern inwieweit das Netzwerk ins links-grüne Establishment hineinreicht.

»9. Haben Vorstände oder Führungspersonen der Correctiv gGmbH politische Ämter oder enge Verbindungen zu Parteien?
Nein. Das ist durch unser Redaktionsstatut ausgeschlossen.

10. Inwiefern beeinflusst die Correctiv gGmbH politische Entscheidungsprozesse oder Gesetzesvorhaben nach Einschätzung der Bundesregierung?
Wir können nicht für die Bundesregierung sprechen. CORRECTIV setzt sich mit Mitteln des Journalismus und der Medienbildung für die Aufklärung der Bürgerinnen und Bürger über gesellschaftliche und politische Missstände ein. Wir glauben, dass Bürgerinnen und Bürger auf dieser Basis informierte und mündige Entscheidungen treffen können. Im Rahmen des Forums Gemeinnütziger Journalismus setzt sich CORRECTIV mit vielen anderen Akteuren für rechtssichere Rahmenbedingungen des gemeinnützigen Journalismus ein. Bisher leider erfolglos.
Weitere Informationen zum Thema gemeinnütziger Journalismus unter:
https://forum-gemeinnuetziger-journalismus.de.«

Mein Kommentar: Die großangelegte Correctiv-Kampagne des oben beschriebenen »Deportationstreffens« hat einige politische Entscheider dazu gebracht, wieder über die Realisierung eines AfD-Verbotsverfahren nachzudenken.

»11. Gibt es Hinweise darauf, dass die Correctiv gGmbH gezielt gegen bestimmte Parteien oder Politiker Kampagnen führt?
Nein. Das widerspräche auch unserem Redaktionsstatut.«

Mein Kommentar: Siehe meinen Kommentar zu Frage/Antwort 3.

»12. Unterstützt die Correctiv gGmbH politische Demonstrationen oder Proteste mit ihren finanziellen Mitteln?
Nein.

13. Werden staatliche Fördergelder, die die Correctiv gGmbH vereinnahmt hat, nach Einschätzung der Bundesregierung für parteipolitische Zwecke zweckentfremdet?

Wir können nicht für die Bundesregierung sprechen. CORRECTIV hat sich im Redaktionsstatut der Überparteilichkeit verpflichtet. Dies gilt für unsere journalistische Arbeit wie auch für die Umsetzung von Projekten. Mittel, die wir von der öffentlichen Hand für einzelne Medienbildungs- oder Strukturförderungsprojekte erhalten, weisen wir ausnahmslos auf unserer Webseite aus.

14. Gibt es Kooperationen zwischen der Correctiv gGmbH und parteinahen Stiftungen wie der Rosa-Luxemburg-Stiftung, der Heinrich-Böll-Stiftung, der Friedrich-Ebert-Stiftung oder der Desiderius-Erasmus-Stiftung?
Wir arbeiten mit der Konrad-Adenauer-Stiftung, der Friedrich-Ebert-Stiftung [SPD-nah/MGR]**, der Heinrich-Böll-Stiftung** [Grünen-nah/MGR]**, der Rosa-Luxemburg-Stiftung** [Die Linke-nah/MGR] **und der Friedrich-Naumann-Stiftung** [FDP-nah/MGR] **punktuell zusammen, etwa im Rahmen von Workshops oder durch die Teilnahme an Diskussionsveranstaltungen zu Themen unserer Recherchen oder zu allgemeinen Themen wie Pressefreiheit oder der Rolle der Medien in der Demokratie.**

15. Hat die Bundesregierung Erkenntnisse dazu, dass Parteien Einfluss auf die Entscheidungsstrukturen innerhalb der Correctiv gGmbH haben? Wenn ja, welche?
Wir können nicht für die Bundesregierung sprechen. Aber niemand hat von außen Einfluss auf unsere Entscheidungsstrukturen. Diese werden von der Geschäftsführung von CORRECTIV festgelegt. Auf unserer Webseite finden sich darüber hinaus Informationen zu unseren Gremien, die unsere Arbeit überprüfen.

16. Gibt es Verbindungen zwischen der Correctiv gGmbH und Regierungsbehörden, die ihre Finanzierung sicherstellen?
Wir verstehen die Frage nicht. Das Finanzamt stellt bei der Prüfung der Jahresabschlüsse Fragen – zu diesen Anlässen bestehen dann entsprechende Kontakte auf der administrativen Ebene. In Förderbehörden wird zudem auf administrativer Ebene die Verwendung der Fördermittel mit Hilfe von Verwendungsnachweisen und Berichten überprüft. Dazu gibt es einen Austausch.«

Mein Kommentar: Offenbar **will man** diese Frage nicht so verstehen, wie sie gestellt wurde.

»17. Welche öffentlichen Fördermittel erhält die Correctiv gGmbH und aus welchen Einzelplänen stammen sie?
Unsere Finanzen sind hier veröffentlicht. Dort sind alle öffentlichen Förderungen ausgewiesen.

18. Hat die Bundesregierung Kenntnis darüber, ob die Correctiv gGmbH von internationalen Organisationen oder NGOs aus dem Ausland Gelder erhält und wenn ja, welche sind das und wie viel?
Wir können nicht für die Bundesregierung sprechen. CORRECTIV legt alle Informationen über finanzielle Zuwendungen hier offen, soweit sie mehr als ein Prozent der Jahreseinnahmen ausmachen. Darunter auch Förderungen aus dem Ausland.

19. Verwendet die Correctiv gGmbH Drittmittel oder Projektfinanzierungen ausschließlich für gemeinnützige Zwecke und wenn ja, welche?
Ja. Diese Informationen legt CORRECTIV hier offen. Für weitere Informationen siehe Frage 1.

20. Hat die Correctiv gGmbH in den letzten Jahren eine Erhöhung oder Kürzung staatlicher Mittel erfahren?
Diese Informationen legt CORRECTIV hier offen.

21. Kennt die Bundesregierung die Website der Correctiv gGmbH *(https://correctiv.org/)* und erkennt sie darin eine parteipolitische Tendenz? Wenn ja, wie beurteilt sie diese Tendenz vor dem Erfordernis der parteipolitischen Neutralität?
Wir können nicht für die Bundesregierung sprechen. CORRECTIV hat sich zur Überparteilichkeit in seinem Redaktionsstatut verpflichtet. Es besteht keine parteipolitische Tendenz.«

Mein Kommentar: Ja NATÜRLICH, Überparteilichkeit, die die AfD wohl ausschließt?

»22. Nimmt nach Einschätzung der Bundesregierung die Correctiv gGmbH oder deren rechtliche Vertreter aktiv an Wahlkämpfen teil oder ruft zur Wahl bestimmter Parteien auf?
Wir können nicht für die Bundesregierung sprechen. CORRECTIV hat sich zur Überparteilichkeit in seinem Redaktionsstatut verpflichtet. CORRECTIV und seine rechtlichen Vertreter nehmen nicht an Wahlkämpfen, Wahlaufrufen oder sonstigen Kampagnen rund um Wahlen teil. Die Redaktion von CORRECTIV berichtet über Aktivitäten von Parteien und legt ggf. verfassungsfeindliche Tendenzen in Parteien offen, um Bürgerinnen und Bürger darüber zu informieren und ihre politische Meinungsbildung zu unterstützen.

23. War die Correctiv gGmbH nach Erkenntnissen der Bundesregierung in der Vergangenheit an politischen Kampagnen beteiligt und wenn ja, welche?
Wir können nicht für die Bundesregierung sprechen. CORRECTIV hat sich zur Überparteilichkeit in seinem Redaktionsstatut verpflichtet und beteiligt sich daher nicht an politischen Kampagnen. Die einzige Ausnahme ist der Einsatz für die Rechtssicherheit des gemeinnützigen Journalismus in Deutschland.«

Mein Kommentar: Die Veröffentlichung über das Potsdamer »Deportationstreffen« war also keine politische Kampagne?

»24. Wie wird sichergestellt, dass die Aktivitäten der Correctiv gGmbH nicht gegen das parteipolitische Neutralitätsgebot verstoßen?
CORRECTIV hat sich in einem Redaktionsstatut zur Überparteilichkeit verpflichtet.

25. Gibt es Belege dafür, dass die Correctiv gGmbH einseitige Narrative in politischen Debatten fördert und wenn ja, welche?
Nein.«

Mein Kommentar: Diese Antwort beleidigt meine Intelligenz.

»26. Wie beeinflusst die Correctiv gGmbH die mediale Berichterstattung über politische Themen?
CORRECTIV veröffentlicht Recherchen, die nach allgemein gültigen journalistischen Standards umgesetzt werden. Andere Medien können diese Recherchen übernehmen.«

Mein Kommentar: An dem Hype über die AfD und das Treffen in Potsdam konnte man gut erkennen, wie Correctiv die mediale Berichterstattung beeinflusst hat. Auch hier wieder Augenwischerei.

»27. Gibt es nach Erkenntnissen der Bundesregierung wissenschaftliche Studien, die den Einfluss der Correctiv gGmbH auf die öffentliche Meinungsbildung untersuchen?
Wir können nicht für die Bundesregierung sprechen. CORRECTIV selbst hat keine Erkenntnis über entsprechende Studien.

28. Werden von der Correctiv gGmbH gezielt politische Gegner diskreditiert oder diffamiert? Wenn ja, welche und wie beurteilt die Bundesregierung dies vor dem Hintergrund der Förderung?
Wir können nicht für die Bundesregierung sprechen. CORRECTIV diskreditiert oder diffamiert niemanden. CORRECTIV bekennt sich zum Deutschen Pressekodex. Öffentliche Förderungen erhalten wir für einzelne und klar abgegrenzte Projekte im Bereich der Medienbildung und Strukturförderung.«

Mein Kommentar: Meine Intelligenz wird hart auf die Probe gestellt, wenn Correctiv behauptet, es diskreditiere keine politischen Gegner. Das »Schwarzbuch AfD«, die Forderung nach einem AfD-Verbot durch einzelne Mitarbeiter und die gesamte einseitig-negative AfD-Berichterstattung stellen keine Diskriminierung dar?

»29. Kennt die Bundesregierung den Correctiv-Artikel »Die Rechtstreiber der CDU« *(https://correctiv.org/aktuelles/parteien/2025/02/11/die-rechtstreiber-welche-hardliner-die-cdu-nach-rechts-ziehen/)* und wenn ja, wie bewertet die Bundesregierung diesen Artikel vor dem Hintergrund des gemeinnützigkeitsrechtlichen Neutralitätsgebots?
Wir können nicht für die Bundesregierung sprechen. CORRECTIV berichtet in dem Beitrag über Strömungen innerhalb der CDU und CDU-naher Einrichtungen anhand von journalistisch geprüften Informationen und Belegen.«

Mein Kommentar: Wenn Correctiv wirklich unabhängig wäre, weshalb berichten seine »seriösen« und »unabhängigen« Journalisten dann nicht genauso über linksextreme Gewalt, Migrantengewalt und stalinistische oder rassistische und antisemitische Strömungen im links-grünen Milieu, wie sie das bei den »Rechten« machen?

»30. Haben die Kampagnen der Correctiv gGmbH nach Einschätzung der Bundesregierung direkte Auswirkungen auf Wahlergebnisse oder politische Entscheidungen?
Wir können nicht für die Bundesregierung sprechen. CORRECTIV macht keine Kampagnen.«

Mein Kommentar: Aber aus den einseitigen Themen, die Correctiv aufgreift, werden Kampagnen gemacht.

»31. Gibt es nach Kenntnis der Bundesregierung Stellungnahmen von Staatsrechtlern, die die Aktivitäten der Correctiv gGmbH im Hinblick auf das Neutralitätsgebot bewerten?
Wir können nicht für die Bundesregierung sprechen. CORRECTIV selbst kennt keine Stellungnahmen von nennenswerten Staatsrechtlern, die CORRECTIV Verstöße gegen das Neutralitätsgebot nachweisen. CORRECTIV hat den Anspruch einer überparteilichen Berichterstattung im Redaktionsstatut festgehalten und bekennt sich zum Deutschen Pressekodex.

32. Sind nach Auffassung der Bundesregierung die politischen Aktivitäten der Correctiv gGmbH mit den Vorgaben des Bundesverfassungsgerichts zur Chancengleichheit der Parteien vereinbar?
Wir können nicht für die Bundesregierung sprechen. CORRECTIV wird nicht für Parteien aktiv. Deswegen ist die Fragestellung für uns nicht nachvollziehbar.

33. Welche Unterschiede bestehen zwischen der Correctiv gGmbH und klassischen Wohltätigkeitsorganisationen wie dem Roten Kreuz oder den Tafeln?
CORRECTIV verfolgt laut Satzung andere gemeinnützige Zwecke der Abgabenordnung (siehe oben).

34. Hat sich die Correctiv gGmbH nach Kenntnis der Bundesregierung in der Vergangenheit Kritik an ihrer Gemeinnützigkeit ausgesetzt gesehen und wenn ja erfolgreich gegen Kritik gewehrt?
Wir können nicht für die Bundesregierung sprechen. CORRECTIV wurde seit dem Start seiner Aktivitäten 2014 immer wieder kritisiert und bei den Finanzbehörden wegen angeblicher Verletzungen der Gemeinnützigkeit angezeigt. Bis jetzt haben die Finanzbehörden keine Verletzung der Gemeinnützigkeit festgestellt. Die Prüfungen der Finanzbehörden finden regelmäßig statt.«[343]

Mein Fazit zu den Correctiv-Antworten: Correctiv redet sich um Kopf und Kragen und hat offenbar Angst, die öffentlichen Gelder oder gar die Gemeinnützigkeit (siehe Attac) zu verlieren. Meiner Ansicht nach ist Correctiv nicht gemeinnützig, weil es politisch nicht neutral ist. Ich fordere: Weg mit der Steuergeldfinanzierung!

Dazu passt auch das folgende Zitat aus Hans-Georg Maaßens Artikel mit dem Titel »Neuer Geheimdienst gegen kritische Medien«, der in der *Schweizer Weltwoche* erschienen ist (Hervorhebungen durch mich):

> ***Correctiv ist für mich ein Geheimdienst*** *im materiellen Sinne, der unter der Tarnung, ein journalistisches und gemeinnütziges Medium zu sein, zumindest zu einem wesentlichen Teil das* ***Ziel verfolgt, im Sinne der linken Ideologie politische Feindbekämpfung zu betreiben,*** *indem echte oder mutmaßliche Gegner der herrschenden linken Politik* ***ausgespäht und medial vernichtet*** *werden sollen. Darüber betreibt oder unterstützt es Kampagnen im Sinne dieser Politik, wobei es nicht auf den Wahrheitsgehalt der medial transportierten Inhalte ankommt, sondern auf die Wirkmächtigkeit nach außen.*[344]

Maaßen weist außerdem darauf hin, dass Friedrich Merz plane, Behörden mit staatlich finanzierten NGOs zusammenarbeiten zu lassen, um kritische Journalisten mundtot zu machen. Dabei werde deutlich, dass sich hinter vermeintlich unabhängigen Medienorganisationen zunehmend eine undurchsichtige Verknüpfung von Regierungseinflüssen und politischen Agenden verberge.[345]

III. HateAid gGmbH

Gründung

Die Gesellschaft HateAid war die Idee mehrerer Akteure, die sich bis dahin separat **gegen Hass im Netz** stark gemacht hatten. Und so wurde 2018 die HateAid gGmbH gegründet, und zwar vom Verein Fearless Democracy e. V.,[346] der Bürgerbewegung Campact e. V.,[347] einem im Kampf gegen rechte Gewalt engagierten Volljuristen sowie Anna-Lena von Hodenberg als Gründungsgeschäftsführerin.[348]

Laut der HateAid-Homepage war Anna-Lena von Hodenberg die »treibende Kraft« der Organisation.[349] Sie hatte zuvor als Fernsehjournalistin für RTL und den NDR gearbeitet, war 2015 zur Bürgerbewegung Campact e. V. gewechselt und dort für Kampagnen gegen Rechtspopulismus und Rassismus verantwortlich gewesen.[350] Es passt also ...

Anna-Lena von Hodenberg zur Seite steht die Geschäftsführerin Josephine Ballon, die seit 2019 juristische Stimme von HateAid ist.[351]

Im **Beirat** sitzen auch ehemalige Politikerinnen:[352]

- Renate Künast (Die Grünen)
- Nadine Schön (CDU/CSU)
- Brigitte Zypries (SPD)
- Dr. Ellen Madeker (FDP)

Selbstbeschreibung

Und so betrachtet sich diese NGO selbst (ursprüngliche Hervorhebungen von mir entfernt):

> *HateAid ist eine gemeinnützige Organisation, die sich für Menschenrechte im digitalen Raum einsetzt und sich auf gesellschaftlicher wie politischer Ebene gegen digitale Gewalt und ihre Folgen engagiert.*[353]
>
> *[...]*
>
> *Alle Betroffenen, die selbst keine digitale Gewalt verbreiten, können sich an HateAid wenden. Auf Wunsch erhalten sie zunächst eine emotional stabilisierende Erstberatung. Und je nach Bedarf weitere spezifische Beratungen durch geschulte Betroffenenberater*innen. [...] Wir wollen, dass sich die Grundvoraussetzungen für Menschen, die digitale Gewalt erleben, nachhaltig verbessern. Deswegen klären wir Politik, Justiz und Wirtschaft über Hass im Netz auf und erarbeiten konkrete Lösungen zur Stärkung demokratischer Grundwerte im digitalen Raum. Auf gesellschaftlicher Ebene engagieren wir uns gegen Gewalt im Netz. Mittels Kampagnen, Petitionen und Aktionen ermutigen wir, sich stark zu machen für eine Gesellschaft, die in allen Facetten Demokratie lebt. Wir arbeiten mit Medien und*

> *der Netzöffentlichkeit zusammen, um das, was uns treibt, sichtbar zu machen. Und wir ermutigen alle, sich online gegen Hass einzusetzen, Solidarität zu zeigen und rechtswidrige Inhalte zu melden.*[354]

Und dann folgt der wichtige Satz:

> ***Unsere Haltung:*** *Wir sind unabhängig und überparteilich. Aber wir sind nicht neutral. Wir stellen uns entschieden gegen alle, die Menschenrechte verletzen und unsere Demokratie schädigen.*[355]

Förderer

Die HateAid wird von folgenden Unternehmen, Organisationen und staatlichen Stellen gefördert:[356]

- Airbnb
- Schöpflin Stiftung
- Deutsche Postcode Lotterie
- CMS Stiftung
- Demokratie-Stiftung Campact
- Bundesministerium für Familie, Senioren, Frauen und Jugend
- Bundesprogramm »Demokratie leben!«
- Bundesministerium der Justiz

Der ehemalige Justizbundesminister Dr. Marco Buschmann erklärte zu HateAid:

> *Wir gehen entschlossen gegen die Radikalisierung im Netz vor, denn digitale Gewalt gefährdet die liberale Demokratie. Beleidigungen, Verleumdungen oder Morddrohungen sind strafbar – ob im analogen oder im digitalen Raum. Um sich gegen den Hass zu wehren, brauchen Betroffene wirksame Unterstützung. Deshalb fördern wir HateAid.*[357]

Und von der ehemaligen Bundesministerin für Familie, Senioren, Frauen und Jugend, Lisa Paus, ist über HateAid zu hören:

> *Demokratie lebt von der Teilhabe aller. Die Gewalteskalation im Netz beobachten wir daher mit großer Sorge: Immer mehr Menschen werden online beleidigt, bedroht und gezielt aus dem öffentlichen Diskurs herausgedrängt. Es trifft oft vor allem diejenigen, die sich für unsere offene, vielfältige, demokratische Gesellschaft stark machen. Dieser Entwicklung treten wir entschlossen entgegen – für ein Internet, in dem sich alle sicher fühlen. Daher fördern wir HateAid über das Bundesprogramm »Demokratie Leben!«.*[358]

Unabhängigkeit

Zum Thema »Unabhängigkeit« und »Überparteilichkeit« äußert sich HateAid fast identisch wie Correctiv (Hervorhebungen durch mich):

> ***Öffentliche Förder*innen,*** *Stiftungen, soziale Investor*innen und private Spender*innen ermöglichen unsere Arbeit überhaupt erst.* ***Doch sie nehmen keinen Einfluss auf unsere Unabhängigkeit:*** *Als gemeinnützige Organisation ist unser Grundprinzip, dass wir* ***unabhängig und überparteilich*** *für Menschenrechte und Demokratie einstehen. Das gilt selbstverständlich auch für unsere Beratung, unsere Unterstützung bei der Rechtsdurchsetzung oder* ***politische Lobby- und Aufklärungsarbeit.*** *Dafür gehen wir in den kritischen Dialog mit der Politik und in den kooperativen Austausch mit anderen Initiativen.*[359]

Politische Neutralität

In einem sogenannten »Faktencheck« auf der Website wirft die NGO HateAid selbst Fragen zu ihrer politischen Neutralität auf und beantwortet sie im eigenen Sinne (Hervorhebungen durch mich):

> ***[Frage HateAid:]*** *Ihr werdet öffentlich gefördert. Seid ihr dann an das Neutralitätsgebot des Staates gebunden?*
>
> ***[Antwort HateAid:]*** *Regierungsmitglieder und ihre Verwaltungen sind an das sog. Neutralitätsgebot gebunden. Das bedeutet, dass sie nicht einseitig parteiergreifende Stellungnahmen zugunsten oder zulasten einzelner politischer Parteien tätigen dürfen. Wir, als* ***Fördermittelempfängerin, unterliegen hingegen nicht dem Neutralitätsgebot des Staates****.*
>
> ***[Frage HateAid:]*** *Ihr werdet öffentlich gefördert. Ist HateAid damit an die Weisungen der Regierung gebunden?*
>
> ***[Antwort HateAid:]*** *Nein. Wir stehen in einem regelmäßigen Austausch mit Politik und Behörden – immer mit dem Ziel, den digitalen Raum sicherer zu machen. Das bedeutet auch, politische Arbeit zu kritisieren. Das haben wir beispielsweise getan, als wir das Eckpunktepapier des Bundesministeriums für Justiz zum neuen Gesetz gegen digitale Gewalt prüften und öffentlich auf Leerstellen hinwiesen. Diese kritischen Stellungnahmen sowie konstruktiver Austausch zwischen Politik und zivilgesellschaftlichen Organisationen sind notwendig, um Gesetze und politische Initiativen im Interesse unserer Gesellschaft zu formen. Daran arbeiten wir politisch unabhängig.*
>
> ***[Frage HateAid:]*** *Berät HateAid Mitglieder aller Parteien?*
>
> ***[Antwort HateAid:]*** *Als gemeinnützige Organisation sind wir überparteilich. Das bedeutet, dass wir zu* ***parteipolitischer Neutralität verpflichtet*** *sind. Wir stärken mit unserer Arbeit unsere demokratische Gemeinschaft. HateAid lehnt die Beratung einer Person daher niemals aufgrund ihrer Parteizugehörigkeit ab. Wir orientieren uns vielmehr an*

den ***rechtsstaatlichen Werten unserer Verfassung.*** *Entsprechend prüfen wir, ob potenzielle Klient*innen gruppenbezogene Menschenfeindlichkeit verbreiten oder die freiheitliche demokratische Grundordnung ablehnen. Denn es entspricht nicht unseren Überzeugungen, Klient*innen zu unterstützen, die zwar betroffen, aber gleichzeitig Täter*innen sind.*[360]

Mein Kommentar: Es ist sehr interessant, wie geschickt die Antworten formuliert sind. Einmal antwortet HateAid, »als Fördermittelempfängerin, unterliegen wir hingegen **nicht dem Neutralitätsgebot** des Staates«, und etwas später, sie seien zu **»parteipolitischer Neutralität verpflichtet«.**

[Frage HateAid:] *Betreibt HateAid Lobbyarbeit?*

[Antwort HateAid:] Ja, wir lobbyieren *für deine Rechte im Internet und setzen uns für Betroffene digitaler Gewalt ein. Indem wir auf nationaler und europäischer Ebene auf politische Akteur*innen zugehen, sorgen wir dafür, dass digitale Gewalt Platz auf ihren Agenden findet. Mit Analysen und Studien zum Thema, mit unserer Expertise bei Anhörungen sowie Workshops für Politiker*innen tragen wir dazu bei, dass Gesetze entwickelt werden, die das Internet gerechter machen. Mit unseren Petitionen und Kampagnen, zum Beispiel unserer Petition »Ungewollt nackt im Netz: Porno-Manipulation jetzt stoppen!« gegen den Missbrauch durch Face Swap Apps, möchten wir die Stimme der Zivilgesellschaft an die Politik herantragen. Wir sind damit ein entscheidender Gegenpol zu den großen Online-Plattformen, die viel Geld in ihre Lobbyarbeit stecken und selten im Interesse der Betroffenen handeln.*[361]

Mein Kommentar: Demnach will HateAid eine **(gemeinnützige)** Lobbyvereinigung sein, also eine Interessenvertretung in der Politik, die aber zu parteipolitischer **Neutralität** verpflichtet ist.

Forderungen und Aktionen (Auszüge)

Im Folgenden liste ich Auszüge aus den Aktionen und entsprechenden Postulaten von HateAid auf (die ursprünglichen Hervorhebungen habe ich entfernt):

- **»EU-Gesetz – Bekämpfung von Gewalt gegen Frauen«:** »HateAid ruft alle Abgeordneten des Europäischen Parlaments dazu auf, sich im Rahmen der neuen EU-Richtlinie für zügige Verhandlungen und wirksame Maßnahmen einzusetzen.«[362]
- **»Digital Services Act – Das EU-Digitalgesetz«:** Im Juni 2021 entwarf HateAid Änderungsanträge für den Gesetzestext, suchte das Gespräch mit EU-Politikern und warb für seine Forderungen. Im Oktober 2021 startete HateAid die erste internationale Petition dazu und protestierte im November desselben Jahres vor dem EU-Parlament, im März 2022 dann vor dem Bundeskanzleramt. Im Juli und August 2023 jubelte HateAid über das neue »Zensurgesetz«. Am 4. Juli 2024 wurde HateAid-Geschäftsführerin Josephine Ballon von den Mitgliedern des Bundestages dann auch folgerichtig in den Beirat für die Koordinierungsstelle für digitale Dienste in Deutschland gewählt.[363]
- **»Gesetz gegen digitale Gewalt«:** Die damalige Ampelregierung kündigte »in ihrem Koalitionsvertrag 2021 ein Gesetz gegen digitale Gewalt an. Ziel des Gesetzes soll sein, dass Betroffene vor Gericht einfacher gegen digitale Gewalt vorgehen können. HateAid brachte ihre Expertise zum ersten Eckpunktepapier des Gesetzes ein, zum Beispiel in Fachgesprächen und Stellungnahmen, und holte ein Gutachten ein. Im Dezember 2024 präsentierte das Bundesministerium der Justiz einen Gesetzesentwurf, der vor der Bundestagswahl jedoch nicht mehr in den Bundestag eingebracht wurde. HateAid fordert den

zukünftigen Gesetzgeber auf, den Entwurf nachzubessern und das Gesetz zügig zu verabschieden.«[364]

- **»Twitter-Grundsatzprozess gegen Antisemitismus«:** »Twitter verspricht allen Nutzenden Schutz.« Doch Antisemitismus sei »Normalität auf der Plattform«, so HateAid. »Beleidigungen gegen Juden*Jüdinnen, Verharmlosungen und Leugnung der Shoah: Auf Twitter seien antisemitische Aussagen, Bilder und Videos allgegenwärtig. Durch fehlende Moderation macht die Plattform eine beispiellose Verbreitung antisemitischen Gedankenguts möglich.« HateAid und die European Union of Jewish Students (EUJS) ziehen deshalb gegen Twitter vor Gericht.[365]
- **Projekt »Safe to engage: Securing democratic voices online«:** »Ob Bundestagsabgeordnete, Klimaaktivist oder Kommunalpolitikerin – wer sich für unsere Gesellschaft engagiert, ist häufig von digitaler Gewalt betroffen. [...] Den zunehmenden Anfeindungen und Bedrohungen setzen wir [HateAid] das Projekt ›Safe to engage: Securing democratic voices online‹ entgegen. Das Ziel: Politisch Aktive vor Diffamierungen, Morddrohungen und anderen Formen digitaler Gewalt schützen.«[366] Ob auch AfD-Politiker davon profitieren können, ist allerdings fraglich.
- **Gegen Rechtsextremistische Ideologieverbreitung im Internet:** »Rechtsextremismus hat sich im Zuge der Digitalisierung verstärkt in das Internet verlagert. Mittlerweile ist es für Rechtsextremist*innen der wichtigste Ort für die Verbreitung ihrer Ideologien und Verschwörungsmythen. In den sozialen Netzwerken mobilisieren sie dabei immer wieder auch gegen Klima- und Umweltschutz, verbreiten Desinformation bis hin zur Leugnung des menschengemachten Klimawandels und attackieren Aktivist*innen.«[367]
- **»Report: Desinformation und digitale Gewalt im Ukraine-Krieg«:** HateAid faselt darin vom »Kampf um die Wahrheit« und behauptet, Facebook erlaube die Umgehung des Verbots russischer Staatsmedien sowie »von Querdenkenden-Gruppen zu prorussischen Gruppen«.[368] Kein Wort natürlich über eine **neutrale** und **ausgewogene** Berichterstattung, die das eigentliche Ziel sein sollte und nicht westliche oder russische Propaganda.
- Hinzu kommen viele **Strafanzeigen** und geführte **Gerichtsprozesse** durch HateAid.[369]

Eines der Projekte der NGO

Quelle: *https://hateaid.org/wp-content/uploads/2023/09/hateaid-hass-ist-keine-meinung-aufklaerungsbooklet-digital.pdf*

Kooperationen

Wie es um ihre Kooperationen bestellt ist, erklärt HateAid selbst folgendermaßen:

> *Ziel von HateAid ist es, die aktive Teilhabe von Individuen, Politik und Zivilgesellschaft am öffentlichen Diskurs zu sichern. Dafür arbeiten wir eng mit einem Netzwerk aus erfahrenen Partner*innen zusammen. Wir nutzen das ganze Spektrum an Expertisen, um*

> *die Öffentlichkeit zu erreichen und Veränderungen realisieren zu können.*[370]

Zu den Kooperationspartnern von HateAid gehören:

- **Das Bundesprogramm »Demokratie leben!«:** »Im Rahmen des Förderprogramms des **Bundesministeriums für Familie, Senioren, Frauen und Jugend** kooperiert HateAid mit fünf Organisationen. Vier davon bilden zusammen mit HateAid das **›Kompetenznetzwerk gegen Hass im Netz‹**, welches in den nächsten Jahren eine zentrale Anlaufstelle für Information, Hilfe, Engagement, Orientierung, Berichterstattung und Weiterbildung werden soll.«[371]

  Das Kompetenzwerk gegen Hass im Netz besteht aus diesen Organisationen (Hervorhebungen durch mich):

  - **HateAid** (2025 staatlich gefördert mit **424 823,00 Euro**)[372]
  - **Das NETTZ** (2025 staatlich gefördert mit **625 000,00 Euro**)[373]
  - **Gesellschaft für Medienpädagogik und Kommunikationskultur** (2025 staatlich gefördert mit **334 999,78 Euro**)[374]
  - Jugendschutz.net
  - **Neue deutsche Medienmacher*innen**[375] (2025 staatlich gefördert mit **424 999,38 Euro**)[376]

  Alle diese NGOs setzen sich für eine viel stärkere Kontrolle im Internet ein.

- **Bundesverband Mobile Beratung e. V. (BMB):** Der BMB ist der Dachverband von rund 50 mobilen Beratungsteams bundesweit, die seit über 20 Jahren zum Umgang mit **Rechtsextremismus, Rassismus, Antisemitismus, Antifeminismus und Verschwörungserzählungen** beraten. Der BMB vernetzt die mobilen Beratungsteams, organisiert Fachtagungen und steht als Ansprechpartner für Politik und Medien zur Verfügung. Im Rahmen des Bundesprogramms »Demokratie leben!« sind der BMB und HateAid Kooperationspartner. Im Sinne der Verweisberatung finden regelmäßige Netzwerktreffen mit fachlichem Austausch statt.[377]

Übrigens: Der BMB Sachsen wird 2025 mit **760 001,65 Euro** Steuergeldern gefördert.[378] Der BMB wird unter anderem von der **Beauftragten der Bundesregierung für Migration, Flüchtlinge und Integration** und Antirassismus gefördert.[379]

- **Vernetzungsstelle gegen Hate Speech (Das NETTZ):** »Das NETTZ möchte die Community der digitalen Zivilcourage aufbauen und stärken, indem es die unterstützenden Rahmenbedingungen dafür schafft. Mit der Vernetzungsstelle wird ein Ort im Netz geschaffen, in dem Initiativen und Projekte, die sich für eine konstruktive, diskriminierungsfreie Diskussionskultur einsetzen, zu finden sind. Somit erhöht die Vernetzungsstelle gegen Hate Speech die Reichweite der Akteure und stärkt ihre Wirksamkeit.«[380] Übrigens: **2025 wird** Das NETTZ mit **625 000,00 Euro Steuergeld gefördert.**[381]
- **Gesellschaft für Medienpädagogik und Kommunikationskultur e. V. (GMK):** Sie »setzt sich für die Förderung einer ganzheitlichen, umfassenden Medienpädagogik und Medienkompetenz ein. Hierbei gilt es, soziale, ethische, kulturelle, kreative und politische Aspekte mit technischen Kompetenzen und Voraussetzungen zu verknüpfen. Die GMK wurde 1984 als bundesweiter Zusammenschluss von Fachleuten aus den Bereichen Bildung, Kultur und Medien gegründet. Als gemeinnütziger Verein und größter medienpädagogischer Fachverband für Institutionen und Einzelpersonen ist sie Plattform für Diskussionen, Kooperationen und neue Initiativen. Die Geschäftsstelle mit Sitz in Bielefeld koordiniert die Aktivitäten sowie die Außenvertretung der GMK.«[382] Übrigens wird die Gesellschaft **2025 mit 424 999,86 Euro Steuergeld gefördert.**[383]
- **Jugendschutz.net:** Es »unterstützt seit 2003 die Kommission für Jugendmedienschutz (KJM), die Landesmedienanstalten und die Obersten Landesjugendbehörden bei ihren Aufgaben. Inzwischen fungiert Jugendschutz.net auch als gemeinsames Kompetenzzentrum von Bund und Ländern für den Schutz von Kindern und Jugendlichen im Internet.«[384]
- **#KeineMachtDemHass – hessische Justiz:** »Im Rahmen der Kooperation #KeineMachtdemHass arbeitet HateAid mit der hessischen Justiz und anderen Partnern aus Zivilgesellschaft, Wissenschaft und Medienlandschaft zusammen. So kann **HateAid strafbare Inhalte direkt an die Zentralstelle zur Bekämpfung**

der Internet- und Computerkriminalität (ZIT) der Generalstaatsanwaltschaft Frankfurt am Main melden. Diese nimmt die Meldungen entgegen und bewertet sie strafrechtlich, um schließlich ein Ermittlungsverfahren einzuleiten und Täter zu identifizieren. Dafür stellt HateAid gemeinsam mit der hessischen Justiz unter anderem die App **›MeldeHelden‹** [für mich sind das »Denunzianten« ähnlich wie in der DDR und keine »Helden«] zur Verfügung, mit der Betroffene strafbare Inhalte einfach und niedrigschwellig melden können.«[385] Genau diese Stelle meldete dem Bayerischen Landeskriminalamt auch die satirische Bildmontage des Chefredakteurs des *Deutschland-Kuriers* über Nancy Faeser (»Ich hasse die Meinungsfreiheit«), die im April 2025 für mediale Aufmerksamkeit sorgte.[386]

- **Neue deutsche Medienmacher*innen:** Dies ist ein »Verein, der sich für mehr **Vielfalt** im Journalismus einsetzt. Sie verstehen sich als Interessenvertretung für **Journalist*innen of Color und Medienschaffende mit Einwanderungsgeschichte.** Ihr Netzwerk umfasst mehr als 2 000 Medienschaffende. Die NdM engagieren sich für mehr diverses Medienpersonal sowie gegen Diskriminierung in den Redaktionen und bieten auch Informationen und Handwerkszeug für Journalisten und Medienhäuser, die rassismusfrei berichten wollen. Dabei liegt ihr Fokus auf Wissensvermittlung an Medienschaffende und Redaktionen zum Thema diskriminierungssensible Berichterstattung und Hass im Netz.«[387] Übrigens: 2025 staatlich gefördert mit **424 999,38 Euro.**[388] Genau dieser Verein versuchte im April 2025 das Reportageformat *Klar* (ARD) zu diskreditieren, nachdem die Pilotfolge mit dem Titel »Migration – was falsch läuft« den »Vielfalts«-Journalisten der Neuen deutschen Medienmacher*innen als zu »migrationsfeindlich« auffiel.[389] Die für die Sendung zuständige Journalistin Julia Ruhs schrieb daraufhin folgerichtig auf X: »Es ist unglaublich, die ›Neuen deutschen Medienmacher:innen‹, diese durch Steuergeld finanzierte NGO, ruft dazu auf, fleißig Mails an BR + NDR zu schreiben, damit wir Druck bekommen. Weil unser neues Format ja so migrationsfeindlich sei. Sorry, aber das hat schon ein Geschmäckle.«[390]

Die NGO Campact stellte Anfang Mai 2025 sogar eine Petition, damit die Sendung abgesetzt und aus der ARD-Mediathek gelöscht wird, da sie unter anderem

»rechtsextreme Talkingpoints« wie »illegale Migration« benutzen würde,[391] und die Initiative Neue deutsche Medienmacher*innen rief öffentlich zum Versand von Protestbriefen an NDR und BR auf.[392]

So kam es, wie es kommen musste: Auch der NDR-Rundfunkrat kritisierte die migrationskritische Sendung der Moderatorin Julia Ruhs.[393] Die zweite Folge von *Klar* wurde wegen »organisatorischen Verzögerungen« verschoben.[394] – **So** läuft das im besten Deutschland, das wir je hatten!

- **ANNA NACKT:** Diese Plattform »unterstützt Personen, deren private Bilder & Videos ohne ihre Zustimmung im Internet gelandet sind. [...] ANNA NACKT setzt sich gemeinsam mit HateAid für den Schutz vor bildbasierter sexualisierter Gewalt im Internet ein. Mit Protestaktionen, Petitionen, Kampagnen- und Lobbyarbeit engagieren sich ANNA NACKT und HateAid in politischen Prozessen auf EU- und Bundesebene.«[395]
- **Telekom:** »Mit ihrer Initiative #GegenHassImNetz [macht sich Telekom] für ein Netz stark, in dem alle die Chancen der digitalen Welt nutzen können, ohne Angst vor Ausgrenzung oder Hass haben zu müssen. Mit vielfältigen Maßnahmen und Angeboten wollen die Telekom und HateAid die Gesellschaft informieren, sensibilisieren und befähigen, Zivilcourage zu zeigen und sich aktiv für ein Netz der Möglichkeiten einzusetzen [...].«[396]
- **VBRG - Verband der Beratungsstellen für Betroffene rechter, rassistischer und antisemitischer Gewalt e. V:** Dies ist »ein Dachverband unabhängiger Beratungsstellen für Opfer **rechter, rassistischer und antisemitischer Gewalt** in Deutschland. Ihr Ziel ist es, sicherzustellen, dass die Betroffenen solcher Gewalt nicht alleine bleiben und kostenlose, vertrauliche Beratung und Unterstützung erhalten. Fokus der Kooperation mit dem Verband der Beratungsstellen für Betroffene rechter, rassistischer und antisemitischer Gewalt (VBRG) e. V. sind die Erfassung sowie die Unterstützung von Betroffenen von digitaler rassistischer, antisemitischer und rechter Gewalt.«[397] Übrigens wurde der Verein in den Jahren 2020 und 2021 ebenfalls mit Steuergeldern gefördert.[398]

Meinungsfreiheit versus Zensur

Natürlich betitelt HateAid seine Bemühungen und seine Lobbyarbeit zur **Verschärfung** der Meinungsfreiheit im Internet **nicht als Zensur, sondern als das genaue Gegenteil.** Hören wir einmal in die eigentümliche Argumentation hinein (Hervorhebungen durch mich):

»HateAid **schützt mit seiner Arbeit die Meinungsfreiheit** im digitalen Raum und wendet sich gegen jede Form von Zensur. Wir wollen allen Menschen die Möglichkeit geben, sich im Internet an Diskussionen zu beteiligen, ohne Zielscheibe von Hass und Gewalt zu werden. **So schützen wir die Meinungsfreiheit der vielen, die sich heute schon nicht mehr trauen ihre Meinung zu sagen, weil sie Angst vor Hass und Hetze haben.** Hier folgen wir unserem Grundsatz, dass sich der demokratische Diskurs auf allen Seiten **innerhalb der Grenzen des Erlaubten** bewegen muss. **Meinungsfreiheit bedeutet jedoch nicht, dass alle alles posten können, was ihnen in den Sinn kommt.** Im digitalen Raum gelten die gleichen Regeln und Gesetze wie im analogen Raum. Wer strafbare Hasskommentare oder Morddrohungen postet, handelt nicht mehr im Rahmen der Meinungsfreiheit, sondern hat ihre Grenzen klar überschritten. Diese Person macht sich strafbar. **Es ist keine Zensur,** strafrechtlich relevante Inhalte zu entfernen. Im Gegenteil: Es ist unser aller Recht, dies im Namen des Gesetzes zu tun. Durch unsere Arbeit ermutigen wir Betroffene von digitaler Gewalt, nicht still zu werden, sondern sich weiter im Netz zu beteiligen. So stärken wir die Meinungsfreiheit. Ohne diesen Rückhalt ziehen sich Menschen zurück und sagen ihre Meinung nicht mehr. Das ist fatal für eine demokratische Gesellschaft.«[399]

Mein Kommentar: Meinungsfreiheit schützen durch die Einschränkung der Meinungsfreiheit innerhalb der Grenzen des »Erlaubten«? Und was »erlaubt« ist, bestimmt das links-grün-bunt-woke politmediale Establishment? Ich spreche hier natürlich nicht über Morddrohungen oder dergleichen, doch um als **Hasskommentar** eingeordnet zu werden, genügt es inzwischen ja schon oft, von der politmedialen Einheitsbreimeinung abzuweichen. Und damit sollen in meinen Augen immer mehr Menschen mundtot gemacht werden.

Kapitel 7

Finanzierung

Zum Finanzierungsthema schreibt HateAid (die Hervorhebungen habe ich weggelassen):

»Neben Spenden und Zuwendungen erhält HateAid Geld für Bildungsleistungen wie Workshops und Vorträge. Außerdem erhält HateAid die Geldentschädigungen aus gewonnen Zivilprozessen. Diese fließen direkt wieder in den Fonds der Gerechtigkeit, um das nächste Gerichtsverfahren für eine betroffene Person zu bezahlen. Betroffene ermöglichen es sich so gegenseitig, Gerechtigkeit zu erfahren und Gewalt im Internet einzudämmen. Selbst als gemeinnützige GmbH darf HateAid wirtschaftlich tätig sein. Eventuelle Gewinne dürfen allerdings – anders als bei gewinnorientierten Unternehmen – nicht an die Gesellschafter*innen ausgeschüttet werden. Sie müssen für die gemeinnützigen Zwecke unserer Organisation eingesetzt werden.«[400]

Und zum Erhalt öffentlicher Gelder:

»Die öffentlichen Gelder (25,2 % unserer Gesamtfinanzierung im Jahr 2023), die wir erhalten, kommen vom Bundesministerium für Justiz (BMJ) und vom Bundesministerium für Familie, Senioren, Frauen und Jugend (BMFSFJ). Diese Förderungen sind zweckgebunden. Das heißt, wir dürfen die Mittel nur für die im Antrag definierten Bereiche und Tätigkeiten nutzen. Das BMJ finanziert zum Beispiel einen großen Teil unserer Betroffenenberatung und die Aufklärung zu neuen Phänomenbereichen digitaler Gewalt. Das BMFSFJ fördert im Kompetenznetzwerk gegen Hass im Netz unser Projekt für den Schutz junger Erwachsener und kommunal Engagierter. Diese Gelder dürfen wir nicht für andere Bereiche, wie zum Beispiel unsere Prozesskostenfinanzierung, einsetzen.«[401]

***

HateAid veröffentlicht über seine Finanzen einen sogenannten »Transparenzbericht«, der meiner Meinung nach aber nicht viel hergibt. Da derjenige für das Jahr 2024 zum Zeitpunkt der Manuskriptabgabe noch nicht publiziert war, stütze ich mich nun auf den Transparenzbericht 2023.

Doch sehen wir uns zunächst einmal die Beteiligungen der Gesellschafter an:

Gesellschafter/ Registergericht/-nummer	Sitz	**Gesamtbeteiligung des Gesellschafters an der Gesellschaft in %**
Campact e. V. (AG Charlottenburg VR-Nr25165 B)	Berlin	50,00 %
Anna-Lena von Hodenberg	Berlin	25,00 %
Fearless Democracy e. V. (AG Hamburg VR-Nr. 23351)	Hamburg	25,00 %

Quelle: www.*hateaid.org*

Unter dem Punkt »**Personalstruktur**« liest man: »Die HateAid gGmbH beschäftigt zum 20. Januar 2025 insgesamt 46 Mitarbeitende, davon 18 Teilzeitangestellte, 5 Werkstudenten sowie 2 Rechtsreferendare.«[402]

Quelle: www.*hateaid.org*

Zu den »**Geldgeber*innen, deren jährliche Zuwendung im Jahr 2023 mehr als zehn Prozent der gesamten Jahreseinnahmen**« ausmachten, gehörten[403]

- die Alfred Landecker Foundation,
- das Bundesministerium der Justiz,
- das Bundesministerium für Familie, Senioren, Frauen und Jugend und
- die Deutsche Postcode Lotterie.

Allein über das Bundesprogramm »Demokratie leben!« soll HateAid für das Jahr 2025 exakt **424 823,00** Euro an Steuergeldern erhalten.[404]

***

Aus dem **Lobbyregister des Deutschen Bundestages** ergeben sich folgende ergänzende Informationen:[405]

> ***Schenkungen und sonstige lebzeitige Zuwendungen***
> *(Geschäftsjahr: 01/23 bis 12/23)*
>
> *Gesamtsumme: 3 400 001 bis 3 410 000 Euro*
> ***Beträge über 10 000 Euro und mehr als 10 % der Gesamtsumme:***
> 1. ***Alfred Landecker Foundation***
>   ***Betrag:*** *1 290 001 bis 1 300 000 Euro*
>   *Projektförderung*
> 2. ***Postcode Lotterie DT gGmbH***
>   ***Betrag:*** *990 001 bis 1 000 000 Euro*
>   *Förderungen (Geldspenden)*

Fest steht: Die gemeinnützige Lobbyorganisation HateAid erhielt 2023 (ein neuer Transparenzbericht ist wie gesagt noch nicht veröffentlicht) an **öffentlichen Geldern über 1,1 Millionen Euro,** und zwar vom Bundesministerium für Justiz (BMJ) sowie vom Bundesministerium für Familie, Senioren, Frauen und Jugend (BMFSFJ).[406] Bundesfamilienministerin war zum damaligen Zeitpunkt Lisa Paus (Die Grünen).

Meine Fragen zum Thema gegenseitige politische und finanzielle Abhängigkeiten

- Ist es Zufall, dass ausgerechnet ein **grünes Ministerium** unter der damaligen Leitung der Grünen Lisa Paus **eine NGO finanzierte, in deren Beirat die Grüne Renate Künast** sitzt,[407] die früher ebenso wie Paus Abgeordnete der Grünen war, weshalb beide sich gut kennen dürften?[408]
- Ist es Zufall, dass die **Grüne** Lisa Paus und ihr Ministerium ausgerechnet eine Studie – nämlich »Lauter Hass – leiser Rückzug. Wie Hass im Netz den demokratischen Diskurs bedroht«[409] – öffentlich-medial vorstellte,[410] die vom **Kompetenznetzwerk gegen Hass im Netz** herausgegeben wurde, **an dem HateAid ebenfalls beteiligt** ist und die vom **grünen** Familienministerium gefördert wurde?[411]
- Ist es Zufall, dass **Campact e. V.** – derselbe Verein, der **50 Prozent Beteiligung an HateAid** innehat[412] – im September 2024 der **SPD circa 160 000 Euro spendete?**[413]
- Ist es Zufall, dass ausgerechnet **Campact e. V.** – derselbe Verein, der **50 Prozent Beteiligung an HateAid** innehat[414] – den **Grünen** anlässlich der anstehenden Wahlen in Thüringen und Sachsen **161 300 Euro**[415] spendete, um eigenen Angaben zufolge eine Sperrminorität der AfD in den Landtagen zu verhindern,[416] und am 11. September 2024 noch einmal **72 000 Euro** draufsetzte?[417]
- Ist es Zufall, dass **Campact e. V.** – derselbe Verein, **der 50 Prozent Beteiligung an HateAid** innehat[418] – **68 038 Euro** an die **Linke** spendete?[419]
- Ist es Zufall, dass die damalige **rot-grüne Bundesregierung** auf Frage 70 der Union, ob es Fälle gebe, »in denen der Verein **Campact e. V.** [also dieselbe NGO, die SPD, Grünen und Linken großzügig mit Spenden bedachte] **explizit für oder gegen eine Partei geworben**« habe, darauf verwies, dass ihm dazu **keine** Erkenntnisse vorlägen,[420] obwohl Campact e. V. selbst großspurig

damit warb, an Grüne in Thüringen gespendet zu haben, **um die »Vetomacht« der AfD zu »verhindern«?**[421]

Mein Kommentar: Das alles riecht für **mich** nach Vetternwirtschaft, auch wenn HateAid und Campact e. V. dies kategorisch verneinen.[422]

Übrigens: Anfang Juni 2025 wurde HateAid vom deutschen Digital Services Coordinator (DSC) zum sogenannten »Trusted Flagger« ernannt, der auf Internetplattformen auf Desinformationen hinweisen soll. Diese sind dann verpflichtet, die Meldungen vorrangig zu überprüfen.[423]

Zum Hintergrund

Es kann jeden treffen: SO wird »Hassbotschaft« im Internet definiert

Verhaftungen und Hausdurchsuchungen wegen »Hassbotschaften« (»Gedankenverbrechen«), polizeilich als »Hasskriminalität« definiert, nehmen in Deutschland zu. Obwohl der Begriff schwammig und juristisch nicht definiert ist,[424] fallen ihm immer mehr Menschen zum Opfer, die nur ihre Meinung ausdrücken wollen. Die Bundesregierung hat versucht, eine Begriffsdefinition zu erstellen, die jedoch Freiraum lässt für jegliche Unterdrückung anderer Ansichten.

Doch schauen wir zunächst einmal zu unseren Nachbarn auf die Insel hinüber.

I. Verhaftungen wegen »Gedankenverbrechen«

Laut der britischen *Times* werden auf der Grundlage von Abschnitt 127 des Communications Act 2003 und Abschnitt 1 des Malicious Communications Act 1988 jährlich über 12000 Briten wegen Posts oder des Teilens von Posts in sozialen Medien festgenommen. Allein 2023 (neuere Zahlen sind noch nicht veröffentlicht) nahmen Beamte von 37 Polizeidienststellen 12183 Personen – etwa 33 pro Tag – fest. Die Begründung lautet: »Verdacht« wegen »Beleidigung« oder »Hassrede«. Die *Times*[425] hob besonders »den Fall von Maxie Allen und Rosalind Levine hervor, die verhaftet wurden, nachdem sie in einer privaten WhatsApp-Gruppe von Eltern Bedenken über den Einstellungsprozess an der Schule ihrer Tochter geäußert hatten«. Es kam, wie es in einem quasi Polizei- und Überwachungsstaat kommen muss: »Sechs uniformierte Beamte drangen in das Haus von Allen und Levine ein, hielten sie vor den Augen ihres jüngsten Kindes fest und zerrten sie auf eine Polizeistation. Das Ehepaar wurde wegen des Verdachts auf Belästigung, böswillige Kommunikation und Störung des Schulbetriebs verhört.« Die Schule hatte zuvor behauptet, Allen und Levine hätten »den Vorsitzenden des Verwaltungsrates ›verleumdet‹«. Daraufhin wurden dem Ehepaar »Fingerabdrücke abgenommen, sie wurden durchsucht und acht Stunden lang in eine Zelle gesperrt«.[426]

II. Was ist eine »Hassbotschaft«?

Angebliche »Gedankenverbrechen«, wie George Orwell sie 1949 in seinem dystopischen Jahrhundertbuch *1984* beschrieb, sind heute bittere Realität, und das auch in Deutschland.

Bei den Polizeibehörden heißt dieser Straftatbestand »Hasskriminalität«, und im Fall von »politisch motivierter« Hasskriminalität wie beispielsweise islam- oder ausländerfeindlichen Posts in sozialen Medien ermittelt das LKA, das dann die »Straftaten« an die zentrale Falldatenbank des BKA meldet.

In einer »Kleinen Anfrage« (Drucksache 20/113853) erkundigten sich Abgeordnete von Die Linke unlängst über das, was genau solche »Hassbotschaften« oder »Hassreden« überhaupt sein sollen. Die Antwort der Bundesregierung (Drucksache 20/14096) lautete folgendermaßen (Hervorhebungen durch mich):

> *Der Begriff* ***»Hassbotschaft«*** *ist im KPMD-PMK [Kriminalpolizeilichen Meldedienst in Fällen Politisch motivierter Kriminalität]*[427] ***nicht einheitlich definiert.*** *Unter einem Hassposting wird ein Beitrag verstanden, der im oder über das Internet mehreren Nutzern gleichzeitig zugänglich gemacht wird. Politisch motivierten Hasspostings werden solche Straftaten zugerechnet, die in Würdigung der Umstände der Tat oder der Einstellung des Täters Anhaltspunkte dafür geben, dass* ***diese gegen eine Person, Personengruppe oder Institution wegen ihrer/ihres zugeschriebenen oder tatsächlichen politischen Haltung, Einstellung und/oder Engagements gerichtet sind beziehungsweise aufgrund von Vorurteilen des Täters bezogen auf Nationalität, ethnische Zugehörigkeit, Hautfarbe, Religionszugehörigkeit, Weltanschauung,***

> ***sozialen Status, physischen und/oder psychische Behinderung oder Beeinträchtigung, Geschlecht/geschlechtliche Identität, sexuelle Orientierung oder äußeres Erscheinungsbildes begangen werden.*** *Diese Definition ist bundesweit einheitlich.*[428]

Der Strafrechtler Udo Vetter sagte zum Begriff »Hass und Hetze«:

> *Der Begriff ist so schwammig, das ist im Rechtsstaat unzulässig.*[429]

Der Rechtsanwalt Joachim Steinhöfel:

> *Unser Strafgesetzbuch kennt diese Floskel gar nicht.*[430]

III. Was sind »rassistische und fremdenfeindliche Postings«?

Auf die Frage »Wie unterscheiden sich die in der Erfassung von Hasskriminalität im KPMD-PMK verwendeten Themenfelder ›Rassismus‹, ›fremdenfeindlich‹ und ›ausländerfeindlich‹ in ihrer Definition?« antwortete die Bundesregierung (Hervorhebungen in den nachfolgenden Zitaten durch mich):

»Ausländerfeindliche, fremdenfeindliche und rassistische Straftaten sind Teilmengen der Hasskriminalität. Das UTF [Unterfeld/MGR] **›Fremdenfeindlich‹** ist bei dem Teil der Hasskriminalität zu nennen, der **aufgrund von Vorurteilen bezogen auf die zugeschriebene oder tatsächliche Nationalität, ethnische Zugehörigkeit, Hautfarbe und/oder Religionszugehörigkeit** des Opfers verübt wird. Das UTF **›Rassismus‹** ist bei dem Teil der Hasskriminalität zu nennen, der aufgrund von **Vorurteilen bezogen auf die zugeschriebene oder tatsächliche ethnische Zugehörigkeit und/oder Hautfarbe des Opfers verübt wird.** Das UTF ›Ausländerfeindlich‹ wird bei politisch motivierten Straftaten genannt, bei denen sich Vorurteile auf eine andere als die deutsche Nationalität beziehen (auch bei einem nichtdeutschen Tatverdächtigen). Rassistische bzw. ausländerfeindliche Straftaten sind somit auch Teilmengen der fremdenfeindlichen Straftaten.«[431]

Mein Kommentar: Wir erkennen an den Definitionen, dass **praktisch jeder,** der sich **kritisch über jemand anderen äußert** (wobei »kritisch« aufgrund der obigen Kriterien **schnell zu »beleidigend« oder »hassvoll« umdefiniert** werden kann), Gefahr läuft, eine Straftat zu begehen. Hat derjenige, den man kritisiert, eine andere **Hautfarbe, Religion oder Weltanschauung** oder aber eine **andere sexuelle Orientierung,** so ist die Bahn frei für Ermittlungen wegen »Hasskriminalität«. Das trägt tatsächlich Orwellsche Züge im »besten Deutschland, das wir je hatten«.

Übrigens: Das bayerische Justizministerium verteidigte gegenüber der *Welt* das harte Vorgehen gegen angebliche »Hassnachrichten« mit den Worten: »Die konsequente Verfolgung von strafbarem Hass, insbesondere im Internet, dient gerade dem Schutz der Meinungsfreiheit.« Außerdem könnten »strafbare Beleidigungen und Bedrohungen« dazu führen, dass »Andersdenkende eingeschüchtert werden«. Auf Nachfrage der *Welt,* ob nicht auch diejenigen eingeschüchtert werden könnten, die Politiker kritisieren, gibt es keine Antwort.[432]

Eine Pressesprecherin des Ministeriums ergänzte, dass es bei allen **22 Bayerischen Staatsanwaltschaften Sonderdezernate gegen Hatespeech** gebe: »Dadurch sind spezialisierte Staatsanwälte in ganz Bayern vor Ort.« Überdies gebe es einen **zentralen** »**Hatespeech-Beauftragten**« bei der Generalstaatsanwaltschaft München.[433]

Mein Kommentar: Es steht 2025 schlimmer für unsere Meinungsfreiheit, als wir uns das jemals vorstellen konnten – und es wird noch schlimmer kommen, wie wir jetzt sehen werden.

IV: Kommt das »Anti-Lügen-Gesetz«?

Die »künftige Bundesregierung plant, eine gesetzliche Grundlage [›Anti-Lügen-Gesetz‹] zu schaffen, die der Medienaufsicht erlauben soll, gegen die bewusste **Verbreitung falscher Tatsachenbehauptungen** vorzugehen«. Damit planen Union und SPD einen eklatanten Eingriff in die Meinungsfreiheit – und das **im Namen der »Wahrheit«!**[434]

Dabei soll es um »eine strengere Regulierung von Desinformation gehen – auch jenseits **bereits strafbarer Inhalte hinaus.** Zwar ist noch kein konkretes Gesetz verabschiedet, doch der politische Wille ist klar formuliert und dokumentiert.« Die »bewusste Verbreitung falscher Tatsachenbehauptungen« soll dann nicht mehr durch das Grundrecht auf Meinungsfreiheit abgedeckt sein,[435] sondern die **staatsferne** (!) Medienaufsicht soll – angeblich unter **»Wahrung der Meinungsfreiheit«** – auf der Basis klarer gesetzlicher Vorgaben gegen Informationsmanipulation sowie Hass und Hetze vorgehen können.[436]

Auszug aus dem Koalitionsvertrag

Antisemitische Straftaten und Volksverhetzung

Im Rahmen der Resilienzstärkung unserer Demokratie regeln wir den Entzug des passiven Wahlrechts bei mehrfacher Verurteilung wegen Volksverhetzung. Wir wollen Terrorismus, Antisemitismus, Hass und Hetze noch intensiver bekämpfen und dazu insbesondere den Tatbestand der Volksverhetzung verschärfen. Wir prüfen, inwiefern eine Strafbarkeit für Amtsträger und Soldaten, die im Zusammenhang mit der Dienstausübung antisemitische und extremistische Hetze in geschlossenen Chatgruppen teilen, eingeführt werden kann.

Quelle: Koalitionsvertrag zwischen CDU, CSU und SPD[437]

Apollo News schrieb dazu (Hervorhebungen durch mich):

> *Im Koalitionsvertrag wird daran festgehalten, dass die* ***»bewusste Verbreitung falscher Tatsachenbehauptungen« nicht durch die***

> ***Meinungsfreiheit gedeckt sei.*** *Eine »staatsferne Medienaufsicht« soll gegen »Informationsmanipulation sowie* ***Hass und Hetze*** *vorgehen können«. Dazu soll der Digital Services Act (DSA)* ***»stringent umgesetzt und verstärkt«*** *werden […] Auch der* ***Entzug des passiven Wahlrechts*** *bei mehrfacher* ***Verurteilung wegen Volksverhetzung*** *steht im Koalitionsvertrag […]* ***»Hass und Hetze«*** *sowie Terrorismus sollen* ***»noch intensiver« bekämpft*** *werden.* ***Desinformationen*** *werden im Koalitionsvertrag als* ***Gefahr für die Demokratie*** *und den gesellschaftlichen Zusammenhalt bezeichnet.*[438]

Auszug aus dem Koalitionsvertrag

Gezielte Einflussnahme auf Wahlen sowie inzwischen alltägliche Desinformation und Fake News sind ernste Bedrohungen für unsere Demokratie, ihre Institutionen und den gesellschaftlichen Zusammenhalt. Die bewusste Verbreitung falscher Tatsachenbehauptungen ist durch die Meinungsfreiheit nicht gedeckt. Deshalb muss die staatsferne Medienaufsicht unter Wahrung der

Quelle: Koalitionsvertrag zwischen CDU, CSU und SPD[439]

***

Es ist unglaublich, dass die Vertreter der Medienaufsichten diese Zensur und Meinungseinschränkung auch noch verteidigen. Etwa Eva Flecken, die Vorsitzende der Direktorenkonferenz der Landesmedienanstalten – ausgerechnet jener GEZ-Medien, die sich in der Vergangenheit häufig dem Vorwurf der »Lückenpresse« ausgesetzt sahen – sagte:

> *Es geht gar nicht um eine Inhaltspolizei oder ein Wahrheitsministerium, sondern darum, ob in journalistischer Hinsicht sauber gearbeitet worden ist.*[440]

> *[Und droht:]*
> *Wenn sich jemand systematisch konsequent rechtswidrig verhält, könnten die Medienanstalten als Ultima Ratio auch ganze Angebote oder Kanäle untersagen.*[441]

Dass es sich dabei nicht nur um eine Drohung handelt, sondern dass die Landesmedienanstalten schon **längst eifrig** herumschnüffeln, kam Ende April 2025 durch eine NIUS-Recherche ans Tageslicht. Diese zeigt, dass die Landesmedienaufsichten schon heute das Netz auf Äußerungsdelikte hin durchsuchen, und zwar mithilfe Künstlicher Intelligenz. Die potenziellen Äußerungsdelikte, die sie dabei entdecken, leiten sie an Ermittlungsbehörden weiter:

> *Offiziell geht es bei der bisherigen Praxis um den Jugendschutz. Mit einem KI-Tool durchsuchen die Medienanstalten das Netz, wie die Gemeinsame Geschäftsstelle der Medienanstalten mitteilt: »Das KI-Tool wird nur im Bereich des Jugendmedienschutzes eingesetzt, nicht in anderen Bereichen der Medienaufsicht wie beispielsweise Werbekennzeichnung oder journalistische Sorgfalt.«*[442]

Stoßen die Anstalten dabei aber auf »strafbare« Inhalte, werden diese flugs an die Strafverfolgungsbehörden weitergeleitet:

> *Die Zahlen zeigen, dass es **bei der Kooperation mit dem BKA nicht um Einzelfälle** geht: **Über 15 300 potenzielle Rechtsverstöße haben die Medienanstalten seit 2021 insgesamt ausfindig gemacht.** Waren es 2022 noch knapp 4000 Fälle, stieg die Zahl im folgenden Jahr auf rund 5500. Im laufenden Jahr sind es über 1300 Fälle.*[443]

Die Landesmedienanstalten werden immer häufiger zu Zuträgern des BKA

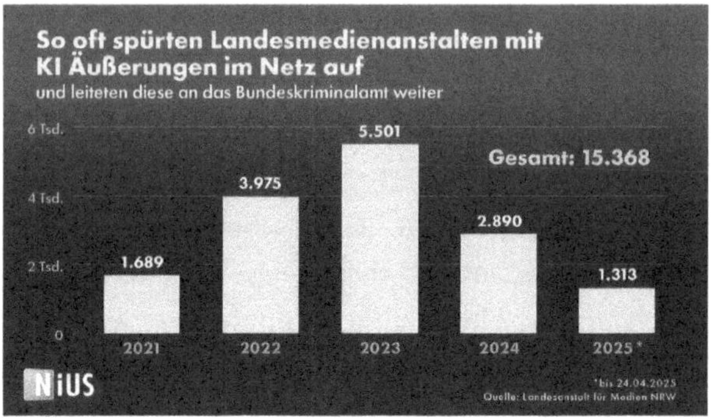

Quelle: NIUS[444]

Was aber bedeutet in diesem Zusammenhang »rechtswidrig?«

Christiane Schenderlein, Mitglied im Ausschuss für Kultur und Medien (CDU), erklärt dazu, die Koalition wolle nur Äußerungen ins Visier nehmen, die – Achtung! – »**bewusst falsch** in den Raum gebracht werden, die **irreführend sind** und **vorrangig das Ziel verfolgen, eine Destabilisierung der Gesellschaft** oder des politischen Systems zu erreichen«.[445]

Diese schwammige Antwort kann auf fast jede Meinungsäußerung angewendet werden. Zudem könnte die neue Regierung einen Trick anwenden, um die freie Meinung noch weiter einzuschränken. Wie der funktioniert, erklärt uns der Verfassungsrechtler Volker Boehme-Neßler (Hervorhebungen durch mich):

> *Laut Koalitionsvertrag soll die Medienaufsicht auch gegen* **»Hass und Hetze«** ***vorgehen – ein Gummibegriff, unter den alles fallen kann, was einem nicht gefällt. Wenn die Regierung den Kampf gegen Hass und Hetze nun einfach als Teil des Jugendschutzes definiert, wäre dies ein Einfallstor, um die Meinungsfreiheit zu beschränken*** *– und vom Verfassungsrecht nicht gedeckt.*[446]

***

Juristen, Straf- und Verfassungsrechtler kritisieren das Vorhaben der Koalitionäre, die Meinung immer weiter einzuschränken jedoch scharf. So warnt der Strafrechtler Udo Vetter: »Nirgendwo steht geschrieben, dass man verpflichtet ist, nur wahre Tatsachen zu verbreiten. [...] Im Prinzip ist das die Einführung der Zensur.«[447] Und der bereits erwähnte Jurist Volker Boehme-Neßler von der Universität Oldenburg erklärte gegenüber der *Bild:*

> *»Verboten sind Lügen erst dann, wenn sie strafbar sind, etwa bei Volksverhetzung. Ansonsten darf man lügen. [...] Es ist keine einfache Frage, was eine Tatsachenbehauptung und was eine Meinungsäußerung ist. Meist legen Gerichte die Meinungsfreiheit sehr weit aus.«*[448]

Außerdem seien die Begriffe »Hass und Hetze **keine juristischen** Begriffe«: »Grundsätzlich ist die Verbreitung von Hass in Deutschland von der Meinungsfreiheit geschützt. Eine Behauptung wie ›Ich hasse alle Politiker‹ erfüllt noch keinen Straftatbestand.«[449] Und Boehme-Neßler ergänzt: »Wir haben schon jetzt einschränkende Gesetze. Wir müssen aufpassen, dass wir nicht zu viel einschränken, sonst bleibt von der Meinungsfreiheit nicht mehr viel übrig.«[450]

Josef Franz Lindner (Universität Augsburg) stellte in der *Bild* ebenfalls klar, dass »das bewusste Verbreiten von falschen Tatsachen nicht strafbar, nicht illegal« sei. »Eine Ausnahme betrifft den Holocaust.«[451] Der Juraprofessor mahnt:

> *Vor der Schaffung eines allgemeinen »Fake News«-Straftatbestands kann man nur warnen. Sie würde letztlich jede umstrittene Äußerung dem Risiko strafrechtlicher Verfolgung aussetzen.*[452]

All dies könnte sich mit der neuen Regierung ändern.

Mein Kommentar: Damit droht ein weiteres unklares, politisch dehnbares Gesetz, das potenziell als Zensurinstrument missbraucht werden kann. Wenn vermeintlich »falsche« Aussagen nicht mehr durch die Meinungsfreiheit geschützt sind, öffnet das einer umfassenden staatlichen Kontrolle Tür und Tor. Wer entscheidet dann, was noch legitime Meinung und was schon strafbare Desinformation ist? Das wäre um einiges schlimmer als das, was sich Orwell ausdenken konnte.

KI-generiert / ChatGPT

Übrigens: Ende April 2025 schrieb sogar das renommierte britische Nachrichtenmagazin *Economist,* dass »die Meinungsfreiheit in Deutschland in Gefahr sei«.[453] Das alles hatten wir schon **zweimal:** 1933–1945 während des NS-Regimes und 1949–1990 im totalitären Regime der DDR. Auf Medienberichte über eine gefährdete Meinungsfreiheit in Deutschland reagierte Regierungssprecher Steffen Hebestreit wie folgt (Hervorhebungen durch mich):

> *Die* ***Leitmedien sind unabhängig,*** *und es stehen auch* ***keine staatlichen Menschen hinter ihnen, die sie beeinflussen*** *würden. […] Dass ich ein Gefühl hätte, dass man sich um die* ***Meinungsfreiheit in Deutschland sorgen*** *müsste, auch das* ***habe ich nicht.*** *Aber auch das kann man, wenn man eine andere Grundauffassung hat, sicherlich anders sehen.*[454]

Und genau, das tue ich: Ich sehe es anders!

Doch zurück zur Finanzierung von Nichtregierungsorganisationen. Kommen wir jetzt zur nächsten einflussreichen linken NGO, die mit Steuergeldern nur so überhäuft wird.

IV. Die Amadeu Antonio Stiftung

Selbstbeschreibung

Die Amadeu Antonio Stiftung ist eine als gemeinnützig anerkannte, »rechtsfähige Stiftung des bürgerlichen Rechts«[455] und ist von der Körperschaftsteuer und von der Gewerbesteuer befreit, weil sie ausschließlich und unmittelbar steuerbegünstigten mildtätigen und **gemeinnützigen** Zwecken dient.[456]

Quelle: www.amadeu-antonio-stiftung.de[457]

In der Selbstbeschreibung heißt es (Hervorhebungen durch mich):

*Seit ihrer Gründung 1998 ist es das Ziel der Amadeu Antonio Stiftung, eine **demokratische Zivilgesellschaft zu stärken,** die sich konsequent gegen Rechtsextremismus, Rassismus und Antisemitismus wendet.*

Wir

- *UNTERSTÜTZEN Betroffene antisemitischer, rassistischer und rechter Gewalt – etwa mit dem Opferfonds CURA. Außerdem engagiert sich die Amadeu Antonio Stiftung dafür, dass die Perspektiven von Betroffenen oben auf der Agenda bleiben – ob auf der Straße oder im Bundestag.*
- *FÖRDERN bundesweit Projekte, die sich für eine demokratische Zivilgesellschaft stark machen. Besonders im ländlichen Raum.*
- *FORSCHEN und MONITOREN zu den Themen Rechtsextremismus, Rassismus und Antisemitismus. Fachwissen, das in Studien, Publikationen und Beratung, aber auch in konkrete Forderungen an die Politik einfließt.*
- *SORGEN dafür, dass diese Themen in der Öffentlichkeit bleiben: durch Pressearbeit, Social Media oder Artikel auf Belltower.News, der journalistischen Plattform der Amadeu Antonio Stiftung. Aber auch durch pädagogische Arbeit und (Fort-) Bildung für Multiplikator*innen.*[458]

Der Vorstand

Im März 2022 gab die Gründerin der Stiftung Anetta Kahane das Amt der Vorstandsvorsitzenden ab.[459] Auf sie folgte ein auf drei Personen erweiterter Vorstand:

- **Timo Reinfrank:** Seit 2001 bei der Amadeu Antonio Stiftung tätig, ist dort inzwischen geschäftsführender Vorstand und »berät zivilgesellschaftliche Initiativen, Politik und Verwaltung in der **Arbeit gegen Rechtsextremismus** und für demokratische Kultur«. Seit 2007 sitzt er auch im Vorstand des Vereins für demokratische Kultur in Berlin e. V., seit 2010 gehört er zu den Sprechern der Bundesarbeitsgemeinschaft Demokratieentwicklung (BAGD), er ist im Vorstand der Bürgerstiftung Barnim-Uckermark tätig sowie als Redaktionsmitglied der Zeitschrift *Demokratie gegen Menschenfeindlichkeit*.[460]

- **Tahera Ameer** sitzt im Programmvorstand und arbeitet »seit 2005 in der Amadeu Antonio Stiftung zu **Antisemitismus und Rassismus**, [wo sie] zuletzt Bereichsleiterin für beide Themenfelder« war. »Ehrenamtlich war Tahera Ameer im Vorstand der Stiftung Zurückgeben, sie gehörte dem Stiftungsrat der Stiftung Nord-Süd-Brücken an, ist in mehreren Vereinen für **Erinnerungskultur**, kulturelle Bildung und **migrantischen Feminismus**« sowie als Mitglied im Menschenrechtsbeirat des Deutschen Olympischen Sportbundes (DOSB) aktiv.[461]
- **Lars Repp** ist Vorstand der Stiftung und war »Berater einer internationalen Managementberatung, wo er Unternehmen, öffentliche Institutionen und Non-Profit-Organisationen, u.a. in Deutschland, Großbritannien und Dänemark, mit den Schwerpunktthemen Strategieentwicklung, Organisations- sowie Krisenmanagement beriet«.[462]

Die Stiftung wird vom politmedialen Establishment sehr geschätzt und genießt große Popularität. Ihre Gründerin Anetta Kahane gab und gibt sich nach wie vor als unbeugsame Kämpferin gegen Antisemitismus und Rechtsextremismus. Da aber nicht alles Gold ist, was glänzt, schauen wir uns diese Persönlichkeit ein wenig genauer an.

Zum Hintergrund

Die Gründerin Anetta Kahane: Zwischen Superheldin und Stasispitzel

I. Die Superheldin

Die **offizielle** Lobeshymne der Stiftung auf ihre Gründerin Kahane, hört sich so an (Hervorhebungen durch mich):

> *Anetta Kahane hat die Amadeu Antonio Stiftung 1998 gegründet und war bis 2022 Vorsitzende des Vorstands. Lange bevor Politik und Öffentlichkeit* ***Rechtsextremismus und Demokratiefeindschaft*** *als dauerhafte Herausforderungen erkannten, warnte sie vor der Gefahr und scheute dabei keine Konflikte: Von Anfang an ging Anetta Kahane dahin, wo es weh tat, suchte Gleichgesinnte und gründete Netzwerke. Ihr Ziel war es, dort aktiv zu werden, wo politisches Handeln versagt und wo Demokratie und Menschenrechte gefährdet sind – eine Vision, die sie mit der Gründung der Amadeu Antonio Stiftung verwirklichte. […]*
>
> *Anetta Kahane ist eine* ***Vorkämpferin der demokratischen Zivilgesellschaft,*** *ihr Kampf gegen Ungerechtigkeiten speist sich aus ihrer eigenen Biografie. Als* ***Tochter jüdischer Kommunisten prägte sie die Erfahrung der NS-Verfolgung*** *[sie ist aber Jahrgang 1954!] ebenso wie der alltägliche Antisemitismus und Rassismus in der DDR und im wiedervereinigten Deutschland. Sie ist aufgewachsen in Ost-Berlin und arbeitete als Lateinamerikawissenschaftlerin in der DDR. Als erste und einzige Ausländerbeauftragte des Magistrats von Ost-*

> *Berlin warnte sie eindrücklich vor den Gefahren des Rechtsextremismus. […]*
>
> *1991 gründete sie die RAA e.V. (Regionale Arbeitsstellen für Bildung, Integration und Demokratie) für die neuen Bundesländer. Im gleichen Jahr wird sie für ihre Verdienste während der friedlichen Revolution in der ehemaligen DDR mit der Theodor-Heuss-Medaille ausgezeichnet. 1998 gründete Kahane die Amadeu Antonio Stiftung, deren Kuratoriumsvorsitzende sie zunächst war. Im Sommer 2002 wurde Anetta Kahane mit dem Moses-Mendelssohn-Preis des Landes Berlin ausgezeichnet. Seit 2003 war sie hauptamtliche Vorsitzende der Stiftung, 2022 gab sie das Amt ab, um sich verstärkt ihren Aufgaben als Autorin und Publizistin zu widmen.*[463]

Was für eine mustergültige Heldin, die offenbar sogar den »Nazis in Deutschland Angst [macht]«![464] Doch jede Medaille hat zwei Seiten.

II. Der Stasispitzel

Inoffiziell sieht der Lebenslauf der »Heldin« jedoch ein wenig anders aus, denn ein **wichtiges** Detail wurde im Eintrag auf der Stiftungswebsite über die Gründerin[465] einfach weggelassen: Kahane war ein **Stasispitzel!**

Mit 19 Jahren wurde sie vom Ministerium für Staatssicherheit (MfS), im Volksmund »Stasi«, angeworben und unterstand von **1974 bis 1982** unter dem von ihr selbst gewählten Decknamen »Victoria« Major Heinz Mölneck von der Spionageabwehr der Bezirksverwaltung Frankfurt/Oder, Abteilung II/3.[466]

Doch es darf und kann natürlich nicht sein, dass eine medial und politisch so geehrte »Kämpferin gegen Rechtsextremismus« ganze 8 Jahre lang mit der »Geheimpolizei« eines »totalitären Staates« zusammengearbeitet hat und deshalb musste »Aufklärung« her, für die Kahane letztlich selbst sorgte.

In der von ihr in Auftrag gegebenen gutachterlichen Stellungnahme[467] des Stasiexperten Dr. Helmut Müller-Enbergs vom 26. November 2014 heißt es offenbar entschuldigend, Kahane habe sich zum Zeitpunkt der Rekrutierung durch den DDR-Geheimdienst in einer »**Lebenskrise**« befunden.[468]

Nach Aktenlage befand sich Frau Kahane als 19-Jährige zum Zeitpunkt der Werbung in einer Lebenskrise. Da war zunächst die Prominenz des Vaters. Außerdem lief der

Quelle/Screenshot/Bildzitat aus Adjungeretprofessor Dr. Helmut Müller-Enbergs: Zusammenfassende gutachterliche Stellungnahme zu Frau Anetta Kahane und der DDR-Staatssicherheit vom 26. November 2014, S. 9[469]

Übrigens: Kahane gab die gutachterliche Stellungnahme erst **2014** in Auftrag, doch ihre Stasispitzeltätigkeit gelangte bereits **2003** durch vereinzelte Zeitungsberichte an die Öffentlichkeit.[470] Zu den Gründen, weshalb sie nicht bereits Anfang der 1990er-Jahre ihre Stasitätigkeit öffentlich gemacht habe, gab Kahane im April **2017** die folgende Erklärung ab (Hervorhebungen durch mich):

> *Ich habe damals mit ein paar Freunden darüber diskutiert, auch Journalisten aus dem Westen. Wir haben die ganze Nacht diskutiert und kamen zu dem Schluss:* ***besser nicht.*** *Es gibt ja bis in die CDU hinein Leute, die meinen: einmal Stasi, immer Stasi. So rigoros sie bei Ex-Stasi-Verpflichteten sind, waren sie bei ihren eigenen Nazi-Eltern nicht […].*[471]

Eine Bestätigung, dass Kahane das wirklich gesagt hat, wurde durch die Genannten offenbar bis jetzt nicht vorgelegt.[472] Sollte dies anders sein, bitte ich um Mitteilung durch die Betroffenen.

Mein Kommentar: Eine Stasibespitzelung ist nicht gerade harmlos für die Ausspionierten. Hätte Kahane also weiterhin über ihre jahrelange Spitzeltätigkeit für den Geheimdienst eines totalitären Staates geschwiegen und sich wie bisher als rechtsschaffende Kämpferin gegen Extremismus präsentiert, wenn die Zeitungen nicht darüber berichtet hätten? Diese Frage kann nur sie selbst beantworten.

Demontage einer gutachterlichen Stellungnahme

Dr. Philipp Lengsfeld, Mitglied des Forschungsausschusses des Bundestages,[473] kritisierte 2018 in einer »Kritischen Durchsicht« die gutachterliche Stellungnahme[474], die Kahane in Auftrag gegeben hatte, scharf. Ihn störte insbesondere, dass

- der Auftrag zum Gutachten angeblich ohne Honorar erfolgt war. Welche Motivation hatte der Verfasser dann, sich diese erhebliche Arbeit zu machen?
- der »Stasiexperte« Müller-Enbergs sich ausschließlich auf Aktenmaterial stützte, welches ihm Kahane als Auftragsgeberin selbst zur Verfügung gestellt hatte (natürlich in Kenntnis des Inhalts) sowie auf ausführliche Gespräche mit Kahane, Einsichten in persönliche Tagebücher, persönliche Korrespondenz und Fotos. Andere Materialien wurden offenbar nicht verwendet. Eigene Recherchen erfolgten offenbar nicht. Gespräche mit Betroffenen oder MfS-Verantwortlichen fanden scheinbar nicht statt.
- es keinen Co-Autor gab, keinen Reviewer (Bewerter), keinen Herausgeber. Der Experte dokumentierte keinerlei Gegenkontrolle irgendeiner Art. Lengsfeld unterstreicht, dies sei für ihn »eine der ganz großen Schwächen der zusammenfassenden gutachterlichen Stellungnahme. Ich wage mal die These, dass keine Fachzeitschrift diese Arbeit in dieser Form veröffentlich hätte, zumindest nicht ohne Einordnung.«[475]
- der Gutachter viel Energie darauf verwendete, Kahane von einem nicht erhobenen Vorwurf der materiellen Vorteilsnahme freizusprechen. Die Stasi sei jedoch stets bemüht gewesen, ihre IMs auch materiell zu kompromittieren. Sollten wir wirklich glauben, dass Kahane in den 8 Jahren der Zusammenarbeit weder Geschenke noch Geld (wie es sonst üblich war), ja nicht mal die Erstattung der nicht ganz unerheblichen Reisekosten nach Berlin bekommen hatte? Dazu Lengsfeld wörtlich: »Der gefühlte Freispruch des Experten erfolgt auf Grund von eigenen Einschätzungen der ihm von der Auftraggeberin vorgelegten Akten. Wäre er zu der gleichen Einschätzung gekommen, wenn er

ein, zwei konkrete Schicksale mit Betroffenen diskutiert hätte? Ich halte dies für ziemlich unwahrscheinlich.«[476]

- die Grundlage für die gutachterliche Stellungnahme fast nur **Auszüge** aus dem Bundesarchiv Stasi-Unterlagen-Archiv (BStU) waren, die Kahane **selbst** zur Verfügung gestellt habe, wie der Gutachter bemerkt.[477]

Das bestätigte auch die *Welt* (Hervorhebungen durch mich):

»Fast **800 Seiten umfasst die IM-Akte ›Victoria‹**, von denen die Birthler-Behörde gut **400 Seiten freigegeben** hat. Enthalten sind mehr als 70 Informationen, die ausweislich der Akte von der Stasi-Zuträgerin stammen. **IM ›Victoria‹ berichtete ihrem Führungsoffizier über Bekannte, die sie im privaten Rahmen aushorchte – während einer Faschingsfeier, einer Hochzeit, eines Konzerts oder eines Stadtbummels.**«[478]

Wie dem auch sei. **Im Juni 1974 schrieb Kahane für die DDR-Geheimpolizei eine handschriftliche Verpflichtungserklärung**[479] mit folgendem Wortlaut:

»Hiermit erkläre ich mich bereit, auf freiwilliger Basis mit dem Ministerium für Staatssicherheit zusammenzuarbeiten. Ich verpflichte mich, mit niemandem über diese Verbindung zu sprechen. Aus Sicherheitsgründen wähle ich mit den Decknamen Victoria«,[480] **Faksimile:**

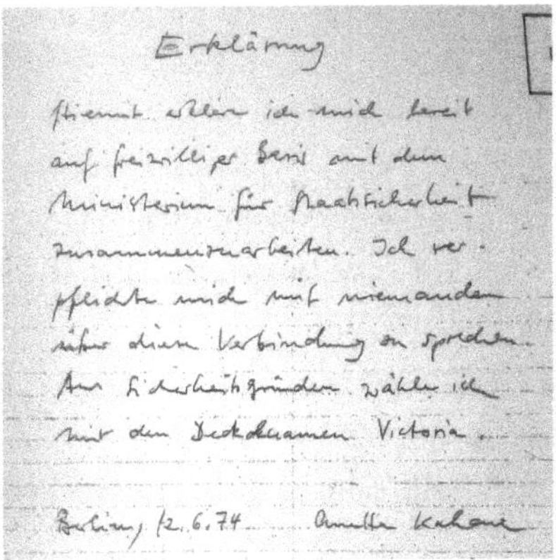
Erklärung
Hiermit erkläre ich mich bereit auf freiwilliger Basis mit dem Ministerium für Staatssicherheit zusammenzuarbeiten. Ich verpflichte mich mit niemandem über diese Verbindung zu sprechen. Aus Sicherheitsgründen wähle ich mit den Decknamen Victoria.
Berlin, 12.6.74 Anetta Kahane

Auf freiwilliger Basis zusammenarbeiten" - Verpflichtungserklärung von Anetta Kahane vom Juni 1974

Quelle: *https://hubertus-knabe.de/der-fall-kahane*

Nur harmlose Weitergabe von Informationen oder knallharte Denunziation?

Weiter heißt es in Müller-Enbergs Gutachten: »Soweit es sich aus den Unterlagen erschließt, gibt es kein Beispiel, wo eine Information von Frau Kahane Dritten geschadet hat oder einen Nachteil zugefügt hat.«[481]

Demzufolge verbreitet die Seite Belltower.News (Internetportal der Amadeu Antonio Stiftung, Hervorhebungen durch mich):

> *Ein **unabhängiges** [tatsächlich aber von Kahane selbst in Auftrag gegebenes!] Gutachten von Dr. Helmut Müller-Enbergs, langjähriger IM-Forscher, wird jetzt öffentlich vorgelegt. Darin enthalten sind **detaillierte Informationen** über die Kooperation von Anetta Kahane mit dem Staatssicherheitsdienst und eine Bewertung der Folgen [offenbar wurde aber nur die Hälfte der Akten freigegeben!]. Müller-Enbergs kommt darin zu dem Schluss: »Anhaltspunkte dafür, dass Frau Kahane im Rahmen ihrer inoffiziellen Kooperation mit dem MfS in den Jahren 1974 bis 1982 Dritten Nachteile zugefügt hat, ergeben sich im Ergebnis des Aktenstudiums, anderer Überlieferungen und der umfänglichen Interviews nicht.«*[482]

Mein Kommentar: Damit sollte Kahane offenbar reingewaschen werden. Doch selten habe ich eine beschönigendere Stellungnahme über einen Stasispitzel gelesen, der immerhin ganze 8 Jahre lang für den Inlandsgeheimdienst eines totalitären Staates geschnüffelt hat.

Der Historiker Hubertus Knabe schrieb dazu (Hervorhebungen durch mich):

> *Ob ihnen aus den Berichten Nachteile erwuchsen, kann auf dieser Basis gar nicht festgestellt werden. Der einzige Weg dazu wäre gewesen,*

die Namen mit Kahanes Hilfe zu entschlüsseln, die Betroffenen aufzusuchen und ihre Stasi-Dossiers einzusehen. […]

Den Unterlagen zufolge zeigte Kahane keine Hemmungen, über andere Personen Auskunft zu geben. *»Die Berichterstattung [von Kahane] ist als ehrlich einzuschätzen, die Position zum MfS ist gut«, resümierte Mölneck, der für die Abteilung II/3 der Stasi-Bezirksverwaltung in Frankfurt (Oder) tätig war. Aus ihren Berichten fertigte er häufig Meldungen, die im MfS weitergereicht und ausgewertet wurden. […] Schlägt man den Berichtsteil der Akte auf, stößt man auf* ***über 70 Treffberichte und selbst gefertigte Mitteilungen Kahanes.*** *[…]*

Auffällig an Kahanes Berichten ist ihre nahezu ***ungebremste Bereitschaft, der Stasi auch über ganz private Begegnungen zu berichten. Wer das Pech hatte, mit ihr gemeinsam Polterabend oder Fasching zu feiern, landete, ohne dies zu ahnen, anschließend häufig in einer Stasi-Akte.*** *[…]*

Bereits in ihrem zweiten Gespräch mit dem MfS-Offizier ***nannte Kahane 1974 mehrere Personen, die »potentiell für staatsfeindliche Handlungen« infrage kämen.*** *[…] Kahane informierte ihren Führungsoffizier auch über Sympathisanten des ausgebürgerten DDR-Liedermachers Wolf Biermann.* ***Eine Bühnenbild-Studentin brandmarkte sie »als politisch ungefestigt und unklar«.***[483]

***

Geschnüffelt hat Kahane also, das steht zweifelsfrei fest. Sie hat der Stasi »nicht wenige Personen« genannt und deren Adressen, Studienfach, Parteianbindung, Nationalität, Arbeitsplatz und Beruf weitergegeben. Besonders schockierend ist, dass sie auch über **Freunde und Studienkollegen** berichtete, und dies den Niederschriften ihres Führungsoffiziers zufolge durchaus in einer **»belastenden« Weise.** Allerdings soll Kahane auch Sachverhalte »verschwiegen« haben.[484] Doch halb bespitzelt ist und bleibt bespitzelt – oder?

Im Gutachten heißt es sogar: »Grundsätzlich ist festzuhalten, dass Informationen, gleich – welcher Art und Umfang – per se das Risiko enthalten konnten, Dritte zu benachteiligen.«[485] Dieses Risiko ist Kahane eingegangen, denn es entzog sich ihrer Kenntnis, was mit den Personen geschah, über die sie Informationen an die Geheimpolizei weitergegeben hatte. Von dieser Schuld kann sie sich nicht distanzieren.

***

Kahane wurde sogar in die inoffizielle Arbeit des Geheimdienstes eingewiesen: Konspiration, das Schreiben chiffrierter Nachrichten, die Weiterleitung von Nachrichten an eine Deckadresse und andere Dinge mehr: »Etwa ein halbes Jahr lang ist Frau Kahane von dieser Nachahmung der Arbeit Richard Sorges[486] offenkundig **regelrecht begeistert**«, heißt es im Gutachten weiter. Allerdings gelang es der Stasi offenbar nicht, Kahane **»insgesamt«** für diese Arbeit zu begeistern.[487]

Doch es gab jährlich immerhin sechs (!) Treffen mit der Stasi.[488] Beendet hat Kahane die Zusammenarbeit mit dem DDR-Geheimdienst offenbar dann selbst.[489] Doch war das überhaupt einfach so möglich? Vielleicht können mir ehemalige IM der Stasi dazu ihre Erfahrungen schildern, natürlich auch anonym.

Auszüge aus der Kahane-Stasiakte

Damit man sich einen gewissen **Überblick über Kahanes Stasispitzelei** verschaffen kann, zitiere ich aus der Stasiakte »Victoria« Archiv-Nr. 613/82 Reg.Nr. V 55/74, dessen Duplikat der Journalist Dirk Maxeiner auf Anfrage vom Bundesbeauftragten für die Unterlagen des Staatssicherheitsdienstes der ehemaligen Deutschen Demokratischen Republik erhalten und Teile daraus publiziert hat.[490]

> *»Im Rahmen des Aufenthalts im Feb/März 1981 in Maputo, Hotel Polana (Mocambique) stellte eine Quelle unserer DE fest, dass insbesondere der DDR-Bürger XY [Name vom BStU geschwärzt] ca. 50 J Einsatz in Mocambique als Kühlanlagentechniker u. einige um*

> *ihn gescharte DDR-Bürger sehr unangenehm auffielen. Im persönlichen Gespräch u. allgemeinem Verhalten traten rassistische Tendenzen auf. Sehr grobschlächtig u. lautstark äußerte er sich negativ über Land u. Leute, wie*
> *- die Schwarzen können nichts*
> *- das Essen sei Fraß*
> *- Scheißland*
> *u. man könne sich nicht amüsieren. u.ä.*
> *Sein Verhalten war beleidigend für die Aufbauarbeit in Mocambique. Er vertrat die DDR unwürdig.*
> *Quelle: IM*
> *Quelle ist ehrlich u. zuverlässig*
> *Maßn.: Auswertung über [geschwärzt].«*

Dirk Maxeiner kommentiert:

> *Ein Stempel auf der Akte dokumentiert die später erfolgte Auswertung. Und diese Auswertung dürfte nicht gerade zur Beförderung des denunzierten Personenkreises geführt haben. Frau Kahane hat in diesem Fall zumindest bewusst in Kauf genommen, dass sie der betreffenden Person schweren Schaden zufügt. Deren konkretes Schicksal lässt sich anhand der Stasi-Akte nicht rekonstruieren.*[491]

Wie gesagt lieferte Kahane der Stasi auch Informationen über ihr privates Umfeld. Als sie beispielsweise im Herbst 1978 während eines Urlaubsaufenthalts im Kreis Templin über eine Freundin die Gelegenheit erhielt, an der Geburtstagsfeier einer 17-Jährigen teilzunehmen, gab sie als IM Victoria (Kahane) den folgenden Bericht weiter:

> *XY [Name geschwärzt], »beklagte sich allgemein, dass sie staatlicherseits schlecht behandelt würde, das alles wegen Biermann, und weil sie damals unterschrieben habe«.*[492]

Doch Bespitzelungen waren nicht alles, wie Dirk Maxeiner schreibt:

> *In ihrer Laufbahn als Spitzel gibt IM Victoria wiederholt Hinweise auf mögliche IM-Kandidaten. Sie weist das MfS explizit auf Menschen als mögliche zu rekrutierende Spitzel hin. Im Oktober 1974 schlägt sie ihrem Führungsoffizier unter anderen einen jungen Mann vor:*[493]
>
> *»20 J. alt, ledig w.: Bln.-Pankow, hat Abitur. Er hatte sich für 3 Jahre zur NVA gemeldet, wurde aber aus gesundheitlichen Gründen nicht aufgenommen. War 1 Jahr beim FDJ-Zentralrat, Abt. Internationale Verbindungen. War gesellschaftlich aktiv, u.a. im Iskra-Klub.«*[494, 495]

Dirk Maxeiner kommentiert: »Dies ist auch nicht einem anfänglichen Übereifer der sehr jungen IM Victoria geschuldet. Auch als 26-Jährige liefert sie weiterhin Einschätzungen über Verwendbarkeiten von Menschen, die von ihrem Führungsoffizier auch regelmäßig weiterverwertet werden: Im Mai 1980 berichtet IM Victoria ihrem Führungsoffizier Major Mölneck:«[496]

> *XY [Name geschwärzt], »26 J. Ledig, w.: Bln., Beruf: Drucker, tätig: Nationales Druckhaus, Druckerei der XY [Name geschwärzt]«. Und: »hat eine widersprüchliche Entwicklung hinter sich. U.a. aus der SED ausgeschlossen, dennoch möchte ich einschätzen, dass er eine klare Position zur DDR hat. Er ist ein sehr intelligenter u. kontaktfreudiger Mensch.«*[497]

Im letzten Aktenvermerk – sozusagen nach Kahanes »Lossagung« – heißt es:

> *»Zugeständnisse wollte der IM lediglich insofern machen, dass er sich melden wolle, wenn er bedeutende Informationen … hat.«*[498]

Dirk Maxeiners Fazit lautet (Hervorhebungen durch mich):

> *Anetta Kahane und die Amadeu Antonio Stiftung, viele Medien und auch der Gutachter Dr. Helmut Müller-Enbergs haben ein Bild von den Spitzeleien und Ausforschungen der IM Victoria gezeichnet, welches man nach Betrachtung der vorliegenden Akten nur als* ***mindestens stark geschönt*** *bezeichnen kann. Wenn man die Geschichte vollständig betrachtet, dann fächert sich ein Bild einer* ***über Jahre aktiven Spitzelfrau auf, die umfänglich aus dem privaten Bereich berichtet, Menschen dem Ministerium für Staatssicherheit zur IM-Rekrutierung vorschlägt, Westjournalisten aktiv ausspäht (inklusive der auftragsgemäßen Einführung eines anderen IM), die detailliert über das Brautpaar zweier jüdischer Familien in West-Berlin berichtet und schließlich in mindestens einem Fall ihre Arbeit und ihr Privileg als Dolmetscherin in Afrika dahingehend missbraucht, einen DDR-Bewohner glasklar beim MfS zu denunzieren.***[499]

Wie gesagt, all dies ging **allein schon** aus den Akten hervor, die Dirk Maxeiner zur Verfügung gestellt bekam. Was in den nicht freigegebenen Akten noch schlummert, kann man nicht wissen.

Mein Kommentar: Bei diesem Tatbestand komme ich zu der Schlussfolgerung, dass es ziemlich **unwahrscheinlich** ist, dass Kahanes langjährige Spitzelarbeit für die Stasi **Dritten keine** Nachteile zugefügt haben soll. Doch es ist viel besser, die Bewertung der Wirkung der Spitzelberichte der IM Victoria den konkret Betroffenen zu überlassen. Vielleicht gibt es unter ihnen ja welche, die mir ihre Erfahrungen mitteilen können – sofern sie überhaupt wissen, dass Kahane sie ausspioniert hat.

Hat Kahane auch jüdische Mitbürger denunziert?

Im Januar 2021 stellte die AfD-Abgeordnete Beatrix von Storch schriftlich die folgende Frage an die Bundesregierung (Hervorhebungen durch mich):

> *Ist der Bundesregierung bekannt, dass Anetta Kahane die* ***jüdischen Brüder Brasch*** *beim ehemaligen Ministerium für Staatssicherheit der Deutschen Demokratischen Republik* ***als »Feinde der DDR« denunzierte,*** *und welche Konsequenzen zieht die Bundesregierung daraus vor dem Hintergrund eines glaubwürdigen Engagements gegen Antisemitismus (vgl. https://juedischerundschau.de/article.2021-01.wie-anetta-kahane-in-der-ddr-juden-denunzierte.html)?*[500]

ALLE ARTIKEL A A JÜDISCHE RUNDSCHAU
UNABHÄNGIGE MONATSZEITUNG

DEUTSCHLAND 1 (77) JANUAR 2021 195853

Wie Anetta Kahane in der DDR Juden denunzierte

Ausgerechnet eine Denunziantin an Juden und nachweisliche Täterin der SED-Diktatur wird von unserer Politik skandalöserweise im wiedervereinigten Deutschland zur „Hüterin der Demokratie" und „Kämpferin gegen Antisemitismus" auserkoren – samt hoher Geldzuwendungen aus Steuermitteln. Mehr Opferverhöhnung geht nicht!

Quelle: *https://juedischerundschau.de/article.2021-01.wie-anetta-kahane-in-der-ddr-juden-denunzierte.html*

Damit der Leser weiß, worum es geht, möchte ich die entsprechende Passage aus der *Jüdischen Rundschau* zitieren. Der Artikel trägt den Titel »Wie Anetta Kahane in der DDR Juden denunzierte« und wurde von Chaim Noll[501] verfasst (Hervorhebungen durch mich):[502]

> *Ausgerechnet eine Denunziantin an Juden und nachweisliche Täterin der SED-Diktatur wird von unserer Politik skandalöserweise im wiedervereinigten Deutschland zur »Hüterin der Demokratie« und »Kämpferin gegen Antisemitismus« auserkoren – samt hoher Geldzuwendungen aus Steuermitteln.* ***Mehr Opferverhöhnung geht nicht!***
>
> *[…]*
>
> *Kurz zu Anetta Kahane, die im Figurenbestand des Merkel-Imperiums als Spezialistin für Antisemitismus geführt wird. Was sie in gewisser Weise auch ist, doch anders, als man denkt:* ***aus dem Erfahrungsschatz einer Täterin. Juden einer tödlichen Verfolgungsbehörde als Gegner und Staatsfeinde zu melden, ist noch mehr: aktive Beteiligung an der Verfolgung von Juden. Genau das hat Anetta Kahane getan (zum Beispiel, als sie 1976 die jüdischen Brüder Brasch bei der DDR-Staatssicherheit als »Feinde der DDR« denunzierte,[503] Klaus Brasch nahm sich 1980 das Leben). Es gehört zu den Schandflecken der sonst segensreichen Geschichte der Juden in Deutschland, dass es jüdische Denunzianten gab,*** *wie die Gestapo-Spitzel Stella Goldschlag und Rolf Isaaksohn, die in Berlin versteckte Juden aufspürten. Oder später in der DDR, wo die* ***Denunziation aus politischen Gründen erfolgte, etwa, wie die durch Anetta Kahane, als Feind des Staates.*** *Ausgerechnet diese Spezialistin wurde von der Regierung Merkel ausgesucht, die Deutschen über Antisemitismus zu belehren. Eine der vielen grotesken Personalien im schrägen Reich der Kanzlerin.*

Diese Vorwürfe sind starker Tobak. Deshalb schrieb ich Frau Kahane am 1. April 2025 über die Amadeu Antonio Stiftung an und bat um eine Stellungnahme zum Vorwurf ihrer Denunzierung der jüdischen Brüder Barsch. Meine E-Mail lautete:

An: info@amadeu-antonio-stiftung.de

Sehr geehrte Damen und Herren,

ich recherchiere zurzeit für ein Buch, in dem auch die Antonio Amadeus Stiftung besprochen wird. In diesem Zusammenhang möchte ich Sie bitten, meine Fragen an Frau Anetta Kahane weiterzuleiten, da es meine Pflicht als neutraler Journalist ist, beide Seiten zu hören.

Der Sachverhalt: Im Januar 2021 stellte die AfD-Abgeordnete Beatrix von Storch eine schriftliche Frage an die Bundesregierung. Ich zitiere (Hervorhebungen durch mich):

*»Ist der Bundesregierung bekannt, dass Anetta Kahane die **jüdischen Brüder Brasch** beim ehemaligen Ministerium für Staatssicherheit der Deutschen Demokratischen Republik **als ‚Feinde der DDR' denunzierte**, und welche Konsequenzen zieht die Bundesregierung daraus vor dem Hintergrund eines glaubwürdigen Engagements gegen Antisemitismus (vgl. https://juedischerundschau.de/article.2021-01.wie-anetta-kahane-in-der-ddr-juden-denunzierte.html)?«*[i]

Frau Kahane:

Wie stehen Sie zu diesem Vorwurf, dass Sie die Brüder Barsch denunziert haben sollen? Entbehrt das jeglicher Grundlage?

Immerhin wurde er in der Jüdischen Rundschau (*Jüdische Rundschau* 1(77) Januar 2021 (https://juedischerundschau.de/article.2021-01.wie-anetta-kahane-in-der-ddr-juden-denunzierte.html) und in der WELT (https://www.welt.de/politik/deutschland/article1212415/Birthler-Behoerde-liess-Stasi-Spitzel-einladen.html) darüber publiziert.

Da der Abgabetermin des Buches bereits vorangeschritten ist möchte ich Sie bitten, mir bis zum 10. April 2025 Antwort zu geben. Auch eine Nicht-Antwort werde ich publizieren.

Mit freundlichen Grüßen

Michael Grandt

Publizist/Autor/Journalist

Archiv Michael Grandt

Der Eingang meiner E-Mail wurde von der Amadeu Antonio Stiftung noch an demselben Tag bestätigt:

Info (AAS) Di. 1. Apr. um 14:54
Von: info@amadeu-antonio-stiftung.de
An: Michael Grandt

[*English below.*]

Guten Tag,

vielen Dank für Ihre Nachricht an die Amadeu Antonio Stiftung, deren Eingang wir hiermit bestätigen möchten.

Archiv Michael Grandt

Doch abgesehen von dieser Eingangsbestätigung tat sich nichts. Entweder wurde meine Anfrage von der Stiftung nicht weitergeleitet oder Anetta Kahane wollte sie nicht beantworten. Doch eine Nichtantwort ist auch eine Antwort.

***

Kehren wir nun zur Anfrage von Beatrix von Storch an die Bundesregierung zurück. In der nebulösen und schwammigen **Antwort der Bundesregierung,** vertreten durch Staatssekretär Markus Kerber (CDU), hieß es dazu:

> *Ungeachtet dessen sind* ***der Bundesregierung die Darstellungen über die Zusammenarbeit von Anetta Kahane mit dem ehemaligen Ministerium für Staatssicherheit der DDR*** *u. a. über die Internetseite der Amadeu Antonio Stiftung, aber auch andere Veröffentlichungen zu ihren damaligen Aktivitäten sowie die Diskussion um ihre Person in der Öffentlichkeit* ***bekannt. Jedoch finden die Regelungen über eine Tätigkeit für das ehemalige Ministerium für Staatssicherheit der DDR für den öffentlichen Dienst*** *in der Bundesrepublik Deutschland nach dem StUG bei von der Bundesregierung geförderten Projektträgern* ***keine Anwendung.*** *Wie bereits im Rahmen der Beantwortung der Kleinen Anfrage zur Förderung der Handreichung »Ene, mene, muh – und raus bist du! Ungleichwertigkeit und frühkindliche Pädagogik« durch das Bundesministerium für Familie, Senioren, Frauen und Jugend (Bundestagsdrucksache 19/6964) ausgeführt, werden im Rahmen der Projektförderung* ***keine Einzelpersonen gefördert, sondern Projekte der Amadeu Antonio Stiftung.*** *Dazu wird im Übrigen auf die Antwort der Bundesregierung zu Frage 16*[504] *dieser Kleinen Anfrage verwiesen.*[505]

Mein Kommentar: Das ist eine gute Ausrede, die man sich merken sollte: Man fördert nicht eine Einzelperson (auch wenn sie die Gründerin der geförderten

NGO ist und Stasispitzel war), sondern Projekte der Stiftung. Würde man diese Begründung auf Projekte der DDR anwenden, hieße das dann, dass man nicht Erich Honecker, sondern die SED fördert? Wie dem auch sei: Dass die Bundesregierung ausgerechnet eine Stiftung fördert, die sich gegen Antisemitismus ausspricht, deren Gründerin jedoch nachweislich Stasispitzel war und laut Vorwürfen auch jüdische Mitbürger bei der Staatssicherheit denunziert haben soll[506] oder, wie die AfD es ausdrückt, »an der Unterdrückung und Verfolgung politisch Andersdenkender im sozialistischen Unrechtssystem der DDR aktiv beteiligt war«,[507] ist für mich nach wie vor ein politischer Skandal. Durch Kahanes Bespitzelungen können bis dahin unbescholtene DDR-Bürger noch mehr in Gefahr gekommen sein, weil sie sich einem Zugriff der Stasi kaum entziehen konnten.[508]

Gab es materielle Zuwendungen von der Stasi für die Spitzelarbeit?

Müller-Enbergs gibt sich in seinem von Kahane beauftragten Gutachten sehr viel Mühe, zu belegen, dass diese in ihrer Funktion als IM Victoria **keine** materiellen Vorteile hatte, insbesondere kein Geld bekommen habe.[509]

Doch das scheint falsch zu sein. Die Akten[510] entlarven klare Gegenleistungen beispielsweise in Form von Geschenken und »Aufwandsentschädigungen« oder auch einer Geldprämie von 200 Mark (zum Vergleich: Die Mindestrente in der DDR betrug etwa 300 Mark).[511] Kahane räumte den Empfang des Geldes 2017 in einem Interview mit der *taz*[512] selbst ein und strafte damit ihr in Auftrag gegebenes Gutachten der Lückenhaftigkeit (das Wort »Lüge« möchte ich aus juristischen Gründen hier nicht verwenden).

In diesem Interview gab Kahane interessanter Weise auch zu, dass sie für den totalitären Staat der DDR »Verständnis« hatte:

> *Ich bin 1982 aus meiner Stasi-Tätigkeit ausgestiegen – und das hatte erhebliche Folgen. Das bedeutet: Ich kenne die DDR von beiden Seiten:*

> *in der Rolle der Gegnerschaft und der symbiotischen Nähe. Für beides habe ich Verständnis.*[513]

Zurück zu den Stasi-»Geschenken«. Konträr zur gutachterlichen Stellungnahme schrieb die *Welt* (Hervorhebungen durch mich):

> *Mit ihren Angaben **belastete Kahane Dutzende Personen aus ihrem unmittelbaren Umfeld,** darunter viele Künstler. Sie berichtete über einen ZDF-Reporter, mehrere Studenten von West-Berliner Universitäten und vor allem über in der DDR lebende Ausländer. Kahane führte Aufträge aus und **erhielt von der Stasi kleinere Geschenke und Geld.***[514]

Aus Täterin wird Opfer

Kahane ließ Müller-Enbergs Anfang 2017 noch eine »Ergänzung« anfertigen, und zwar auf derselben Quellengrundlage wie die der bereits vorliegenden gutachterlichen Stellungnahme. Kahane wünschte eine Untersuchung, ob sich aus den Stasiakten Anhaltspunkte dafür ergäben, dass sie in der DDR selbst unter Beobachtung gestanden hatte. Damit wollte sie herausfinden, ob sie sich nicht selbst als Opfer stilisieren konnte. Gesagt getan: Nur 2 Tage später legte Müller-Enbergs eine ergänzende Expertise vor, die den Eindruck erweckt, Kahane sei selbst von der Stasi verfolgt worden. Doch wie Hubertus Knabe bemerkt, hat das MfS offensichtlich keinen dementsprechenden Vorgang gegen sie eröffnet.[515]

***

Ich möchte das Fazit des Historikers Hubertus Knabe im Fall Kahane den Lesern nicht vorenthalten (Hervorhebungen durch mich):

> *So wie [Jens] Giesecke [Potsdamer Historiker] sind offenbar auch andere* ***Unterstützer Kahanes bereit, im Kampf gegen rechts für die »gute Sache« darüber hinwegzuschauen,*** *dass die Politaktivistin jahrelang als* ***Informantin der DDR-Geheimpolizei agierte.*** *Dafür nehmen sie nicht nur in Kauf,* ***dass dieser Kampf ein Glaubwürdigkeitsproblem bekommt, wenn ausgerechnet eine ehemalige Stasi-Informantin an seiner Spitze steht.*** *Der Umgang mit Kahane trägt auch dazu bei, dass die* ***Zusammenarbeit mit dem Staatssicherheitsdienst insgesamt in Deutschland wie ein Kavaliersdelikt*** *erscheint. Statt demokratisches Engagement zu ermutigen, geht von ihm das Signal aus, dass Anpassung und Mitarbeit in einer Diktatur für die Täter folgenlos bleiben.*
>
> *[…]*
>
> *Dass die Helfershelfer der SED-Diktatur heute wieder über Macht und Einfluss verfügen, ist vor allem* ***für die Opfer der Stasi schwer zu verstehen.*** *Viele von ihnen haben sogar den Eindruck, dass Kahanes politische Aktivitäten nahtlos an ihre frühere Zusammenarbeit mit dem MfS anknüpfen. Die Vergangenheit kehrt in ihren Augen gleichsam zurück.*[516]

***

Der ehemalige Stasispitzel Kahane sieht sich allerdings als »Opfer«, wie *evangelisch.de* bereits im April 2016 schrieb (Hervorhebungen durch mich):

> *Mit der* ***Instrumentalisierung ihrer Stasi-Vergangenheit*** *solle nicht mehr nur ihre* ***Person beschädigt,*** *sondern die* ***ganze Arbeit der Stiftung verunglimpft*** *werden. »Das lassen wir uns nicht mehr gefallen.« Sie sei schon immer offen mit ihrer Stasi-Vergangenheit umgegangen und »sei alles andere als stolz auf diese Zeit«. Aber mit ihrer* ***jüdisch-antifaschistischen Herkunft*** *sei sie für* ***Rechtsextreme und Rechtspopulisten die ideale Hassfigur,*** *die »sie erst erfinden müssten, wenn es mich nicht schon gebe«.*[517]

Übrigens: Kritik an Kahanes Deutung über ihre Spitzeltätigkeit für die Stasi eines totalitären Staates wurde und wird von der Amadeu Antonio Stiftung – wie sollte es auch anders sein – als »rechtspopulistische und rechtsextremistische Rufmordkampagne«[518] abgestempelt.[519] Ich bin gespannt, ob dies mit dieser Publikation genauso geschieht, was dem Verkauf sicherlich zugutekommen würde.

Mein Kommentar: So funktioniert Täter-Opfer-Umkehr! Noch etwas: Kahane, die sich gegen Rechtsextremismus einsetzt, spionierte für die Stasi, die (auch) den Rechtsextremismus unterstützte[520] – Finde den Fehler!

Einflussreiche Unterstützer

Wie aber konnte es eine Frau mit einer solchen Vergangenheit schaffen, sich in der Öffentlichkeit einen schier makellosen Ruf zu erarbeiten und eine Stiftung zu gründen, die über alle anderen erhaben zu sein scheint und immer auf der vermeintlich »richtigen« Seite steht? Das Einzige, was man dazu sagen kann, ist, dass Kahanes Stiftung einflussreiche Unterstützer hat. Im Amadeu-Antonio-Stiftungsrat sitzen nämlich:

- **Dr. Christine Hohmann-Dennhardt:** Sie ist Vorsitzende des Stiftungsrats, Juristin, ehemalige Politikerin **(SPD)** und »war langjährige **Richterin am Bundesverfassungsgericht**«.[521]
- **Prof. Dr. Beate Küpper:** Sie ist stellvertretende Vorsitzende des Stiftungsrats, »Professorin für Soziale Arbeit in Gruppen und Konfliktsituationen an der Hochschule Niederrhein [sowie] stellvertretende Leiterin des Institutes SO.CON / Social Concepts – Institut für Forschung und Entwicklung in der Sozialen Arbeit und ehemalige Mercator Fellow«.[522]
- **Dr. Ralf Kleindiek:** Er »war langjähriger **Staatssekretär (SPD) im Bundesministerium für Familie, Senioren, Frauen und Jugend** und von 2021 bis 2023 Chief Digital Officer des Landes Berlin und Staatssekretär für Digitales und Verwaltungsmodernisierung«.[523]
- **Stephan J. Kramer:** Er »ist seit Ende 2015 **Präsident des Thüringer Verfassungsschutzes und SPD-Mitglied.** Diesem Amt geht seine langjährige Tätigkeit als Generalsekretär des Zentralrats der Juden in Deutschland und als Direktor des Europäischen Büros gegen Antisemitismus des American Jewish Committee voraus.«[524]
- **Dr. Sergey Lagodinsky:** Er »leitete viele Jahre das Referat EU/Nordamerika der (grünen) Heinrich-Böll-Stiftung. Seit Juli 2019 ist **er Mitglied des Europäischen Parlaments** und dort unter anderem stellvertretender Vorsitzender des Rechtsausschusses, Vorsitzender der EU-Türkei Delegation sowie stellvertretendes Mitglied im Innen- und Außenausschuss **[Die Grünen]**.«[525]

- **Uta Leichsenring:** Sie »leitete die Außenstelle Halle der **Bundesbeauftragten für die Unterlagen der Stasi.** Zuvor war sie Vorsitzende der Barnim Uckermark Stiftung (BUS), Landesbeauftragte für das Handlungskonzept ›Tolerantes Brandenburg‹ und Polizeipräsidentin in Eberswalde.«[526]
- **Dr. Petra Lidschreiber:** Sie »leitete die Redaktion Mittel- und Osteuropa beim RBB. Davor war sie **Chefredakteurin beim RBB**, moderierte das **Politmagazin ›Kontraste‹** und weitere Sendungen der ARD und des RBB und war als langjährige ARD-Korrespondentin in New York und Bonn tätig.«[527]
- **Dr. Patrice G. Poutrus:** Er »ist **Zeithistoriker** und **Migrationsforscher**, Projektmitarbeiter am Lehrstuhl für Neuere und Zeitgeschichte und Geschichtsdidaktik der Universität Erfurt und Leiter der Zeitzeugenstelle. Gegenwärtig hat er eine Gastprofessur am Zentrum für Interdisziplinäre Frauen- und Geschlechterforschung an der Technischen Universität Berlin inne.« Laut Wikipedia war er zeitweilig auch im Bundesvorstand der **SED**-Nachfolgepartei **PDS**, trat jedoch Anfang der 1990er Jahre aus der Partei aus. Er wurde Mitglied der Initiative Schwarze Menschen in Deutschland.[528]
- **Sabine Leutheusser-Schnarrenberger:** Sie »ist Juristin und war von 1990 bis 2013 Mitglied des Deutschen Bundestages **(FDP).** In dieser Zeit wurde sie in zwei Kabinetten zur **Bundesjustizministerin** berufen. Von 2018 bis 2024 war sie erste **Antisemitismusbeauftragte** des Landes Nordrhein-Westfalen.«[529]
- **Wolfgang Thierse:** Er ist Schirmherr der Stiftung, **ehemaliger Bundestagsvizepräsident (SPD)**[530] und forderte bereits 2002 eine Abschaffung der Stasiüberprüfungen.[531]

Für eines der zahlreichen Stiftungsprojekte machte sogar **Bundeskanzlerin Angela Merkel (CDU)** mit einem Video Werbung.[532]

Daraus wird deutlich, wie einflussreich die Unterstützer der Amadeu Antonio Stiftung sind.

Partner der Stiftung

Zu den Partnern der Stiftung gehören:

- **die Freudenberg Stiftung:** »Seit ihrer Gründung wird die Amadeu Antonio Stiftung durch die Freudenberg Stiftung unterstützt, beraten und gefördert. Diese partnerschaftliche Unterstützung ist sehr hilfreich. So kann sich die Amadeu Antonio Stiftung in Arbeitsteilung mit der Freudenberg Stiftung auf Themen und Projekte konzentrieren, in denen sie die meiste Erfahrung hat.«[533] **Auch die Freudenberg Stiftung erhielt in der Vergangenheit staatliche Fördergelder.**[534]
- **das Bundesministerium für Familie, Senioren, Frauen und Jugend:** »Unterstützung erhält die Amadeu Antonio Stiftung auch vom Bundesministerium für Familie, Senioren, Frauen und Jugend. Das Ministerium fördert strategische Stiftungsprojekte und arbeitete bei der Umsetzung der Bundesprogramme gegen Rechtsextremismus mit der Stiftung zusammen. Aktuell wird die Stiftung als Bundeszentraler Träger und im Rahmen der Förderung von Modellprojekten durch das Bundesprogramm ›Demokratie leben!‹ unterstützt.«[535]
- das Magazin *Stern:* »Ein anderer wichtiger Partner der Amadeu Antonio Stiftung ist das Magazin *Stern*. Durch die Kampagne ›Mut gegen rechte Gewalt‹ erhielt die Stiftung bislang mehr als 1 340 000 Euro (Stand 2007).[536] Durch das Geld konnten gezielt Initiativen und Projekte gegen Rechtsextremismus gefördert werden. Bei der Auswahl der Projekte arbeiten *Stern* und Stiftung eng zusammen.«[537]
- **Regionale Arbeitsstellen für Bildung, Integration und Demokratie (RAA):** »Die Regionalen Arbeitsstellen für Bildung, Integration und Demokratie (RAA) arbeiten in West- und Ostdeutschland auf innovative Weise für Demokratieentwicklung in Schulen und Nachbarschaft. Die Amadeu Antonio Stiftung kooperiert mit den RAA in Berlin, Brandenburg, Essen, Hoyerswerda, Leipzig, Mecklenburg-Vorpommern, Nordrhein-Westfalen, Osnabrück, Sachsen und der Bundesarbeitsgemeinschaft der RAA.«[538]

- **überregionale Kooperations- und Projektpartner wie**
  - das Anne-Frank-Zentrum e. V., **das staatliche Fördergelder erhält,**[539]
  - die Bundeszentrale für politische Bildung, **die staatliche Fördergelder erhielt,**[540]
  - Campact,
  - der Lesben- und Schwulenverband in Deutschland, **der staatliche Fördergelder erhielt,**[541]
  - PRO Asyl e. V. sowie
  - Junges Europa.[542]
- **regionale Kooperations- und Projektpartner wie**
  - der Bundesverband Queere Bildung e. V., **der staatliche Fördergelder erhielt,**[543]
  - die Landeszentrale für politische Bildung Sachsen-Anhalt,[544] **die staatliche Fördergelder erhielt.**[545]
- **internationale Kooperations- und Projektpartner wie**
  - Anti-Defamation League,
  - American Jewish Committee,
  - Media Diversity Institute,
  - Radicalisation Awareness Network (RAN).[546]

Projekte der Stiftung (Auszüge)

- **shift & tell** – antisemitismuskritische Videocontentreihe[547]
- **HateShield** – für die digitale Zivilgesellschaft[548]
- **Verweisberatung Verschwörungsdenken**[549]
- **Frauen stärken gegen Rassismus**[550]

- **Firewall** – Hass im Netz begegnen[551]
- **Kritik und Widerspruch statt Verschwörungsglauben**[552]
- **Fachstelle für politische Bildung und Entschwörung**[553]
- **Kompetenznetzwerk Rechtsextremismusprävention**[554]
- **Vom Willkommen zur Integration**[555]
- **Lola für Demokratie e. V.**: für Geschlechtergerechtigkeit und eine gendersensible Auseinandersetzung mit Rechtsextremismus[556]

Finanzierung

Da die Bilanz und die Ergebnisrechnungen von 2024 bei Manuskriptabgabe leider noch nicht veröffentlicht waren, muss ich mich auf die Angaben von 2023 beziehen, die allerdings nicht viel hergeben.

Aus der Ergebnisrechnung erfährt man folgende **Erträge:**

Spenden:	**2508000,11** Euro
Zuschüsse der öffentlichen Hand:[557]	**6055276,56** Euro
Zuwendungen privater Stiftungen und Institutionen:	**902330,12** Euro
Sonstige:	**72242,90** Euro
Gesamterträge:[558]	**9537849,69** Euro

Dabei fällt Folgendes auf:

- **Es flossen also über 6 Millionen Euro Steuergelder** (verklausuliert als »Gelder der öffentlichen Hand«) **in die Stiftung. Das sind über zwei Drittel der Gesamterträge einer – eigentlich – »gemeinnützigen« Stiftung.**
- Aufstellungen über die Höhe der Beträge der einzelnen Behörden sind in der Ergebnisrechnung nicht veröffentlicht.

Interessante Aspekte bei den **Aufwendungen**:

- Für den **Personalaufwand** brachte die Stiftung 2023 insgesamt **6 291 809,19 Euro** auf.[559] Sicherlich ist darin noch die abzuführende Lohnsteuer veranschlagt, die aber nicht extra ausgewiesen wurde. Durchschnittlich arbeiteten rund 95 Mitarbeiter (Vollzeitäquivalent) inklusive drei Vorstandsmitglieder bei der Stiftung.[560] Wenn ich nur eine einfache Rechnung aufmache (vom Vorstand bis zum Studenten), dann erhielt jeder von ihnen rund **5500 Euro im Monat.**
- Für **»Projekt- und Betroffenenförderung inkl. Förderpreise«** wurden nur **741 917,35 Euro** ausgegeben und die Summe für **»Weitergeleitete Mittel«** betrug exakt **437 470,35 Euro** (Wurden diese etwa an andere NGOs weitergeleitet?).[561] Obwohl die Personalkosten über **fünfmal** so hoch sind, scheint mir der eigentliche Fokus der Stiftung auf der Förderung von Betroffenen zu liegen – oder irre ich mich?
- **Honorare und Agenturleistungen** beliefen sich auf **544 427,49 Euro; Reisekosten** auf **88 362,67 Euro** und **Bewirtungskosten** immerhin auf **72 767,61 Euro.**[562]

Die erhaltenen Förderungen 2023:

- das Bundesministerium für Familie, Senioren, Frauen und Jugend
- die Bundeszentrale für politische Bildung
- die Senatsverwaltung für Arbeit, Soziales, Gleichstellung, Integration, Vielfalt und Antidiskriminierung, Berlin
- das Landesamt für Schule und Bildung, Sachsen
- das Staatsministerium der Justiz und für Demokratie und Gleichstellung, Sachsen
- die Landeskommission Berlin gegen Gewalt
- das Bundesministerium für Bildung und Forschung
- die Beauftragte der Bundesregierung für Migration, Flüchtlinge und Integration
- die Niedersächsische Lotto-Sport-Stiftung
- die Freudenberg Stiftung

- die Stiftung Mercator
- das Staatsministerium für Soziales und Gesellschaftlichen Zusammenhalt, Sachsen
- der Landespräventionsrat Niedersachsen
- das Bundesministerium der Justiz
- das Bundesministerium des Inneren und für Heimat
- die Senatsverwaltung für Inneres, Digitalisierung und Sport, Berlin
- die Beauftragte der Bundesregierung für Kultur und Medien
- das Landesdemokratiezentrum Niedersachsen
- die Bertelsmann Stiftung
- der Beauftragte der Bundesregierung für jüdisches Leben und den Kampf gegen Antisemitismus
- Dreilinden
- das Niedersächsische Justizministerium
- die Foundation de Luxembourg
- die Dirk-Oelbermann-Stiftung
- das Bundesprogramm Z:T (Zusammenarbeit durch Teilhabe)
- die Senatsverwaltung für Bildung, Jugend und Familie
- die Stadt Eberswalde
- die Staatskanzlei des Freistaats Thüringen
- TikTok
- die Landeshauptstadt Hannover
- die Sebastian Cobler Stiftung für Bürgerrechte[563]

Mein Kommentar: Mit erscheint es seltsam, dass die Personalkosten mehr als fünfmal so hoch sind wie die Mittel zur Förderung von Betroffenen, obwohl die Stiftung 2023 mit rund 6 Millionen Steuergeldern finanziert wurde. Ich konnte keine Aufstellung finden, die die Vorstandsgehälter auflistet. In der Satzung der Stiftung ist lediglich unter § 10 zu lesen: »Gewährte Vergütungen müssen dem Umfang der Tätigkeit sowie dem gemeinnützigen Zweck der Stiftung angemessen sein.«[564] So viel also zu der von dieser Stiftung versprochenen »Transparenz«.[565]

Übrigens: 2025 erhält die Amadeu Antonio Stiftung **allein schon** für das Projekt »KompRex – Kompetent in der Rechtsextremismusprävention« **622916,57 Euro.**[566] Insgesamt beträgt die Förderung durch Steuergelder für **2025** nach Angaben der Bundesregierung **über 2,6 Millionen Euro.**[567] Im Übrigen erhielt die Stiftung von 2020 bis 2024 rund **5,2 Millionen Euro** Förderung durch Steuergelder **allein** aus dem Bundesprogramm »Demokratie leben!«.[568]

Mein Kommentar: Wenn sich die Einnahmen einer Stiftung **zu zwei Dritteln aus öffentlichen Geldern** zusammensetzen, wo bleibt dann die Unabhängigkeit und die politische Neutralität? Ist man in diesem Fall überhaupt noch **gemeinnützig** oder schon eine **Regierungsorganisation** (GONGO)? Das sollten Juristen prüfen – und zwar schnell!

Zum Hintergrund

Agiert die Bundeszentrale für politische Bildung wie eine links-grüne Vorfeldorganisation?

Quelle: Frank Murmann / *commons.wikimedia.org*

I. Vorbemerkung

Politische Bildung ist wichtig. Der zentrale Akteur auf diesem Feld ist in Deutschland (neben den Schulen) die Bundeszentrale für politische Bildung (bpb).

»Die **Bundeszentrale für politische Bildung** ist eine nichtrechtsfähige **Bundesanstalt im Geschäftsbereich des Bundesministeriums des Innern**«,[569] das zur Zeit der Manuskriptabgabe noch von der **SPD** geführt wurde. Die bpb beschäftigt zur Zeit rund 450 Mitarbeiter.[570]

Ihren eigenen Angaben nach besteht ihre Aufgabe darin, die »Demokratie [zu] stärken«[571] und die »Zivilgesellschaft« ebenso wie ein auf »Demokratie, Toleranz und Pluralismus gründendes politisches Bewusstsein« zu fördern. Ihre »Grundsätze« sind **»Überparteilichkeit und wissenschaftliche Ausgewogenheit«.**[572]

»Gender-Mainstreaming« wird von der bpb übrigens als »Querschnitts- und Gemeinschaftsaufgabe verstanden und **findet sowohl auf die Organisation wie auf das Handlungsfeld Anwendung«,**[573] obwohl der Unsinn von der großen Mehrheit der Bundesbürger abgelehnt wird.[574] Alles klar?

II. Kritik von einem, der es wissen muss

Peter Hoeres, Professor für Neueste Geschichte an der Julius-Maximilians-Universität Würzburg, beobachtete und begleitete **8 Jahre** lang die Arbeit der bpb im **Wissenschaftlichen Beirat.** Seine Bilanz ist ernüchternd und zugleich erschreckend. Im Magazin *Cicero* schilderte er seine Erfahrungen. Auf seinen Artikel mit dem verräterischen Titel **»Linke Kampfschriften statt überparteiliche Information«,**[575] der sein Leben verändern sollte, stütze ich mich in diesem Kapitel.

Hoeres schreibt (Hervorhebungen durch mich):

> *Schaut man sich das niedrigschwellige Angebot der bpb an, deren Etat nun auf über 100 Millionen Euro steigen soll, dann springt ins Auge, dass von* ***Ausgewogenheit oder politischer Zurückhaltung keine Rede sein kann.***

Als Beleg für seine Aussage nennt Hoeres das Angebot von »radikalen Kampfschriften« von Autoren, die seiner Meinung nach dem »**linken Spektrum** entstammen und unverhohlen Identitätspolitik betreiben«:

> *Als* ***Kooperationspartner werden Linksaußen-Einrichtungen wie die Amadeu Antonio Stiftung*** *mit Steuermitteln bedacht, die eine dezidierte Agenda verfolgen. […] Das Instagram-Angebot »Say my name« gibt* ***ausschließlich die Perspektive sich diskriminiert fühlender Migranten und Moslems*** *wieder, und auf Twitter stellt die bpb klar, dass* ***die deutsche Gesellschaft natürlich rassistisch*** *sei.*
>
> *[…]*
>
> *Das gesellschaftlich offensichtlich kontrovers diskutierte Politikfeld Migration wird mit der Perspektive bearbeitet, dass* ***Migration immer zu befürworten*** *sei und alle* ***Probleme auf den Rassismus der Aufnahmegesellschaft*** *zurückzuführen seien.*

Dann geht Hoeres auch auf seine persönlichen Erfahrungen mit der bpb ein:

> *Meine Versuche, auf diese Schieflage hinzuweisen, wurden vom durchaus sympathischen und geschickten Langzeitpräsidenten der bpb, dem* ***vormaligen SPD-Politiker Thomas Krüger,***[576] *mit Verweis auf seine Widerstandsgeschichte in der DDR abgetan, damit zwei Dinge verknüpft, die nichts miteinander zu tun haben.*[577]

Der Artikel barg natürlich Sprengstoff. Als Hoeres dann auch noch auf die BKA-Statistik zur politisch motivierten Kriminalität hinwies, mit dem **Argument, dass die Anzahl linksextremer Gewalttaten meistens höher war als diejenige Rechtsextremer,** erzeugte dies mehr als nur Unmut in der Bundeszentrale. Zum Eklat kam es, als Hoeres' Kritik an der bpb (die er in der *Neuen Zürcher Zeitung* kundgetan hatte), bei einer Zusammenkunft zitiert wurde: Der **»Duzfreund« von Präsident Krüger, Hacı Halil Uslucan (Leiter des Zentrums für Türkeistudien und Integrationsforschung**) drohte sogar damit, **sein Netzwerk gegen Hoeres zu mobilisieren.** Daraufhin rief die bpb zwei Personalversammlungen ein, um sich von Professor Hoeres zu distanzieren. Dieser schreibt darüber: **»Kritik ist im System nicht vorgesehen.«**[578]

Professor Hoeres zieht das Fazit:

> *Für die Zukunft wäre es wünschenswert, dass die Bundeszentrale wieder ein Ort der* ***überparteilichen*** *staatsbürgerlichen Information wird.* ***Derzeit tritt sie eher als eine linksgrüne Vorfeldorganisation in Erscheinung*** *[…].*[579]

Siehe dazu auch meine Erläuterungen über einen den Kopp Verlag herabwürdigenden Artikel vom linken Autor Anton Maegerle, der von der bpb anstandslos übernommen wurde (Kapitel → »›Stopp Kopp!‹: Linke Demo gegen die Meinungsfreiheit«).

III. Das links-grüne Imperium schlägt zurück

Es dauerte nicht lange, da bekam Professor Hoeres die Wut der Linken zu spüren. Die *Preußische Allgemeine Zeitung* berichtete (Hervorhebungen durch mich):

> *In der beschaulichen Stadt Würzburg versuchen* ***linke Studenten und Gruppen*** *derzeit den liberal-konservativen Historiker Peter Hoeres und einen seiner Mitarbeiter am Lehrstuhl für Geschichte zu diskreditieren. Das sogenannte* ***Studierendenparlament (Stupa)*** *hat auf Antrag von* ***Grüner Hochschulgruppe*** *und* ***Linker Liste*** *[…] eine* ***Resolution gegen Hoeres*** *und seinen Mitarbeiter Benjamin Hasselhorn verabschiedet. Sie warnen darin vor einer* ***»neurechten Diskursverschiebung in der Lehre«.*** *Die Würzburger Lokalzeitung »Main-Post« und der Bayerische Rundfunk nahmen die Vorwürfe auf und berichteten in* ***anklagendem Tonfall.*** *Hoeres wies die Angriffe empört zurück. Er spricht von einer politisch motivierten Kampagne, welche die Wissenschafts- und Lehrfreiheit gefährdet.*
>
> *[…]*
>
> *Am Wochenende legte nun auch die* ***Grüne Jugend Würzburg*** *sowie die lokale Sektion der* ***Deutsch-Israelischen Gesellschaft (DIG),*** *die vom* ***Fraktionschef der Grünen in Würzburg geleitet*** *wird, mit weiteren Angriffen gegen Hoeres nach. Dabei gilt gerade Hoeres als ausgesprochener Freund Israels […].*[580]

Doch der *Spiegel* wiederholte die Anschuldigungen der grün-linken Studenten, die offenbar keine andere Meinung gelten lassen wollen: »Die Kritik der Studierenden richtet sich […] gegen den Lehrstuhlinhaber Peter Hoeres. Dieser hatte der rechten Wochenzeitung ›Junge Freiheit‹ Interviews gegeben und auf dem rechtskonservativen Newsportal ›Tichys Einblick‹ mehrere Gastbeiträge veröffentlicht«[581] – anscheinend ein Verbrechen!

Doch Hoeres und sein Mitarbeiter Benjamin Hasselhorn bekamen auch Hilfe: Im Netz haben mehr als 600 Unterstützer, überwiegend Wissenschaftler, einen

Aufruf gegen die »Rufmordkampagne« in Würzburg unterzeichnet. Zudem veröffentlichten verschiedene Parteien und Verbände Pressemitteilungen. Der Ring Christlich-Demokratischer Studenten (CDU-nah) sieht »die Freiheit der Lehre in Gefahr«, während die örtliche Grüne Jugend warnt, an der Uni Würzburg sei »kein Platz für rechtes Gedankengut«.[582]

Aber das war noch längst nicht alles, denn Anfang April 2025 berichtete Professor Hoeres, er werde jetzt sogar privat ins Visier genommen: »Mittlerweile habe ich einen anonymen Drohbrief an meine Privatadresse erhalten«, die Universitätsleitung tue jedoch »nichts, um uns Wissenschaftler zu schützen! Es ist unfassbar.«[583] Genau das Gegenteil scheint der Fall zu sein, wie *Apollo News* berichtete (Hervorhebungen durch mich):

> *Statt ihre Mitarbeiter zu schützen, wie es nicht nur die gesetzliche Aufgabe der Universitätsleitung wäre, scheint sie sogar auf höchster Ebene in die Kampagne gegen Hoeres involviert zu sein. Wie* Tichys Einblick *unter Bezugnahme auf der Redaktion vorliegenden Protokolle des »Studierendenparlamentes« schreibt, sei bei einer Besprechung der maßgeblichen Kampagnentreiber,* ***der linken Kräfte*** *im Sprecherrat, auch die Leitung dabei gewesen. Konkret der Kanzler der Universität, Uwe Klug, sowie auch die Vizepräsidentin Anja Schlömerkemper.*
>
> *Der Sprecherrat ist so etwas wie ein Präsidium des Studi-Parlamentes –* ***bei dieser Besprechung sind allerdings nur die linken Kräfte vertreten.*** *Die liberale Hochschulgruppe (LHG) und der Ring Christlich-Demokratischer Studenten (RCDS) bleiben außen vor, haben von dem Treffen auch keine Kenntnis. Die Vertreter der Universitäts-Administration geben sich dienlich, man werde den Vorwürfen nachgehen.*[584]

Die Vorwürfe der linken Studenten bestanden aus angeblichen »Auslassungen« in der Lehre sowie einer scheinbar politischen Färbung der historischen Betrachtung. Besonders im Hinblick auf den Holocaust wurde den Verantwortlichen vorgeworfen, den »Nationalsozialismus« nicht ausreichend zu thematisieren. Und dann wurde natürlich wieder die bei Linken übliche Totschlagkeule geschwungen: Sie behaupteten, das Lehrpersonal unter Hoeres pflege Kontakte zu »offen rechtsextremen Kreisen«. Hoeres selbst sagte zu den Vorwürfen, sie seien »Verschwörungstheorie«, »Unsinn« und haltlos.[585] Dennoch versuchen links-grüne Kreise, Hoeres seit seiner öffentlichen Kritik an der (linken) Bundeszentrale für politische Bildung »fertigzumachen«. *Apollo News* kommentiert:

> *Die Protokolle zeigen, wie sich die* ***Uni-Leitung dem Ansinnen der Treiber im Rat unterwirft.*** *Man wolle* ***lediglich die Öffentlichkeit raushalten,*** *fleht Kanzler Klug laut Protokoll. Und als die linken Kampagnentreiber ein* ***»alternatives Lehrangebot«*** *fordern – also de facto* ***das Absägen von Hoeres als lehrender Professor*** *im Fach neueste Geschichte –* ***stimmt die Universitätsleitung zu. »Bis zu sommersemester sollte es möglich sein das gespräch zu führen und ein alternatives lehrangebot zu bieten*** *(sollte in 4 Wochen möglich sein). Anja findet den zeitplan sportlich, sieht die Möglichkeit das es länger dauert.« (Sic!!)*[586]

Und *Apollo News* ergänzt:

> *Vizepräsidentin Schlömerlemper schließt sich dem Betreiben der Kampagne gegen Hoeres also an: Lediglich am »Zeitplan« will sie etwas verändern, in der Sache folgt sie jedoch dem Ansinnen der linken Studenten. Besonders brisant ist auch: die Betroffenen – Prof. Peter Hoeres und sein Mitarbeiter Hasselhorn – wissen noch gar nichts von den Vorgängen. Sie werden von der Universitätsleitung auch nicht informiert. […] Und die FDP Würzburg-Land wendet sich in einem Brief an die Universitätsleitung deutlich gegen die* ***»Schmutz- und Vernichtungskampagne«*** *und warnt vor dem Angriff auf die Wissenschaftsfreiheit.*[587]

Das Präsidium der Universität Würzburg setzte der grün-linken Meinungsfreiheitsfeinde wegen sogar kurzfristig eine »Taskforce aus Juristen und Kommunikatoren« ein, die die Vorwürfe aufklären sollten. In einer vorläufigen Einschätzung, die Anfang April 2025 veröffentlicht wurde, kamen die Experten aber zu dem Schluss, bisher hätten sich **»keine Anhaltspunkte für irgendein straf- oder disziplinarrechtlich relevantes Verhalten ergeben«.**[588] Sogar das Bayerische Wissenschaftsministerium schaltete sich in die Kontroverse ein und bat Lehrstuhlinhaber Hoeres und den Universitätspräsidenten Paul Pauli nach München zum Gespräch. Ziel dieser Zusammenkunft sei es, »den Hochschulfrieden zu wahren und die Freiheit von Forschung und Lehre zu gewährleisten«,[589] so formulierte es ein Ministeriumssprecher. Und das alles wegen des Wahns von ein paar grün-linken Studenten, man kann es nicht glauben!

In einer Presseerklärung, die nach dem Gespräch abgegeben wurde, heißt es, es bestehe »Einigkeit«, dass die kritisierten Publikationen und Äußerungen von Lehrstuhlmitarbeitern nach Prüfung der Taskforce »in keiner Weise zu beanstanden« seien. Und Hoeres selbst bewertete das Gespräch als »positiv«.[590]

Mein Kommentar: So läuft das im »besten Deutschland, das wir je hatten«, in dem man angeblich »alles« sagen darf. Doch wehe, man kritisiert die linke Ideologie, die sich in unserer Gesellschaft eingenistet hat wie ein Krebsgeschwür, dann sind links-grüne Kreise sogar dazu bereit, Existenzen zu vernichten. Und das soll Meinungsfreiheit sein? Wenn man Hausdurchsuchungen, Kontokündigungen, Strafbefehle und Existenzvernichtungen ausklammert, ja.

IV. Alles hängt irgendwie zusammen

Auch hier zeigt sich das linke Netzwerk zwischen NGOs, Ministerien und deren Behörden:

- Thomas Krüger, der **Präsident der Bundeszentrale für politische Bildung,** sitzt auch in der **Jury**[591] des **Netzwerks »Vereint für Demokratie«,** das unter anderem im Jahr 2024 insgesamt 100 000 Euro an **Correctiv** spendete.[592]
- Die **Bundeszentrale für politische Bildung** ist auch **»Projektpartner«** der links ausgerichteten **Amadeu Antonio Stiftung**[593] und hat diese Stiftung 2023 gefördert (die Zahlen für 2024 liegen noch nicht vor).[594]

So hängt also alles irgendwie zusammen.

Mein Kommentar: Die **linke Ausrichtung** der bpb geht nicht nur aus der Kritik des langjährigen ehemaligen Beiratsmitglieds Professor Peter Hoeres hervor, sondern auch aus ihren Publikationen, Autoren, Vernetzungen und Förderungen. Deshalb schlage ich zwei **neue Namen** für die Bundesanstalt vor, von denen man sich eine aussuchen kann:

1. Bundeszentrale für LINKE politische Bildung
2. LINKE Bundeszentrale für politische Bildung

V. Omas gegen Rechts Deutschland e. V. & Omas gegen Rechts (Bürgerinitiative)

Selbstbeschreibung

Omas gegen Rechts (OGR) ist eine parteiunabhängige **Bürgerinitiative,** die in Deutschland (seit 2018), Österreich, der Schweiz und Südtirol durch lose organisierte Ortsgruppen in Erscheinung tritt.[595] Der eingetragene **Verein** Omas gegen Rechts Deutschland soll der Initiative eine rechtlich geregelte Struktur geben (siehe unten).

Auch hier möchte ich den Verein selbst zu Wort kommen lassen:

> *Wir setzen uns ein für den Abbau von Angst vor allem Fremden. Mit dem Verein wollen wir einen Beitrag zum Schutz der Demokratie leisten, um auf die bedrohliche Zunahme von Faschismus, Rassismus, Antisemitismus und Frauenfeindlichkeit zu reagieren, denn die Würde des Menschen ist unantastbar.*[596]

Omas gegen Rechts in Magdeburg mit Plakaten gegen die AfD, ihren »Hauptfeind«

Quelle: Montecruz Foto / *commons.wikimedia.org*

Gründung

Omas gegen Rechts Deutschland e. V. wurde am 26. Februar 2019 gegründet und am 27. Januar 2020 vom Amtsgericht Stuttgart mit der Nummer VR 724479 ins Vereinsregister eingetragen. Dieser Verein vertritt die gleichen Grundsätze und Ziele wie die Initiative Omas gegen Rechts in Deutschland. Der Beitritt zum Verein ist nicht verpflichtend, sondern ist als zusätzliches Angebot an die Omas der Initiative zu verstehen (Hervorhebungen durch mich):

> *Die Initiative OMAS GEGEN RECHTS in Deutschland ist sehr schnell gewachsen. Der Verein ist ein eingetragener Verein und bietet der OMAS GEGEN RECHTS Initiative eine rechtlich geregelte Struktur an. Als Verein haben wir bessere Möglichkeiten, unsere Ziele umzusetzen und uns mit anderen Initiativen zu vernetzen, welche die gleichen Ziele wie wir haben. Unser Verein OMAS GEGEN RECHTS Deutschland e.V. ist zwar ein eingetragener Verein, wir haben jedoch* ***leider noch keinen Gemeinnützigkeitsstatus. Als Mitglied der Allianz »Rechtssicherheit für politische Willensbildung« versuchen wir deshalb gemeinsam mit anderen Organisationen, das Gemeinnützigkeitsrecht zu ändern.***
>
> *[…]*
>
> *Alle Vorstandsmitglieder und Mitarbeiter unseres Vereins arbeiten auf ehrenamtlicher Basis ohne eine finanzielle Vergütung. Alle Mitgliedsbeiträge, akquirierte Spenden oder Fördermittel werden der Initiative zu Gute kommen, sei es über die Beschaffung von Werbematerialien und/oder der Organisation von Veranstaltungen gegen Rechtsextremismus.*
>
> *[…]*
>
> *Unser Verein beabsichtigt nicht eine hierarchische Struktur aufzubauen. Die OMAS GEGEN RECHTS in Deutschland und ihre einzelnen Regionalgruppen sind nur an die Grundsätze der Initiative OMAS GEGEN RECHTS gebunden, entscheiden aber eigenständig.*

> *Der Verein will dies nicht ändern, er will keine Vorschriften machen, sondern den Regionalgruppen nur Unterstützung anbieten. Dennoch benötigt der Verein aus rechtlicher Sicht eine Struktur und Posten, die besetzt werden müssen.*[597]

Zwischenzeitlich gibt es etwa 30 000 Mitglieder (Stand: Februar 2024).[598] Jutta Shaikh, die 2. Vorsitzende der OGR, sagte der *Frankfurter Rundschau:*

> *Wir sind inzwischen 200 Gruppen mit mehr als 30 000 Mitgliedern bundesweit. Wir haben seit der Berichterstattung von »Correctiv« [über das »Deportationstreffen«, siehe das Kapitel → »Vorspiel: Das Narrativ der ›zweiten Wannseekonferenz‹«] mehr als 100 neue Gruppen dazubekommen. Das war so ein Ansturm, das war unglaublich. Das macht Mut.*[599]

Tatsächlich gibt es mittlerweile neben den **Initiativen** und dem **Verein** auch noch das **Bündnis** Omas gegen Rechts Deutschland, was oft zu Verwechslungen führt. So war es auch für mich nicht einfach, diese auseinanderzuhalten.[600] Doch vielleicht ist das gewollt?

Die Omas gegen Rechts erklären das folgendermaßen (Hervorhebungen durch mich):

> *Ja, es gibt AUCH einen Verein – der aber nicht gemeinnützig ist und (entgegen einiger Presse-Äußerungen) NICHT den größten Teil der OMAS ausmacht, denn es gibt darüber hinaus, dass OMAS GEGEN RECHTS Deutschland Bündnis inkl. der OMAS GEGEN RECHTS Nord-Gruppe, die OMAS GEGEN RECHTS Initiative und noch weitere OMA Gruppen, die sich keinem davon zugehörig fühlen. Das ist alles richtig so und* ***bewusst*** *dezentral, denn nur so können wir tun, was wir tun: direkt vor Ort stark sein und uns aktiv für die lokalen demokratischen Belange und gegen Extremismus einsetzen. Die Vernetzung und der aktive Austausch miteinander sind uns wichtig und*

machen unsere Größe aus, aber wir agieren alle als eigenständige Gruppen vor Ort.[601]

Omas gegen Rechts ist inzwischen ein weltweites Markenzeichen. Willkommen sind aber auch OPAS, Kinder, Enkelkinder, Freundinnen.[602]

Der Vorstand

Alle Vorstandsmitglieder und Mitarbeiter des Vereins arbeiten nach Selbstauskunft »auf ehrenamtlicher Basis ohne eine finanzielle Vergütung«.[603] Privates über die vier Vorstandsmitglieder ist in den sozialen Netzwerken so gut wie nicht zu finden. Zum Vorstand gehören:

- **Anna Ohnweiler (1. Vorsitzende):** »Ich hatte in meinem Leben die Gelegenheit, zwei politische Systeme kennenzulernen, da ich bis 1979 in Rumänien lebte. Ich weiß genau, was eine Diktatur für die Bürger eines Landes bedeutet, deshalb werde ich mich immer für den Erhalt der Demokratie einsetzen.«[604]
  Bemerkung: Ohnweiler ist **Mitglied der SPD-Fraktion** in Nagold.[605]
- **Jutta Shaikh (2. Vorsitzende):** »Ich will meine Stimme erheben gegen wachsenden Rassismus und Fremdenfeindlichkeit. Ich will, dass meine Kinder und Enkel auch weiterhin in einem demokratischen, rechtsstaatlichen System leben können, in dem alle Menschen gleich sind, ohne Hass und Gewalt. Wir Omas gegen Rechts bieten der älteren Generation eine wunderbare Möglichkeit, effektiv in der Öffentlichkeit für den Erhalt der demokratischen Werte in unserer Gesellschaft einzutreten.«[606]
- **Bemerkung:** Shaikh wurde als Vertreterin der OGR auf die Mitgliederversammlung der Frankfurter **Grünen** eingeladen, woraufhin die *FAZ* titelte »›Omas gegen Rechts‹ als Berater der Frankfurter Grünen«.[607]
- **Ursula Gräbener (Kassenwartin):** »Es ist meine tiefste Überzeugung, dass nur die Achtung vor jedem einzelnen Menschen, gleich welcher Herkunft, welchen Geschlechts und welcher Religion die Grundlage für ein friedliches und

solidarisches Miteinander sein kann. Ich setze mich dafür ein, dass in unserer Gesellschaft jedem Menschen diese Achtung entgegengebracht wird.«[608]

- **Irene Fromberger (Schriftführerin):** »Wir haben seinerzeit unsere Eltern gefragt, was sie gegen die Nazis getan hatten, weswegen sie nichts unternommen oder einfach nur weggesehen hatten. Denn wissen um dieses verbrecherische Regime konnten ab einem gewissen Zeitpunkt alle Bürger dieses Landes. Derlei Fragen möchte ich mir von nachkommenden Generationen nicht stellen lassen müssen, ohne eine aufrechte und glaubwürdige Antwort geben zu können. Die Omas gegen Rechts und ihre Haltungen sind mir Herzensangelegenheit.«[609]

Grundsätze

Die Grundsatzerklärung der Omas gegen Rechts lautet folgendermaßen:

Wir OMAS GEGEN RECHTS IN DEUTSCHLAND stehen für

- *Demokratie und Rechtsstaatlichkeit*
- *die Vielfalt der Kulturen*
- *Toleranz und respektvolles Miteinander*
- *einen verantwortungsbewussten Umgang mit der Umwelt*

Wir OMAS GEGEN RECHTS IN DEUTSCHLAND widersetzen uns allen Formen von

- *rechtspopulistischen und rechtsextremen Strömungen*
- *Ausgrenzung der Menschen mit Migrationshintergrund*
- *Rassismus, Antisemitismus, Islamfeindlichkeit und Verschwörungsideologien*
- *Stigmatisierung*
- *Hass, Hetze und Gewalt*
- *Anti-Feminismus*

Soweit zu unseren bisher bekannten Grundsätzen, die uns allesamt in unseren Haltungen und unserem Tun verbinden.[610]

Forderungen und Aktionen

Es folgen einige Forderungen und Aktionen der OGR-Initiative, des Vereins sowie des Bündnisses Omas gegen Rechts:

- Sie engagieren sich für ein AfD-Verbot.[611]
- Im Februar 2020 trat der Chor der Münchner Ortsgruppe der Omas gegen Rechts gemeinsam mit Sarah Hakenberg in der ZDF-Kabarett-Sendung *Die Anstalt* auf.[612]
- Im Sommer 2024 sammelte die Initiative 33 000 Unterschriften für eine Onlinepetition und erreichte damit, dass die Berliner Volksbank das Spendenkonto der AfD kündigte,[613] was als großer Erfolg gefeiert wurde.
- Die OGR schließen sich zuweilen auch den Demonstrationen von Fridays For Future an.[614]
- Sie organisieren interne Informationsveranstaltungen zu Rassismus und Rechtsextremismus mit den Themen:

  - Versteckte Symbole von Rechten
  - Kleidung von Rechten
  - Strafrechtliche Relevanz
  - Programm AfD
  - Definition von Rassismus/Populismus[615]

- Sie schrieben wegen der beabsichtigten Verschärfung des Migrationsrechts einen offenen Brief an Friedrich Merz,[616]
- organisierten in Kassel eine Demonstration mit dem Motto »menschlich, solidarisch, vielfältig«,[617]
- riefen am 21. Januar 2024 zu der Veranstaltung »Bremen gegen Rechts« auf,[618]

- veranstalteten einen gemeinsamen Protest gegen die AfD in Reutlingen-Betzingen,[619]
- organisierten das »Gastmahl« »Dresden is(s)t bunt – und die OMAS GEGEN RECHTS.DRESDEN auch«,[620]
- luden zu der Initiative »Gute Laune statt AfD« ein,[621]
- nahmen an der Gegendemo »Rote Karte für Schwurbler, Nazis und Trommler«,[622]
- am »Klimastreik in Bremen«[623]
- sowie an der Veranstaltung »Gemeinsam gegen AfDler, Reichsbürger, Querdenker und Nazis«[624] teil

... und so weiter und so fort.

Geht man all diese Veranstaltungen und Initiativen durch, so entsteht der Eindruck, dass der »Hauptfeind« die AfD ist. Doch das geben die OGR selbst zu (Hervorhebungen durch mich):

> *Als **überparteiliche** Initiative beziehen wir in der Öffentlichkeit **keinerlei parteipolitische Stellung.** Klar hingegen ist **unsere Haltung gegenüber der AfD, die in weiten Teilen rechtsextreme Inhalte verbreitet und unsere Demokratie gefährdet.** Wir bitten seit jeher **Bürgerinnen und Bürger, zur Wahl zu gehen und eine DEMOKRATISCHE Partei zu wählen.** Darin sind CDU/CSU und FDP eingeschlossen. Dies gilt grundsätzlich und ist nicht verhandelbar [...] Dies **bedeutet jedoch keinesfalls,** dass wir uns innerhalb der Initiative OMAS GEGEN RECHTS IN DEUTSCHLAND **pauschal und grundsätzlich gegen CDU und FDP** wenden. Wir pochen darauf, dass alle demokratischen Parteien von der CDU bis zur Linken ihr Wort halten und die AfD nicht als Mehrheitsbeschafferin für welche Vorhaben auch immer akzeptieren.*[625]

So entpuppt sich die angebliche »Überparteilichkeit« in meinen Augen als »Kampf gegen die AfD« und verunglimpft über 20 Prozent der Wähler, also über

10 Millionen Menschen. Gerade die OGR, die sich immer wieder auf das Grundgesetz berufen,[626] scheinen es mit der Meinungsfreiheit also nicht allzu ernst zu nehmen. Doch mit ihrer Verunglimpfung tragen die OGR genauso wie die Medien und die »Gutmenschenparteien« lediglich dazu bei, dass die AfD immer stärker wird. Allerdings kann man die Intelligenz, dies zu reflektieren, nicht von jedem erwarten.

Eine Veranstaltung der Omas gegen Rechts mit ihren »Verbündeten«

Quelle: *www.waslosin.de/meppen-hand-in-hand-am-08-02-2025-vor-dem-rathaus*

***

Natürlich sind die Omas gegen Rechts in der Zivilgesellschaft und in den GEZ-Medien hoch angesehen, verbreiten sie doch genau das, was es in den Augen des links-grün-bunten Establishments zu verbreiten gilt. Demzufolge verwundert es nicht, dass sie mit Preisen überschüttet werden. Hier sind ein paar Beispiele:

- 1. Platz beim **Integrationspreis** der »Grünen«-Stadt Freiburg im Breisgau (14. Dezember 2019)[627]
- **Paul-Spiegel-Preis für Zivilcourage des Zentralrats der Juden** in Deutschland (11. November 2020)[628]
- 1. Hauptpreis des **Thüringer Demokratiepreises** (29. November 2021)[629]
- **Kultur- und Friedenspreis** der Villa Ichon (23. Juli 2022)[630]
- **Regine-Hildebrandt-Preis 2021 der deutschen Sozialdemokratie** (26. November 2022)[631]
- **Aachener Friedenspreis** (15. Mai 2024)[632]
- **Dresdner Friedensplakette** »Schwerter zu Pflugscharen« (8. Oktober 2024)[633]
- Auszeichnung des Landesfrauenrat als **»Bremer Frauen des Jahres«** (7. März 2025)[634]

Wir erkennen: Wenn man auf der »richtigen« Seite steht, hagelt es Preise, Auszeichnungen, Preisgelder und mediale Lobpreisungen!

Kooperationen

Bei diesem Thema wird es besonders interessant, denn die OGR »kooperieren« mit vielen NGOs aus dem grün-linken Spektrum. Wir werden einige alte Bekannte wiedertreffen, und so schließt sich der Kreis von Unterstützungen und Kooperationen der linken NGOs, die sie sich gegenseitig gewähren. Dazu gehören (Hervorhebungen durch mich):

- Der Verein Aufstehen gegen Rassismus **(wurde in der Vergangenheit mit Steuergeldern gefördert)**[635]

- **Attac**
- **Amadeu Antonio Stiftung (wird mit Steuergeldern gefördert)**[636]
- Bürgerrat Klima
- Bündnis für sexuelle Selbstbestimmung
- Bundesverband mobile Beratung gegen Rechts
- DaMigra – Dachverband der Migrantinnenorganisationen **(wurde mit Steuergeldern gefördert)**[637]
- **Demokratie leben!**
- **Fridays for Future**
- Gesicht zeigen für ein weltoffenes Deutschland **(wurde mit Steuergeldern gefördert)**[638]
- Grandparents for Future
- **HateAid (wird mit Steuergeldern gefördert)**[639]
- Initiative Offene Gesellschaft **(wurde mit Steuergeldern gefördert)**[640]
- Kita – Parents for Future
- Migrantinnen für Säkularität und Selbstbestimmung
- Migrationsrat
- Nein zur AfD
- Oldies for Future
- Omas for Future
- Parents for Future
- Rosa Luxemburg Stiftung **(wurde mit Steuergeldern gefördert)**[641]
- Scientists for Future
- Sea Watch
- **Seebrücke**[642]

Finanzierung

Offiziell finanzieren sich die Omas gegen Rechts über Mitgliedsbeiträge und private Spenden. Deshalb reagierten sie auch empört, als Friedrich Merz seine 551-Fragen-Initative startete, und verfassten am 22. Februar 2025 sogar einen offenen Brief an ihn. Darin heißt es unter anderem (Hervorhebungen durch mich):

> ***Zu Ihrer Information:*** *Unser Verein ist nicht gemeinnützig, also kann uns die Gemeinnützigkeit gar nicht entzogen werden.* ***Zudem haben wir keine staatlichen Gelder erhalten.*** *Ihre Anfrage basiert auf* ***unhaltbaren Behauptungen.*** *Dass Sie unseren Verein OMAS GEGEN RECHTS DEUTSCHLAND e. V. in Ihrer Anfrage aufgeführt haben, zeigt deutlich, dass* ***Sie sich nicht die Mühe gemacht haben, Ihre Informationen zu überprüfen.***[643]

Als Journalisten von NIUS die Frage stellten, ob die Omas gegen Rechts staatliche Fördermittel (Steuergelder) erhalten hätten, äußerten sich diese ebenfalls empört (Hervorhebungen durch mich): »Wir Omas gegen Rechts Deutschland e.V. verbitten uns diese **Unterstellung**«, man engagiere sich **»ehrenamtlich, ohne Vergütung«.**[644] Auf Rückfrage erklärte der Verein, dass er aber nur einen Teil der Oma-Gruppen einschließe und es weitere Oma-Bündnisse gebe, etwa für den Norden Deutschlands.[645]

Daraufhin erkundigte sich NIUS beim Bündnis Omas gegen Rechts Deutschland, das nicht weniger gereizt reagierte: »OMAS GEGEN RECHTS ist eine Haltung und keine Biologie. Insofern ist schon Ihre Anrede unzutreffend.«[646] Es gebe über 300 Oma-Regionalgruppen, über die man keine Übersicht habe, die Berliner Gruppe zumindest erhalte keine Fördergelder.

> *Wir* ***finanzieren uns, indem wir bei jedem Treffen eine Mütze herumgehen lassen,*** *in die OMA GEGEN RECHTS tut, was OMA GEGEN RECHTS entbehren kann und will.*[647] *[Hervorhebungen durch mich]*

***

Doch die Wahrheit sieht anders aus, und zwar so:

1. In Deutschland erhielten einzelne OGR-Regionalgruppen Fördermittel über das Bundesprogramm »Demokratie leben!«.[648]
2. Das Familienministerium erklärt zu den geförderten Oma-Projekten auf NIUS-Anfrage: »Die Auswahl und Ausgestaltung der Projekte erfolgt innerhalb der Kommunalverwaltung. Die Verantwortung für die im Rahmen der Partnerschaften für Demokratie (PfD) geförderten Projekte liegt beim durchführenden Träger und der bewilligenden Kommune. [...] Nach Angaben des Ministeriums profitierten demzufolge diese Oma-Gruppen von den Fördermitteln:«[649]

Zeitraum	Höhe der Bundesmittel	OMAS GEGEN RECHTS - PfG
07.02.2022 – 31.12.2022	1.830,00 €	PfD Stadt Bamberg
25.06.2022 – 25.06.2022	1.322,00 €	PfD Stadt Bamberg
10.11.2022 – 10.11.2022	125,00 €	PfD Stadt Bamberg
27.01.2023 – 27.01.2023	600,00 €	PfD Stadt Bamberg
27.08.2022 – 27.08.2022	400,00 €	PfD Stadt Oberhausen
16.11.2024- 16.11.2024	600,00 €	PfD Stadt Oberhausen
06.06.2023 – 31.12.2023	5.360,00 €	PfD Stadt Mörfelden-Walldorf
03.05.2024 – 30.09.2024	5.365,00 €	PfD Stadt Mörfelden-Walldorf
04.03.2024 – 31.12.2024	80,00 €	PfD Landkreis Aurich
15.05.2024- 31.12.2024	239,90 €	PfD Landkreis Aurich
01.01.2022 – 31.12.2022	4,32 €	PfD Stadt Freiburg im Breisgau
01.01.2023 – 31.12.2023	1.000,00 €	PfD Stadt Freiburg im Breisgau
05.04.2024- 31.12.2024	234,00 €	PfD Wetteraukreis
03.05.2024- 31.12.2024	1.134,00 €	PfD Wetteraukreis

Diese lokalen Gruppen der Omas gegen Rechts wurden über „Demokratie leben" gefördert. Quelle: BMFSFJ

Quelle: *www.nius.de/politik/news/regierung-demos-gegen-rechts-ngo-steuern-vorfeld-campact-demokrateam/9ac02134-68e2-4030-a771-31d11afd06a5*

3. So starteten die Omas gegen Rechts (Buxtehude) 2024 ein Projekt gegen Rassismus an Schulen. Dafür wurden sie von der Bundesregierung mit **5000 Euro** gefördert.[650] Dieses Geld kam offenbar direkt aus dem Kanzleramt![651]
4. Die Parlamentarische Staatssekretärin Rita Schwarzelühr-Sutter gab im Namen der Bundesregierung folgende staatliche Finanzierung der Omas gegen Rechts bekannt:

Ressort	Zeitraum	Höhe der Bundesmittel in €	Maßnahme
BKAmt/IntB	01.01.2022 – 28.02.2025	5.000	Förderung von OMAS GEGEN RECHTS – Buxtehude im Rahmen des Modellprojekts „Stark gegen Rassismus" bei dem Träger Citizens For Europe gUG
BMFSFJ	Seit 01.01.2022	18.294,22	Projekte der Partnerschaften für Demokratie im Rahmen des Bundesprogramms „Demokratie leben!"

Quelle: *https://dserver.bundestag.de/btd/20/124/2012484.pdf,* S. 62

5. Insgesamt umfasst die Förderung von Initiativen, die sich Omas gegen Rechts nennen, laut den »Faktencheckern« von *Volksverpetzer* etwa **23000 Euro**.[652] Dazu sollte man wissen, dass *Volksverpetzer* ein Blog ist, der sich mit Falschmeldungen auseinandersetzt. 2024 entzog das Finanzamt ihm aber den Status der Gemeinnützigkeit mit Wirkung ab 2021.[653] Als Begründung wurde aufgeführt, dass die Satzung die Anforderungen an die Gemeinnützigkeit nicht erfülle.[654]

   Interessant: Gemeinsam mit Omas gegen Rechts startete der *Volksverpetzer* eine Petition, welche die Prüfung eines Verbotsverfahrens der AfD forderte. Am 15. Oktober 2024 wurden dem Bundestag dann 857000 Unterschriften überreicht.[655] So hängt alles irgendwie zusammen.
6. Auch die Amadeu Antonio Stiftung unterstützte schon die Omas gegen Rechts, etwa mit dem Projekt »Medienkompetenz für OMAS GEGEN RECHTS zur Stärkung des demokratischen Diskurses«.[656] Pikant ist, dass – wie wir ja ausführlich eruiert haben – die Amadeu Antonio Stiftung ihrerseits staatliche Gelder erhält.

Omas gegen Rechts reagieren auf öffentlichen Druck: Ihre Stellungnahme

Am 11. und 26. Februar 2025 reagierten die »Omas gegen Rechts – Nord und Bundesweit – im Omas gegen Rechts Deutschlandbündnis« vermutlich auf den öffentlichen Druck. Und natürlich fühlen sie sich als arme Opfer. Ihre Stellungnahme (Hervorhebungen im Original):

> ***Das Gerücht »Die OMAS werden bezahlt …« geht mal wieder um.***
> *Und es trifft inzwischen nicht nur die OMAS, sondern auch andere Organisationen, die für unsere Demokratie einstehen.* ***Das ist alles so lächerlich, dass wir eigentlich – wie in all den Jahren zuvor – eigentlich wie immer überhaupt nicht darauf reagieren wollten. Denn es war, ist und bleibt Unsinn. Es ist eine Hetzkampagne gegen uns und andere, die lediglich diskreditieren soll, wo andere Mittel nicht mehr helfen.*** *Wir und andere Organisationen werden aber jetzt in größerem und perfiderem Stil als vorher damit konfrontiert.* ***Die Absicht dahinter ist klar:*** *Unfrieden säen, Ressourcen binden, denn die Kommunikationswelle, die das ausgelöst hat, kostet viel, viel Zeit. […] Netter Versuch, aber: Alles, was wir OMAS GEGEN RECHTS tun, ist legal, öffentlich und UNBEZAHLT.*[657]

Zur **Finanzierung** schreiben die Omas gegen Rechts unter anderem:

> *Werden die OMAS GEGEN RECHTS bezahlt? – Nein. Immer wieder wird die Behauptung verbreitet, dass Andersdenkende – darunter auch die OMAS GEGEN RECHTS – staatlich finanziert seien. Diese Annahme ist falsch […].*[658]

Zu **öffentlichen Fördergeldern** schreiben sie (Hervorhebungen durch mich):

> *Der Aktionsfonds »Stark gegen Rassismus« ist bspw. eine Option dafür. Dieser Fonds wird aus Mitteln der* ***Beauftragten der Bundesregierung für Migration, Flüchtlinge und Integration*** *und zugleich* ***Beauftragten der Bundesregierung für Antirassismus gefördert*** *und von den »Citizens for Europe« (einer anerkannten Gemeinschaft von über 500 zivilgesellschaftlichen Organisationen) zusammengesetzt. Damit werden Projekte in ganz Deutschland unterstützt, um Initiativen zu fördern, die sich vor Ort gegen Rassismus und für eine demokratische Gesellschaft einsetzen. Insbesondere in ländlichen oder strukturschwachen Regionen, in denen es oft an Vernetzungsmöglichkeiten und Bildungsinfrastruktur mangelt, ist das Engagement gegen Rassismus eine große Herausforderung. 2023 wurden 21 von 100 eingereichten Projekten ausgewählt (von einer externen Jury), um Begleitung und Förderung zu erhalten.* ***Die OMAS GEGEN RECHTS Buxtehude gehörten erfreulicherweise dazu****. Ihnen wurde ein* ***Fonds in Höhe von 5000,00 €*** *(fünftausend, nicht mehr) zur Verfügung gestellt, um das Projekt zur »Stärkung rassismuskritischen Engagements in Buxtehude, unter besonderer Berücksichtigung der Schulen« bis Februar 2025 umzusetzen.*[659]

Also doch!

Dazu, dass die Bundesregierung in der Drucksache 20/12484 veröffentlicht hat, **welche** Fördergelder die Omas gegen Rechts erhalten haben (siehe oben), geben sie dann doch zu, dass durch bestimmte Ortsgruppen Steuergelder in Anspruch genommen worden sind, ergänzen aber:

> *Diese wurden genauso legal und öffentlich in Anspruch genommen – in einer* ***derart geringen Höhe, über die zu diskutieren und Vorwürfe zu machen sich andere schämen sollten.***[660]

Darum geht es aber nicht, es geht darum, dass zunächst das Argument vorgebracht wurde, man erhalte **keine** staatlichen Gelder. Zudem dürften die Steuerzahler, die die Gelder erst erwirtschaften müssen, die laut Omas gegen Rechts ja nur in »geringer Höhe« flossen (über 23000 Euro!), das anders sehen.

Dennoch beharren die Omas gegen Rechts darauf, dass sie staatlich finanziert würden, sei eine **Falschbehauptung** (Hervorhebungen durch mich):

> *Nochmal: Die OMAS GEGEN RECHTS werden* ***nicht*** *staatlich finanziert, sondern arbeiten unabhängig und ehrenamtlich.*[661]

Mein Kommentar: Insgesamt **23294,22 Euro staatliche** Fördergelder in Anspruch nehmen und dann davon sprechen, man werde **nicht staatlich** finanziert? Ist das wieder eine Nebelkerze oder wie passt das zusammen? Ich stelle fest, dass die OGR durchaus staatliches Geld (Steuergelder) erhalten haben, dies aber in ihrem Brief an Friedrich Merz negierten. Wie der *Focus* schrieb, nehmen es die Omas gegen Rechts also mit der »Wahrheit nicht so genau«.[662]

KAPITEL 8

Wie angeblich »neutrale« NGOs politischen Einfluss nehmen

KI-generiert / ChatGPT

I. Beispiel »Flüchtlinge«

Unglaublich: NGOs schlagen vor, wer nach Deutschland kommen soll

Mit Berufung auf Insider enthüllte die *Bild* Anfang März 2025 am Beispiel der Einreise von Ortskräften aus Afghanistan, dass **NGOs** de facto **vorschlagen, wel-**

che Asylanten nach Deutschland kommen sollen. Eine Identitätsprüfung gab es offenbar nicht.

Das damalige grüne Auswärtige Amt unter der Führung von Annalena Baerbock führte trotz Kritik das umstrittene **Aufnahmeprogramm** des sogenannten »Ortskräfteverfahrens« weiter fort, sodass Anfang März 2025 ein weiteres Charterflugzeug aus Kabul landete. Darin saßen aber gerade mal **zwei Ortskräfte** plus dreizehn Angehörige. Die restlichen 142 Personen an Bord – also 90 Prozent der Passagiere – stammten aus anderen »Aufnahmelinien« wie etwa dem »Bundesaufnahmeprogramm« (BAP) für »besonders gefährdete Personen«, die sich beispielsweise für die Demokratie in Afghanistan eingesetzt haben sollen.[663]

All das ist seit Jahren bekannt und in dieser Publikation auch nicht mein Fokus. Mir geht es hier um etwas ganz anderes, nämlich die **Auswahl der Personen,** die nach Deutschland eingeflogen werden. Ein hochrangiger Regierungsbeamter, der mit den verschiedenen Aufnahmeprogrammen für Afghanen betraut ist, sagte gegenüber der *Bild:*

> *Die Auswahl der Personen ist völlig undurchsichtig, die Identität in vielen Fällen zweifelhaft oder sogar vollständig ungeklärt.*[664]

Bild sprach mit Insidern über den Auswahlprozess und die Sicherheitsüberprüfung und dokumentierte dazu den folgenden Ablauf, den ich in acht Schritten zusammenfasse:

1. Ein Afghane stellt über das **Onlineportal einer NGO den Antrag zur Aufnahme** in Deutschland.
2. **Als meldeberechtigte Stelle schlägt die NGO den Afghanen für das Aufnahmeprogramm vor.**

> **DER HAMMER:** Mehr als **130** NGOs sind berechtigt, vorzuschlagen, welche Afghanen nach Deutschland kommen. Die Liste dieser meldeberechtigten NGOs ist deutschen Sicherheitsbehörden aber **NICHT** bekannt, obwohl diese für die Sicherheitsüberprüfung zuständig sind.[665]

Das Bundesverfassungsgericht in Karlsruhe entschied Ende April 2025, dass die Bundesregierung die NGO-Namen im Aufnahmeprogramm zurückhalten, im Klartext verschweigen, darf.[666] Dem Auswärtigen Amt und dem BMI liegt eine vollständige Liste der meldeberechtigten Stellen vor, doch diese Liste soll auch unter dem neuen CDU-Außenminister Johann Wadephul unter Verschluss bleiben.[667]

3. Eine **zivile Koordinierungsstelle** (vom Auswärtigen Amt sowie dem Bundesministerium des Innern und für Heimat gegründet) prüft den Antrag und gibt ihr Votum ab. Dort arbeiten aber **keine deutschen** Beamten, sondern ausländische Angestellte (unter anderem Afghanen).
4. Das Votum geht an das **Bundesamt für Migration und Flüchtlinge** (BAMF). Damit ist die **erste** staatliche Stelle im Spiel. Das BAMF prüft und entscheidet über eine Zu- oder Absage.
5. Das BAMF teilt dem Antragsteller das Votum mit. Bei einer Zusage wird er in die **deutsche Botschaft nach Islamabad** (das heißt Pakistan, nicht nach Afghanistan) eingeladen.
6. Dort prüft der **Dokumenten- und Visaberater der Bundespolizei** die Pässe, **nicht aber die Person!**

DER HAMMER: Auch wenn Dokumente **gefälscht** sind, führt das **NICHT** zum Verfahrensende![668]

7. Es werden **Sicherheitsinterviews durch die Bundespolizei, das Bundeskriminalamt und den Verfassungsschutz** durchgeführt. Dabei geht es um die Frage: »Stellt die Person eine Gefährdung für die ›freiheitlich-demokratische Grundordnung‹ dar?« Es geht **nicht** um ihre Identität. Gefälschte Dokumente können die Asylentscheidung beeinflussen, müssen es aber nicht.
8. Jetzt kommt wieder der **Visaentscheider des Auswärtigen Amts** ins Spiel, denn er trifft die finale Entscheidung, obwohl er **nur das Votum der Sicherheitsbehörden, aber weder die Inhalte noch den Antragsteller kennt.**[669]

Die *Bild* zitiert einen hochrangigen Mitarbeiter der Sicherheitsbehörden und kommentiert (Hervorhebungen durch mich):

> *»Das hat System.* ***An keiner Stelle liegen allen beteiligten Stellen alle relevanten Informationen zu den Afghanen gebündelt vor.*** *Die Sicherheitsüberprüfung ist damit* ***zwangsläufig lückenhaft und fahrlässig.*** *« Dazu kommt:* ***Viele Afghanen besitzen keinen Pass.*** *Kaufen laut dem Insider auf dem* ***Schwarzmarkt oder bei Behörden,*** *»Pass-Rohlinge, die dann irgendwo von irgendwem personalisiert werden«.* ***Die Echtheit afghanischer Dokumente sei dadurch kaum überprüfbar.***[670]

Mein Kommentar: Ein Skandal, dass über **130 NGOs berechtigt dazu sind, Menschen für staatliche Aufnahmeprogramme vorzuschlagen** und die **Namen dieser NGOs** (auf einer Liste) den **Sicherheitsbehörden gar nicht bekannt** sind!

Hauptanziehungspunkt für die meisten Flüchtlinge nach Europa ist immer noch Deutschland – und das wird sich auch so schnell nicht ändern.

KI-generiert / ChatGPT

In einem *Focus*-Artikel zu diesem Thema kam auch ein Beamter zu Wort, der »aus dienstrechtlichen Gründen nicht genannt werden« wollte. Er übte scharfe Kritik an den über hundert NGOs, die sich in der Krisenregion Afghanistans um die Flüchtlinge kümmern (Hervorhebungen durch mich):

> ***Diese NGOs,*** *besonders aktiv ist hier die »Kabul Luftbrücke«, schwärmen mit ihren Teams nach Afghanistan aus und* ***überzeugen ganze Familien, per Asylantrag doch nach Deutschland zu kommen.*** *Ab sofort* ***übernehmen NGO-Leute,*** *denen ich grundsätzlich keine schlechten Absichten unterstelle,* ***die Regie.*** *Sie kümmern sich um Fahrzeuge, Ausweise und beschaffen weitere erforderliche Dokumente. Unterkünfte in Landhotels werden vorab gebucht und aus Mitteln der Deutschen Gesellschaft für Internationale Zusammenarbeit (GIZ) und des Auswärtigen Amts bezahlt. Einreiseformalitäten an der pakistanisch-afghanischen Grenze werden von sprachkundigen* ***NGO-Leuten*** *übernommen.*
>
> *[…]*
>
> *Die Flüchtlinge werden von den* ***NGOs wie im Schulunterricht auf die Befragungen der deutschen Beamten vorbereitet****. »Den Afghanen wird genau gesagt, was sie sagen und nicht sagen dürfen.* ***Fragen über Kontakte zu Talibankämpfern müssen strikt verneint werden****«, berichtet der Beamte.* ***»Details über politische Verfolgung, körperliche Gewalt und Gefängnis-Aufenthalte ergeben indes Pluspunkte.«***[671]

Dabei kommt es auch zu Szenen, die so skurril sind, dass man sie gar nicht erfinden könnte:

> ***NGO-Aktivisten*** *hatten einem Afghanen bei der Antragsstellung wohl die Hand geführt und* ***im Antrag festgehalten, der Mann sei als schwuler Mann in Afghanistan gefährdet.*** *Als die Kontrolleure ihn auf seine* ***sexuelle Orientierung ansprachen, flippte der Mann völlig aus. Er sei nicht schwul,*** *wütete er.*[672]

Mein Kommentar: Es ist unglaublich, was sich da abspielt! Das Auswärtige Amt und die deutschen Behörden sind zunächst einmal in der Hand von NGOs, da diese als »meldeberechtigte Stellen« fungieren und das Vorschlagsrecht haben, wer nach Deutschland kommen soll.

***

Das Bundesministerium des Innern und für Heimat sowie das Auswärtige Amt geben zu meldeberichtigten NGOs folgende Auskunft (Hervorhebungen durch mich):

> *Meldeberechtigte Stellen* ***werden von der Bundesregierung bestimmt.*** *Voraussetzung ist, dass die Stelle spezifische Kenntnisse über die für eine Aufnahme in Betracht kommenden Personen oder der Verhältnisse in Afghanistan hat.* ***Zivilgesellschaftliche Organisationen kommen gerade dann als meldeberechtigte Stellen in Betracht, wenn sie im Rahmen der im August 2021 erfolgten Evakuierungen aus Afghanistan bzw. den laufenden Aufnahmen aus Afghanistan mit dem Auswärtigen Amt zusammengearbeitet haben oder zwischen 2013 und 2021 eine finanzielle Unterstützung zur Umsetzung von zivilgesellschaftlichen Projekten aus dem Haushalt des Bundesministeriums für wirtschaftliche Entwicklung und Zusammenarbeit und Entwicklung erhalten haben.*** *Eine Koordinierungsstelle der zivilgesellschaftlichen Organisationen* ***(finanziert durch Mittel des BMI)*** *koordiniert und unterstützt das Verfahren für diese.*[673]

DER HAMMER: Demzufolge eignen sich NGOs also als meldeberechtigte Stellen, wenn sie mit dem Auswärtigen Amt schon zusammengearbeitet haben **ODER** eine finanzielle Unterstützung vom Bund erhalten haben.

Auch die Antwort der Staatssekretärin Susanne Baumann im Auftrag der Bundesregierung vom 21. November 2022 ist in diesem Zusammenhang skandalös (Hervorhebungen durch mich):

> ***Die meldeberechtigen Stellen legen aus Gründen der Sicherheit Wert darauf, nicht öffentlich benannt zu werden.*** *Meldeberechtigte Stellen sind solche, die von der Bundesregierung aufgrund ihrer spezifischen Kenntnisse der für eine Aufnahme in Betracht kommenden Personen oder Verhältnisse in Afghanistan für ein Vorschlagsrecht ausgewählt werden. Das Bundesministerium des Innern und für Heimat fördert den Aufbau und den laufenden Betrieb einer sogenannten Koordinierungsstelle, die als zentraler Ansprechpartner die Kommunikation zwischen der Bundesregierung und allen zivilgesellschaftlichen Organisationen fördert und steuert. Die Bundesregierung finanziert hierfür im Augenblick 15 Personalstellen.*[674]

DER HAMMER: Die Namen der meldeberechtigten NGOs, **die durchaus auch dafür verantwortlich sein können, dass Gefährder in unser Land einreisen,** werden uns verheimlicht, während sie den Afghanen, die zu uns kommen wollen, bekannt sind.

***

Wie schon erwähnt, die Ministerien halten die Namen der NGOs geheim. Ich konnte lediglich in einer Ringrecherche jene NGOs herausfinden, die sich **gegen den Stopp** des Bundesaufnahmeprogramms Afghanistan (BAP) aussprechen. Darunter sind auch welche, die am BAP beteiligt sind. Ich konnte aufgrund der Geheimhaltung jedoch nicht in Erfahrung bringen, **ob NGOs meldeberechtigt sind, und wenn ja, welche.** Jedenfalls **sprechen sich die folgenden NGOs alle gegen den Stopp des Aufnahmeprogramms aus:**[675]

- Afghanistan-Schulen, Verein zur Unterstützung von Schulen in Afghanistan e. V.
- Amnesty International Deutschland
- ArtLords
- AWO Bundesverband e. V.
- Bundesweite Arbeitsgemeinschaft Psychosozialer Zentren für Flüchtlinge und Folteropfer e. V. (BAfF)
- Bündnis Hamburger Flüchtlingsinitiativen (BHFI)
- Deutscher Anwaltverein (DAV)
- Innosozial gGmbH
- International Rescue Committee (IRC) Deutschland
- Kabul Luftbrücke
- Luftbrücke Afghanistan
- LSVD⁺ – Verband Queere Vielfalt e. V.
- medico international e. V.
- MISSION LIFELINE International e. V.
- move on – menschen.rechte Tübingen e. V.
- Münchner Flüchtlingsrat e. V.
- Neue Richtervereinigung – Zusammenschluss von Richterinnen und Richtern, Staatsanwältinnen und Staatsanwälten e. V.
- Patenschaftsnetzwerk Ortskräfte e. V.
- Reporter ohne Grenzen (RSF)
- Skateistan gGmbH
- Soziale Initiative Hamburg SI-HAM e. V.
- Stitching for School and Life e. V. – SSL e. V.
- TERRE DES FEMMES e. V.
- Terre des Hommes
- Verband afghanischer Organisationen in Deutschland e. V.
- AAR e. V

Dazu lesen wir bei NIUS:

> *Es ist wahrscheinlich, dass folgende, allesamt ideologisch motivierte NGOs an der Auswahl von Afghanen für die Bundesaufnahmeprogramme beteiligt sind: Kabul Luftbrücke, Pro Asyl, Reporters sans Frontières, LSVD (Lesbian and Gay Association in Germany, setzt sich für »LGBTQI+-Personen« ein), Mission Lifeline, Amnesty International, Save the Children, Terre des Femmes und HAWAR. Auch die UNHCR ist involviert, jedoch als UN-Agentur, nicht als NGO. Die genaue Liste der autorisierten Agenturen ist nicht öffentlich […].*[676]

Mein Kommentar: Fest steht also lediglich, dass private NGOs durch ihr Vorschlagsrecht einen **sehr großen Einfluss** darauf haben, **welche** Flüchtlinge zu uns kommen.

***

Zur Mittelvergabe an NGOs erklärte die Bundesregierung auf Anfrage der AfD (Hervorhebungen durch mich):

> *Die GIZ [Deutsche Gesellschaft für internationale Zusammenarbeit] stellt ihren Vertragspartnern* ***Mittel*** *[Steuergelder]* ***zur Projektdurchführung*** *zur Verfügung. In der Regel werden diese Mittel nicht an andere Empfänger weitergeleitet.* ***Nimmt der Finanzierungsempfänger*** *der GIZ* ***weitere Dienstleistungen oder Sachbeschaffungen mit anderen Vertragspartnern*** *in Anspruch, unterliegen diese den Voraussetzungen der GIZ für eine ordnungsgemäße Mittelverwendung.* ***Die GIZ erfasst jedoch nur Verträge, deren Vertragspartnerin sie selbst ist. Darüberhinausgehende*** *Verträge ihrer Vertragspartner werden* ***nicht erfasst.*** *Daher ist* ***keine Unterscheidung***

> ***möglich,*** *ob es sich bei den* ***aufgelisteten Empfängern um Zwischen- oder Letztempfänger*** *handelt.*[677]

Mein Kommentar: Die staatliche GIZ vergibt Steuergelder an NGOs, die diese Gelder wiederum an andere NGOs weiterleiten **können.** Das entzieht sich dann der Kontrolle der GIZ, und so bleibt letztlich unklar, an welche »Zwischen-« oder »Letztempfänger« die Steuergelder, welche die »Erstempfänger«-NGO erhalten hat, letztlich geflossen sind. Ein undurchschaubarer Sumpf!

Laut *Apollo News* betrugen die Kosten für Unterbringung, Versorgung, medizinische Dienstleistungen und psychosoziale Betreuung zwischen **2022 und 2024** rund **82,7 Millionen Euro.**[678]

Die Antwort des Auswärtigen Amts auf die Kleine Anfrage des AfD-Abgeordneten Thomas Dietz vom April 2025 lautete, dass der Einflug von Ortskräften und »**sonstigen schutzbedürftigen Personen**« aus Afghanistan allein für **2023 und 2024** den Steuerzahler etwa **60 Millionen Euro** gekostet habe: »Die Kosten im Zeitraum Januar bis März 2025 liegen aus buchhalterischen Gründen noch nicht vor.« Allerdings seien im Rahmen der verschiedenen Aufnahmeprogramme bisher insgesamt **36 360 Personen** aus Afghanistan eingereist.[679]

> *Die* ***Gesamtkosten*** *für die Abholung afghanischer Programmteilnehmer nach Deutschland belaufen sich* ***bisher*** *jedoch auf mehr als* ***150 Millionen Euro:***
>
> - ***112 Millionen Euro*** *zahlte das Auswärtige Amt für Menschenrechtsliste, Überbrückungsprogramm und Ortskräfteverfahren bis Ende November 2024.*
> - ***29 Millionen Euro*** *flossen aus der Kasse des Entwicklungshilfeministeriums (BMZ). […]*
> - ***9 Millionen Euro*** *für das Bundesaufnahmeprogramm für Afghanistan gehen auf das Konto des Bundesinnenministeriums.*[680]

Diese Gelder fehlen dann in Deutschland: für marode Schulen, Infrastruktur und Pflegeeinrichtungen.

***

Ende März 2025 landete bereits der nächste »Afghanen-Flieger« mit rund 200 »besonders schutzbedürftigen Personen« an Bord. Das sind zum Beispiel ehemalige lokale Mitarbeiter deutscher Institutionen, Aktivisten für Frauen- und Menschenrechte oder Personen, die aufgrund von Geschlecht, sexueller Orientierung, Geschlechtsidentität oder Religion verfolgt werden.[681] Unter den Passagieren waren dann auch folgerichtig sieben homosexuelle Männer, die vom Lesben- und Schwulenverband (LSVD), der ebenfalls mit Steuergeldern gefördert wurde,[682] in Empfang genommen wurden.[683]

Jörg Hutter vom Vorstand der Lesben- und Schwulen-NGO bestätigte, dass Nichtregierungsorganisationen die Ausreise von Afghanen, in diesem Fall von schwulen Männern, vorbereitet hätten, als er der *Bild* gegenüber sagte (Hervorhebungen durch mich): **»Uns** ist es jetzt gelungen, diesen sieben Männern die Ausreise **zu ermöglichen.«**[684]

Und so ging es munter weiter mit den »Afghanen-Flügen«. Obwohl die designierte schwarz-rote Regierung beschlossen hatte, diese Flüge zu stoppen, führte die geschäftsführende Bundesregierung von Olaf Scholz (vor allem das Auswärtige Amt unter Annalena Baerbock) sie dennoch fort.

Am 16. April 2025 kam erneut ein Flieger aus Pakistan in Leipzig an. Diesmal waren 138 Afghanen an Bord, die vom grünen Auswärtigen Amt als »besonders gefährdet« eingestuft wurden,[685] unter ihnen nur fünf Ortskräfte und neunzehn Familienangehörige.[686] Doch als die Bundespolizei die Identität der »besonders« Gefährdeten überprüfte, gab es Probleme (Hervorhebungen durch mich):

> *Bei acht Ermittlungsverfahren soll es sich unter anderem um* ***verfälschte Dokumente*** *handeln, die einige Afghanen bei der Einreise vorzeigten.* ***Merkwürdig, dass diese Dokumente den deutschen Sicherheitsbehörden zuvor in Pakistan nicht aufgefallen waren.***[687]

Auf Anfrage von *Apollo News* ließ das Auswärtige Amt verlauten: »Alle Personen auf dem Charterflug wurden auf Herz und Nieren geprüft.«[688] Genau das aber scheint nicht der Fall gewesen zu sein, denn immer wieder nutzen Afghanen fragwürdige Papiere (unter anderem manipulierte Geburts- und Heiratsurkunden, Proxy-Pässe, die nicht persönlich abgeholt werden müssen), um ihre Aufnahme in Deutschland zu erreichen.[689] Dazu schrieb die *Bild* Ende April 2025:

> *»Jetzt kommt heraus: Nur ein Bruchteil (13,3 Prozent) der nach der Machtergreifung der Taliban (August 2021) von Deutschland aufgenommenen 36 186 Afghanen [...] haben eine komplette Sicherheitsüberprüfung durchlaufen [...]* ***Mehr als 31 000*** *konnten zuvor aber* ***ohne Sicherheitsinterview nach Deutschland kommen.***[690]

***

Die Grünen verklärten die Afghanen-Flieger natürlich. Andreas Audretsch, der stellvertretende Vorsitzende der Bundestagsfraktion der Grünen, warf in einem Interview mit Phoenix typische Nebelkerzen und wiederholte das Märchen von den Ortskräften:

> *20 Jahre lang waren Soldatinnen und Soldaten der Bundeswehr in Afghanistan und wurden dort unterstützt von Ortskräften, wurden dort unterstützt von Menschen, die ihr eigenes Leben in Gefahr gebracht haben, um unsere Soldatinnen und Soldaten zu unterstützen. Wir haben ihnen zugesagt, dass sie hier jetzt vor den brutalen Taliban Schutz finden können, und das ihnen jetzt zu verweigern, zu sagen, ihr müsst jetzt in Pakistan bleiben, ohne einen Weg zurück, ohne einen Weg nach vorne, ist so ungefähr das Unchristlichste, was ich in den letzten Jahren gesehen habe.*[691]

Natürlich erklärte der Grüne Audretsch **nicht,** dass nur die wenigsten jener Afghanen, die zu uns kommen, als »Ortskräfte« für die Bundeswehr oder zivile

Projekte gearbeitet haben. Bei wie vielen von ihnen dies tatsächlich der Fall gewesen ist, lässt sich schwer sagen, weil sie zu großen Teilen über Subunternehmen angestellt wurden. Zudem fehlt eine zentrale Erfassung. Eine Anfrage der AfD von 2021 ergab, dass seit 2012 insgesamt etwa **1400 Ortskräfte** für die Bundeswehr tätig gewesen sind und deren Zahl kurz vor dem Ende des Einsatzes nur noch auf rund **300** beziffert wurde. Seit der Machtübernahme der Taliban im August 2021 wurden als angebliche Ortskräfte jedoch über **36000 Afghanen** und deren Angehörige nach Deutschland gebracht.[692] Finde den Fehler!

Von NIUS erfuhr man:

> *Audretsch und die Grünen, die auf Annalena Baerbocks Betreiben die Bundesaufnahmeprogramme starteten, wollen in den nächsten Wochen vor dem Regierungswechsel noch so viele Afghanen wie möglich nach Deutschland einreisen lassen, obwohl ihre Politik abgewählt wurde.*[693]

Ebenso wenig erklärte der Grüne Audretsch, dass die Afghanen, die zu uns kommen sollen, nicht von staatlichen Stellen, sondern von NGOs vorgeschlagen werden.[694] Dazu sagt NIUS weiter (Hervorhebungen durch mich):

> *Hans-Hermann Dube, der in Afghanistan 10 Jahre lang Entwicklungsprojekte geleitet hat, sagt:* ***»Durch NGOs ausgesuchte Leute werden genommen, teilweise mit den wildesten Begründungen.« Die Auswahl treffen nicht staatliche Stellen, sondern mehrere Dutzend Nicht-Regierungsorganisationen (NGOs),*** *die den Status einer sogenannten »meldeberechtigten Stelle« oder autorisierter Agenturen und damit ein Vorschlagsrecht haben, wer aus Afghanistan ins Land geholt werden soll. Eine selbst vorschlagsberechtigte Koordinierungsstelle organisiert die Zusammenstellung der Namenslisten und »prüft« diese. Die letzte Entscheidung, wer aus Afghanistan ins Land darf, liegt aber dann bei den Behörden. Genaue Angaben über den Prozess der Vorauswahl will die Bundesregierung nicht machen.*[695]

In dasselbe Horn blasend, sagte der Grünen-Fraktionsvize Konstantin von Notz, das Bundesaufnahmeprogramm Afghanistan stehe »für legale, gesteuerte und sicherheitsüberprüfte Einwanderung«. Dieses abzuwürgen bedeute, »eingegangene Verpflichtungen wissentlich zu brechen und Humanität über Bord zu werfen«.[696]

Aus Annalena Baerbocks Auswärtigem Amt hieß es gegenüber der *Bild* Mitte April 2025: »In Pakistan befinden sich noch rund 2600 Menschen mit verbindlichen Aufnahmezusagen.«[697] Nancy Faesers Innenministerium ergänzte: »Es liegen in diesen Fällen konkrete Verpflichtungen zur Aufnahme vor.«[698] Und die Bundesregierung wies darauf hin, »dass Aufnahmezusagen für als schutzbedürftig eingestufte Menschen aus Afghanistan **rechtlich verbindlich und somit einzuhalten** seien. Eine Sprecherin des Bundesinnenministeriums wies erneut darauf hin, dass alle Betroffenen vor ihrer Aufnahme sich einer strengen Sicherheitsüberprüfung unterziehen müssten.«[699]

Rechtlich gesehen ist eine Zusage des Auswärtigen Amts zur Aufnahme »ein begünstigender Verwaltungsakt (vergleichbar im weitesten Sinne mit einer Baugenehmigung). Den kann eine neue Regierung nicht einfach beseitigen. Im Zweifel könnten die betroffenen Personen gegen die Bundesregierung auf Aufnahme klagen.«[700] Dies bedeutet im Klartext, dass auch nach der voraussichtlichen Konstituierung der neuen Regierung noch weitere sechzehn Flugzeuge mit afghanischen Migranten nach Deutschland kommen können.[701]

Ende April 2025 **pausierten** die Afghanen-Flüge **vorläufig.**[702] Dies bedeutet allerdings nicht, dass sie in Zukunft nicht weitergeführt werden, denn der Außenamtssprecher wies schon darauf hin, dass die Afghanen mit Aufnahmezusage fest mit ihrer Übersiedlung nach Deutschland rechneten. Es müsse beachtet werden, »dass die betroffenen Personen, die sich in Pakistan aufhalten, oft nach ihrer Aufnahmezusage ihre Zelte vollständig in Afghanistan abgebrochen haben und Hab und Gut verkauft haben«.[703] Zudem werden NGOs ihren Schützlingen wohl vorschlagen, dass sie gegen den trotz verbindlicher Zusage erfolgten vorläufigen Aufnahmestopp klagen sollen. Die Aussicht auf Erfolg ist gut, denn es gibt viele Möglichkeiten für Migranten, die zu uns kommen wollen, sich einen Platz in GerMoney »einzuklagen«.

Lehnt das BAMF einen Asylantrag ab, kann der Asylbewerber vor dem **Verwaltungsgericht** eine Klage einreichen. Ist er dort erfolglos, besteht die Möglichkeit vor das **Oberverwaltungsgericht** zu ziehen. Wird seine Klage auch dort abgelehnt, kann er sich also sogenannter »Härtefall« bei der jeweiligen **Landesregierung** melden. Scheitert er auch damit, kann er einfach einen **neuen Asylantrag** stellen und sein Glück noch einmal versuchen. Wenn er auch beim zweiten Versuch scheitert, stehen ihm noch die Möglichkeiten offen, auf **subsidiären Schutz** (weil ihm in seinem Heimatland bei Abschiebung anscheinend ernsthafter Schaden drohen würde) oder auf **Abschiebeschutz** zu klagen. Dank der Grünen müssen sie sich wegen der anfallenden Gerichtskosten keine Gedanken machen, denn diese haben Anfang 2024 ein entsprechendes Gesetz durchgebracht, welches dafür sorgt, dass den Asylbewerbern für diese ganze Prozedur ein Anwalt zur Verfügung gestellt wird – natürlich auf Kosten der Steuerzahler. Während der gesamten Prozessdauer, die etwa 2,5 Jahre betragen kann, erhält der eigentlich abgelehnte Migrant Sozialhilfe, und zahlreiche NGOs stehen ihm mit Rat und Tat zur Seite.[704]

***

Die neue Regierung will das Aufnahmeprogramm jedoch beenden. So steht im Koalitionsvertrag orakelhaft:

> *Wir werden freiwillige Bundesaufnahmeprogramme* ***soweit wie möglich beenden*** *(zum Beispiel Afghanistan) und keine neuen Programme auflegen.*[705]

Die Formulierung »soweit wie **möglich**« hält aber ein Schlupfloch für weitere Aufnahmen offen und lässt die Situation in der Schwebe. Allerdings hat der ultralinke SPD-Abgeordnete Ralf Stegner, der immerhin in der Arbeitsgruppe Innen, Recht, Migration und Integration am Koalitionsvertrag mitgearbeitet hat,[706] die Fortsetzung der Afghanistan-Flüge gefordert, und zwar mit dem Argument, Deutschland hätte eine humanitäre Verpflichtung:

Zusagen sind Zusagen. Welches Ansehen wollen wir in der Welt denn haben, wenn man sich auf unser Wort nicht mehr verlassen kann?[707]

Genauso kam es dann auch: Anfang Juni 2025 erklärte Außenminister Johann Wadephul (CDU), dass weitere 2500 Afghanen aufgenommen werden sollen:

Wo wir Aufnahmezusagen in rechtlich verbindlicher Form gegeben haben, halten wir die selbstverständlich ein.[708]

***

Aber es gibt ja nicht nur das Aufnahmeprogramm aus Afghanistan. Die rot-grüne Bundesregierung hat noch einige andere auf Lager. Ein Beispiel ist das sogenannte »Resettlement-Programm«, das in § 23 Absatz 4 des Aufenthaltsgesetzes genauer ausgeführt ist. Dieses erlaubt dem Innenministerium, dem Bundesamt für Migration Anweisungen zur Aufnahme sogenannter »Resettlement-Flüchtlinge« zu erteilen. **2025 stellt Deutschland das** – wen wundert's? – **größte Kontingent im EU-Resettlement-Programm. Es stehen bis zu 6560 Plätze** für humanitäre Aufnahmen unterschiedlicher Staatsangehörigkeit oder staatenlose Flüchtlinge aus den Erstzufluchtsländern **Ägypten, Jordanien, Kenia, Libanon, Pakistan und Libyen zur Verfügung.**[709]

Folgerichtig landete am 24. April 2025 der nächste Flüchtlingsflieger auf deutschem Boden, diesmal allerdings nicht aus Afghanistan, sondern aus dem Sudan. An Bord waren wieder 141 angeblich »besonders schutzbedürftige Flüchtlinge«, von denen laut dem Bundesinnenministerium 80 Prozent aus dem Sudan, 9 Prozent aus Eritrea, 4 Prozent aus dem Südsudan, 4 Prozent aus China und 1 Prozent aus Somalia stammten.[710]

Dazu kommt: Ende Mai 2025, also bereits während der Amtszeit des neuen Innenministers Dobrindt (CSU) wurden in einer geheim gehaltenen Aktion Palästinenser mit deutschem Pass sowie ihre Angehörigen nach Deutschland eingeflogen. Das Auswärtige Amt schwieg dazu und auch über die Anzahl der Eingeflogenen.[711]

Wir sehen also, dass es auch dann, wenn das Afghanistan-Aufnahmeprogramm beendet werden sollte, noch genügend Programme gibt, über die Flüchtlinge nach Deutschland eingeflogen werden können. Lassen wir uns auch bei diesem Thema nicht verdummen!

Doch was auch immer in Zukunft mit den Aufnahmeflügen geschehen wird, NGOs werden sowieso neue Wege finden, um Flüchtlinge nach Deutschland zu bringen. Auf einen der schamlosesten Tricks, der erst vor Kurzem aufgeflogen ist, gehe ich im folgenden Kapitel ein.

Der »Bett-Brot-Seife-Trick«: So schleusen NGOs Flüchtlinge nach Deutschland ein

Nach *Bild*-Informationen haben sich 2024 Zehntausende Flüchtlinge aus Griechenland mit dem »Bett-Brot-Seife-Trick« Asyl in Deutschland »ergaunert«.[712]

Dieser Trick funktioniert in folgenden **acht Schritten:**

1. Migranten (beispielsweise aus Afghanistan oder Syrien) fliehen nach Griechenland und beantragen dort Asyl.
2. In Griechenland erhalten sie neben dem Asylschutzstatus auch einen griechischen Flüchtlingsausweis.
3. Mit diesem Ausweis können sie sich im Schengenraum frei bewegen, um etwa kurzzeitig Verwandte in anderen Ländern zu besuchen (!).
4. Viele von ihnen reisen dann mit einem Urlaubsflieger (!) nach Deutschland.
5. Bei den Befragungen durch die Bundespolizei bei der Einreise geben sie oft an, sie wollten Verwandte in Deutschland besuchen (!) oder deutsche Sehenswürdigkeiten besichtigen (!).
6. Sobald sie aber ins Bundesgebiet eingereist sind, sagen sie der Bundespolizei oder einer anderen Behörde gegenüber den Zauberspruch »Bett, Brot, Seife«

und stellen – trotz Asylstatus in Griechenland – ein weiteres Asylgesuch in Deutschland.

7. Die meisten kommen damit durch, denn nach den Zauberformeln »Asyl« und »Bett, Brot, Seife« ist den Sicherheits- und Ausländerbehörden klar, dass die Flüchtlinge die Ausstattung, Verpflegung und Hygiene in griechischen Flüchtlingslagern reklamieren.
8. Die Flüchtlinge erhalten ein Asylverfahren.[713]

> »Dass es diesen Trick gibt, erfahren die Flüchtlinge nach *Bild*-Informationen aus Sicherheitskreisen von findigen NGOs in Griechenland.«[714]

Der Hintergrund dafür sieht so aus: Die NGOs wissen ganz genau, dass **deutsche Gerichte** regelmäßig die **Rückführung** von Migranten **verhindern,** die schon in Griechenland Asyl erhalten haben, weil für sie vor Ort angeblich die »ernsthafte Gefahr besteht, dass sie dort ihre elementarsten Bedürfnisse (›Bett, Brot, Seife‹) nicht befriedigen können«.[715] Durch diesen – für den deutschen Steuerzahler – perfiden Trick erhalten immer mehr Flüchtlinge, die schon in Griechenland einen Schutzstatus bekommen haben, auch in GerMoney Asyl.

Als Beweis dafür dienen folgende Zahlen der Bundespolizei und des Bundesamts für Migration und Flüchtlinge (BAMF):

- 2024 kamen laut Bundespolizei exakt **9838** Personen mit dem Flugzeug aus Griechenland, die sich mit einem von Griechenland ausgestellten Reiseausweis für Flüchtlinge ausweisen konnten. Davon machten **9670** Personen ein Asylgesuch der Bundespolizei gegenüber geltend.[716]
- Die tatsächlichen Zahlen der »Bett-Brot-Seife-Migranten« aus Griechenland sind aber noch höher. So zählte das BAMF für das Gesamtjahr 2024 sogar **24800** Asylerstantragsteller in Deutschland, denen bereits in Griechenland ein Schutzstatus zuerkannt worden war.[717]

Fakt ist, dass laut Informationen aus dem BAMF während der gesamten Amtszeit von Bundesinnenministerin Nancy Faeser (SPD) auf diese Weise genau **81 800** illegale Migranten mit Asylstatus in Griechenland nach Deutschland einreisten und hier einen weiteren Asylantrag stellten.

Mein Kommentar: Es ist also eine mittelgroße Stadt, die jedes Jahr allein auf **diesem** Weg nach Deutschland einreist. Die Kosten für diese 80 000 Migranten belaufen sich – NGOs sei Dank! – für den deutschen Steuerzahler auf einige Millionen. Außerdem ist es für mich ein Witz vor dem Herrn, wenn Flüchtlinge aus Syrien und Afghanistan mit Urlaubsfliegern nach Deutschland kommen, um angeblich Verwandte zu besuchen oder Sehenswürdigkeiten zu besichtigen.

Allerdings erschwerte das Bundesverwaltungsgericht am 16. April 2025 den NGOs ihr Handwerk ein wenig. Es **billigte Abschiebungen** von nicht als besonders hilfsbedürftig geltenden alleinstehenden jungen männlichen Flüchtlingen **nach Griechenland,** denn diesen drohen in dem EU-Mitgliedsstaat »keine erniedrigenden oder unmenschlichen Lebensbedingungen« im Sinn einer Verletzung der EU-Grundrechtecharta.[718] Folglich könnten sie nach dem Gerichtsurteil gleich wieder abgeschoben werden. Doch Griechenland machte den deutschen Juristen einen Strich durch die Rechnung: Migrationsminister Makis Voridis betonte gegenüber dem Athener Sender Skai, eine Rückführung der Personen komme für sein Land nicht infrage. Im Klartext: **»Griechenland lehnt [die] Rücknahme von Asylbewerbern aus Deutschland ab.«**[719] Und aus Erfahrung wissen wir: Sind Flüchtlinge einmal in Deutschland angekommen, gibt es für die meisten von ihnen kein Zurück mehr.

Ein weiteres Beispiel, wie NGOs Flüchtlinge helfen:

Anfang Juni 2025 klagten drei Somalier erfolgreich vor dem Verwaltungsgericht Berlin gegen ihre Zurückweisung an der deutschen Grenze. Die NGO Pro Asyl hatte sie dabei tatkräftig unterstützt.[720]

II. Beispiel »Zensur« und »Plattformkontrolle«

Seit der Amtsübernahme von Donald Trump und der (mehr oder weniger erfolgten) »Zensurbefreiung« von X durch Elon Musk (der übrigens Milliarden Steuergeldzahlungen an NGOs aufgedeckt hat),[721] rastet das Gutmenschen-Establishment aus, denn die digitale Welt wird zunehmend zum Schlachtfeld politischer Interessen. Gleichzeitig erstarkt die AfD und ist in den sozialen Medien präsenter als alle anderen Parteien in Deutschland, was nach Gutmenschen-Denken natürlich nicht sein kann und darf.

Deshalb richtete Anfang März 2025 ein »Bündnis« aus Vertretern der sogenannten »Zivilgesellschaft«, Kirchen, Gewerkschaften, Verbraucherschutzorganisationen und vorwiegend linksgerichteten NGOs einen Appell an die CDU/CSU und die SPD, während diese Sondierungsgespräche führten.[722] Ihre Botschaft lautete, die neue Regierung müsse die **»Kontrolle von Onlineplattformen«** zur Priorität erklären. Die Begründung ist uns allen bekannt, da die Linken sie wie eine Monstranz vor sich hertragen: die »Sorge um die Demokratie«, was in Wirklichkeit aber ein Argument ist, um unliebsame Meinungen einzuengen, zu zensieren, zu stigmatisieren und letztlich zu verbieten.

Der offene Brief »Demokratie schützen, Gemeinwohl fördern« dieser Gruppen und NGOs mit dem Motto **»Demokratie schützen, Gemeinwohl fördern: Onlineplattformen brauchen Kontrolle«**[723] beginnt mit den Worten (Hervorhebungen teilweise durch mich):

> ***Über 75 Organisationen und Bündnisse fordern wirksame Kontrolle digitaler Plattformen***
>
> *Gemeinsam mit einem breiten gesellschaftlichen Bündnis von mehr als 75 Organisationen und Bündnissen mit über 1000 Mitgliedsorganisationen* ***fordern*** *wir die Verhandlungsführenden von CDU/CSU und SPD in einem heute veröffentlichten Brief auf,* ***die Kontrolle von Online-Plattformen*** *und eine* ***gemeinwohlorientierte Digitalisierung*** *auf die Agenda der Sondierungsgespräche zu setzen.*[724]

> Demokratie schützen, Gemeinwohl fördern: Online-Plattformen brauchen Kontrolle
>
> Sehr geehrter Herr Merz,
> sehr geehrter Herr Dr. Söder,
> sehr geehrter Herr Klingbeil,
>
> die Nachrichten rund um den Amtseintritt von Donald Trump unterstreichen die problematische Verquickung von politischer, medialer und ökonomischer Macht im Bereich von digitalen Plattformen. Davon sind auch Deutschland und Europa betroffen.

Quelle: *https://digitalegesellschaft.de/2025/03/offener-brief-demokratie-schuetzen-gemeinwohl-foerdern/*

Weiter heißt es (Hervorhebungen durch mich):

> *Dass der plattformbezogene Austausch polarisiert und* ***antidemokratische Kräfte beflügelt*** *werden, ist kein unglücklicher Zufall, sondern Programm: Algorithmische Empfehlungssysteme, die das Extreme, Emotionalisierende und Spaltende fördern, sind ein höchst lukratives Geschäftsmodell. Das hat Folgen für unsere Demokratie. Die Zunahme von Hassrede im Digitalen vertreibt marginalisierte Gruppen aus dem öffentlichen Diskurs und führt zu Gefährdungen, auch im analogen Leben.* ***Desinformationen erschweren konstruktiven Austausch und Politikgestaltung*** *zu den drängenden Problemen unserer Zeit wie* ***der Klimakrise.***
>
> *[…]*
>
> *Mit den* ***richtigen Rahmenbedingungen*** *für algorithmische Systeme können Online-Plattformen gesellschaftlichen Diskurs ohne solche negativen Begleiterscheinungen fördern. Wichtige Schritte dahin sind eine* ***konsequente Durchsetzung bestehenden EU-Rechts,*** *das* ***Schließen regulatorischer Lücken*** *und die* ***gezielte Stärkung von gemeinwohlorientierten Plattform-Alternativen.***
>
> *[…]*
>
> *Wir* ***fordern*** *Sie deshalb auf, sich in der kommenden Legislaturperiode entschlossen dafür einzusetzen, dass* ***Online-Plattformen***

***das gesellschaftliche Gemeinwohl und den demokratischen Diskurs fördern,** um damit **Hassrede, Desinformationen** und gesellschaftliche Spaltung in die Schranken zu weisen.*[725]

Mein Kommentar: Die Forderungen nach immer mehr Zensur und Meinungseinschränkung ist typisch für das linke und linksradikale Establishment, das jegliche »andere« Meinungen als die ihrige sofort als »Desinformation« oder sogar als »Hassrede« stigmatisiert. All dies klingt haarscharf nach den Parolen des Big Brother in George Orwells grandiosem Jahrhundertroman *1984*:[726]

- »Krieg ist Frieden«, wie man uns aktuell im Ukrainekrieg weismachen will,
- »Freiheit ist Sklaverei«, wie man uns durch immer mehr Einschränkungen und Gängelungen beibringen will,
- »Unwissenheit ist Stärke«, wie man uns durch staatlich-mediale Zensur, Lückenpresse, Verschweigen, »Dummhalten« und politische Desinformationen klarmachen will.

KI-generiert / ChatGPT

Zu den Unterzeichnern dessen, was in meinen Augen eine Aufforderung zur Zensur und Einschränkung der Meinungsfreiheit ist, gehörten unter anderem (Hervorhebungen durch mich):

- Attac
- Bioland e. V.
- **der BUND Jugend (erhielt staatliche Fördergelder)**[727]
- Campact
- die Deutsche Journalistinnen- und Journalisten-Union (dju) in ver.di
- **die Deutsche KlimaStiftung (erhielt staatliche Fördergelder)**[728]
- **Germanwatch e. V. (erhielt staatliche Fördergelder)**[729]
- **die Global Marshall Plan Foundation (erhielt staatliche Fördergelder)**[730]
- **das Global Policy Forum Europe (erhielt staatliche Fördergelder)**[731]
- Greenpeace
- **Hate Aid (erhielt staatliche Fördergelder)**[732]
- die Klima-Allianz Deutschland
- die Offenen Kommunen NRW
- **das Öko-Institut (erhielt staatliche Fördergelder)**[733]
- die Open Knowledge Foundation Deutschland e. V.
- **Ver.di (erhielt staatliche Fördergelder)**[734]
- **Wikimedia Deutschland**[735] **(erhielt staatliche Fördergelder)**[736]

Offenbar unter dem Einfluss und dem Druck, den die NGOs während der Gespräche zwischen der Union und der SPD aufgebaut haben, finden wir im Koalitionsvertrag auch dementsprechende Passagen zur Zensur und Kontrolle von Onlineplattformen ebenso wie zu Hass und Hetze und vielem mehr, was unsere Meinungsfreiheit Schritt für Schritt einschränken soll.[737]

Mein Kommentar: Hinter dem Ruf nach »Kontrolle« verbirgt sich zumeist der Wunsch, **unliebsame Meinungen** zu bekämpfen. Die angeblichen »Desinformationen« sind häufig legitime **konservative Standpunkte,** die (linke)

NGOs und das linke Polit-Establishment **unterdrücken** wollen. Außerdem: Was soll ein »gemeinwohlorientiertes« Internet sein? Ein Internet, das nur die Parolen und die Meinung der Regierenden und der Links-Bündnisse zulässt? Die Deutungshoheit darüber dürfen wir keinesfalls den linken NGOs und anderen Gruppierungen überlassen, denn **Meinungsfreiheit wird nicht durch immer mehr Kontrolle, sondern durch mehr Freiheit geschützt.** Aber gerade das ist vielen Linken ein Dorn im Auge.

III. Beispiel »DGB und Antifa«, Drohungen & Einschüchterungen: Bundesregierung fördert DGB-Jugend-»Ratgeber« für Antifa mit halblegalem Inhalt

Vorbemerkungen

Folgende DGB-Organisationen sind von der Bundesregierung von 2020 bis 2024 – in Einzeljahren oder mehrere Jahre lang – mit Steuergeldern gefördert worden (ohne Anspruch auf Vollständigkeit):

- DGB Region Südhessen[738]
- DGB-Jugend Region Koblenz[739]
- DGB Region Koblenz[740]
- DGB-Jugend Oberpfalz[741]
- DGB-Jugend Stuttgart[742]
- DGB-Bildungswerk Thüringen e.V.[743]
- DGB-Jugend Südhessen[744]
- DGB-Jugend Oldenburg-Ostfriesland[745]

- DGB Wiesbaden Rheingau-Taunus[746]
- DGB Stadtverband Cottbus[747]
- DGB-Jugendbildungsstätte Flecken Zechlin gGmbH[748]
- DGB-Jugend / AG-Input[749]
- DGB-Jugend Regensburg / AG-Input[750]
- DGB Region Westpfalz[751]
- Arbeit und Leben DGB/VHS NRW e. V.[752]
- Arbeit und Leben Berlin-Brandenburg DGB / VHS e. V.[753]
- Arbeit und Leben im Kreis Herford DGB / VHS e. V.[754]
- DGB Kaiserslautern[755]
- DGB-Jugend BUND[756]
- DGB-Jugend e. V.[757]

Ich halte fest, dass DGB-Organisationen in den letzten Jahren staatliche Förderung in **Millionenhöhe** erhalten haben.

Nun stellt sich die Frage: **Ist der DGB ebenfalls eine NGO?**

Dafür sprechen zwei Argumente:

1. Die Bundesregierung führt den DGB bei der Finanzierung von NGOs auf.[758]
2. Zum Thema »Gewerkschaften und NGOs« schreibt der DGB selbst (Hervorhebungen durch mich): »Dass **Gewerkschaften** sich auf betrieblicher und nationaler Ebene für faire Arbeitsbedingungen einsetzen, gehört zu ihrem Selbstverständnis. Aber auch auf internationaler Ebene sind sie und **andere Nicht-Regierungsorganisationen** (NGOs) für gute Arbeit aktiv.«[759]

Damit dürfte die Frage beantwortet sein.

Selbstverständnis

Der Deutsche Gewerkschaftsbund erklärt (Hervorhebungen durch mich), er stehe »an **vorderster Front im Kampf gegen Hetze, Diskriminierung und antidemokratische Kräfte,** um die Demokratie zu schützen und zu stärken«,[760] schreibt sich als vornehmliches Ziel auf die Fahnen:

> *Gewerkschaften* ***schützen Demokratie vor menschenverachtenden Kräften.*** *Die dunkelsten Stunden der deutschen Geschichte sind uns weiterhin Auftrag. Aktuell stehen weltweit Demokratien unter Druck. Wir als DGB und unsere Mitgliedsgewerkschaften rufen immer wieder dazu auf, für Demokratie und gegen das* ***braune Gedankengut auf die Straße zu gehen.***[761]

Bündnisse

Unter dem Thema »**Unsere Bündnisse für Demokratie und gegen Rechtsextremismus**« werden auf der Website des DGB folgende Punkte aufgeführt (Hervorhebungen durch mich):

- ***Rechtsextremismus stoppen. Demokratie verteidigen:*** *Das Bündnis steht für eine demokratische, offene und* ***vielfältige*** *Gesellschaft, für Frieden und Freiheit, Vielfalt und Menschenrechte, die Wahrung der Menschenwürde, wirtschaftliche Sicherheit und soziale Gerechtigkeit.*
- ***Zusammen für Demokratie – Im Bund. Vor Ort. Für Alle:*** *Es geht uns alle an: Gemeinsam Demokratie und Menschenrechte verteidigen! Für eine gerechte und solidarische Gesellschaft. Das Bündnis tritt ein für die unteilbaren Menschenrechte, soziale Gerechtigkeit und eine* ***klimagerechte Zukunft.*** *Es steht für eine* ***vielfältige, freie und offene Gesellschaft.***

- ***Vereint für Demokratie:*** *Ein Bündnis aus Wirtschaft,* ***Zivilgesellschaft*** *und Philanthropie – es bündelt Kräfte und stärkt Demokratie. Von Haltung zur Handlung.*
- *Wir stehen für Werte: Eine Wirtschaftsallianz aus mehr als 30 deutschen Unternehmen und Organisationen, die sich klar zu einem* ***geeinten Europa*** *bekennt. Zu* ***Vielfalt, Offenheit*** *und Toleranz. Zu all den Werten, die uns in der Vergangenheit zum Erfolg geführt haben und die uns auch in Zukunft Stärke verleihen werden.*[762]

Außerdem stehe der DGB für

- einen **gerechten Klimaschutz:** »Das Klima und seine Auswirkungen auf Arbeit und Leben gehen uns alle an. Für mehr Gerechtigkeit in der Klimapolitik.«[763]
- **Vielfalt:** »Vielfalt ist die Grundlage, wenn man in einem Land leben will, in dem Freiheit und Demokratie gleichberechtigt sind.[764] […] Eine Gesellschaft, die von Vielfalt geprägt ist, die Diversität lebt und Respekt zeigt, ist eine starke Gesellschaft.«[765]

Mein Kommentar: »Gegen Rechtsextremismus«, für »Vielfalt«, »Offenheit«, »Klimagerechtigkeit«, für ein »geeintes Europa« und – ja, da ist das Wort wieder – für eine »Zivilgesellschaft«, das klingt für mich ganz nach der Agenda einer links-grünen NGO. Ich hoffe die 5,7 Millionen Mitglieder des DGB und seiner angeschlossenen Gewerkschaften sind sich dessen bewusst und stehen dazu.

Die DGB-Vorsitzende

Wie **links** der DGB wirklich ist, zeigt sich auch an der Person der Vorsitzenden. Die Rede ist von der ehemaligen **Jungsozialistin**, dann **SPD**-Generalsekretärin und späteren Staatssekretärin im Bundesministerium für Arbeit und Soziales, der Deutsch-Iranerin Yasmin Fahimi.[766] Von 2017 bis 2022 war sie Mitglied des Deutschen Bundestages, in dem sie dem **linken** Flügel der SPD-Bundestagsfraktion, der Parlamentarischen **Linken,** angehörte.[767] Fahimi war auch Mitglied im Vorstand des Denkwerks Demokratie, eines 2011 von **SPD, Grünen** und Gewerkschaften gegründeten Thinktanks.[768] Als Generalsekretärin bezog Fahimi 2015 zum Beispiel deutlich Position gegen Pegida.[769]

In ihrer Rede am 1. Mai 2024 betonte Fahimi, »wir Gewerkschaften müssen und werden alles in unserer Kraft Stehende tun, um die extrem Rechten zu stoppen und ihr spaltendes Treiben zurückzudrängen«, und rief dazu auf, im Bündnis mit Sozial- und Umweltorganisationen, mit Kultur- und Sportverbänden sowie den Religionsgemeinschaften Flagge zu zeigen, »so lange, bis diese braunen Hetzer in ihre Schranken verwiesen worden sind«.[770]

Mein Kommentar: Der DGB – eine NGO, deren Organisationen vom Staat Fördergelder erhalten – hat eine radikal linke, ehemalige Jungsozialistin und SPD-Angehörige als Vorsitzende, die aktiv in die Tagespolitik eingreift und gegen rechts hetzt. Erneut verquicken sich also NGOs mit dem herrschenden links-grünen Politiknarrativ.

Bundesregierung fördert Ratgeber für Antifa

In diesem linken DGB-Umfeld passt es natürlich wie die Faust aufs Auge, dass die DGB-Jugend Niederbayern einen Ratgeber mit dem Titel »Nazis hassen diese Tricks. 20 Überlegungen zum Vorgehen gegen Rechtsextremismus«[771] herausgegeben hat.

Der durch Steuergelder mitfinanzierte »Antifa-Ratgeber« der DGB-Jugend Niederbayern

Quelle: DBG-Jugend Niederbayern[772]

Wir wollen uns dieses Pamphlet im Folgenden genauer ansehen, indem wir einige inhaltliche Punkte durchgehen (Hervorhebungen insgesamt durch mich).

Vorwort

Das Vorwort beginnt mit der Anrede »Liebe Kolleg*innen, **liebe Antifaschist*innen**«[773] und erklärt dann als das gemeinsame Ziel »die Stärkung einer aktiven antifaschistischen Zivilgesellschaft. [...] Die ›**Tricks**‹ in der vorliegenden Broschüre basieren auf der **langjährigen Erfahrung von vielen aktiven Antifaschist*innen,** es handelt sich dabei also um **kollektives Bewegungswissen.**«[774]

Wie die Antifa zu Geld kommen kann

Anschließend wird erklärt, wie die Antifa es schaffen kann, sich zu finanzieren:

> *Einige Organisationen **in antifaschistischen Bündnissen,** etwa **Gewerkschaften, Parteien, Verbände und Hochschulgruppen,** verfügen im Verhältnis zu non-formal organisierten Strukturen über ein größeres Budget. In der Regel können sie Geld nicht einfach so weitergeben, häufig jedoch **konkrete, belegbare Posten – beispielsweise Honorar- oder Druckkosten – übernehmen.** Wichtig ist es, frühzeitig Kontakt mit den Organisationen aufzunehmen, sodass diese innerhalb ihrer Organisation einen Beschluss zur Kostenübernahme treffen können. **Meistens muss die Rechnung dann auf die entsprechende Organisation ausgestellt und sie als Mitveranstalter*in aufgeführt werden.***
>
> *[...]*
>
> *In vielen Städten und Landkreisen gibt es sogenannte **Partnerschaften für Demokratie, die durch das Bundesprogramm »Demokratie leben!« des Bundesfamilienministeriums gefördert** werden. Ziel ist die Förderung von Demokratie und gesellschaftlicher Vielfalt vor Ort, wozu sich die Verantwortlichen aus Kommunalpolitik und -verwaltung sowie Aktive aus der Zivilgesellschaft vernetzen. Zur*

> *Finanzierung konkreter Maßnahmen, etwa der politischen Bildungsarbeit oder der Erstellung von Informationsmaterialien gegen Rechtsextremismus,* ***können relativ unkompliziert Anträge gestellt*** *werden. Um als Struktur förderfähig zu sein, braucht es in der Regel eine Rechtsform wie beispielsweise einen Verein. Falls ihr non-formal organisiert seid, könnt ihr auch in* ***Kooperation mit anderen einen Antrag stellen, beispielsweise der Gewerkschaftsjugend.*** *Plant immer genug zeitlichen Vorlauf ein und achtet auf Antragsfristen.*[775]

Weiter Möglichkeiten für Antifas, sich Geld zu verschaffen:

- Spenden von Kneipen und Geschäften
- Bands, die bei Konzerten für die Antifa sammeln
- die Veranstaltung von »Soliparties« oder »Solikonzerten«
- die Veranstaltung von Spendenläufen gegen Rechtsextremismus[776]

Auf keinen Fall mit Rechten reden

Als Argument dafür, weshalb man mit Rechten gar nicht erst reden sollte, wird angeführt:

> *Für alle Demokrat*innen sollte deshalb klar sein: Parteien und PolitikerInnen, die Menschenrechte offen in Frage stellen,* ***darf keine Bühne geboten werden. Mit ihnen sollte nicht öffentlich diskutiert werden, da dies ihre Standpunkte ungewollt normalisieren und diskursfähig machen*** *kann. Vielmehr ist es wichtig, antidemokratische Positionen selbstbewusst* ***aus dem Diskurs auszuschließen*** *und zu erklären, warum man dies macht. Die VVN-BdA (Vereinigung der Verfolgten des Naziregimes – Bund der Antifaschist*innen) nutzt dafür seit Jahrzehnten den Slogan* ***»Faschismus ist keine Meinung, sondern ein Verbrechen.« Also: Kein Dialog***

> ***mit den FeindInnen der Demokratie unter dem Deckmantel der Meinungsfreiheit** [...].*[777]

Halblegale Tipps, Einschüchterungen und Drohungen

Dann wird offen zugegeben, wie manche Antifagruppen arbeiten: »Für die meisten Antifagruppen spielt Gewalt jenseits von Selbstverteidigung oder zum Schutz von Betroffenen rechter Angriffe kaum eine Rolle. **Gleichwohl wird teilweise mit dem militanten Image gespielt, um Aufmerksamkeit zu erzeugen und den politischen Gegner einzuschüchtern.** [...] Dabei ist die **Akzeptanz für Regelübertretungen durchaus verbreitet** [...].«[778]

Anschließend wird es verräterisch:

> *Meist geht es Antifaschist*innen um Auseinandersetzungen in drei Bereichen, die sich immer wieder überschneiden. Macht euch klar, was davon jeweils euer **primäres Ziel** ist: Rechtsextremen Strukturen **Schaden zuzufügen.** Beispielsweise indem man ihnen **Räume und Sichtbarkeit nimmt, Druck auf die zentralen Akteure aufbaut, so dass diese kürzertreten oder sich zurückziehen,** versucht eine Erhöhung des staatlichen Kontrolldrucks bzw. **sogar Verbote zu erreichen** oder interne Spaltungslinien vertieft.*[779]

Für den Versuch, »das rechtsextreme Kampfsportstudio loszuwerden«, werden folgende Möglichkeiten in Aussicht gestellt:

> *Kündigt das Immobilienunternehmen vielleicht den Vertrag, wenn es über den Charakter des Kampfsportstudios aufgeklärt wird?*
>
> *Oder der eigene Name öffentlich wird und es um seinen guten Ruf fürchtet? [...]*
>
> *Oder muss zuerst durch Öffentlichkeitsarbeit aufgeklärt und dadurch Handlungsdruck erzeugt werden? [...]*

Reicht es aus, die nicht-rechten Mitglieder aufzuklären?

*Kündigen diese ohnehin, da ihnen der Trubel um das Kampfsportstudio zu viel wird und sie sich gegenüber Freund*innen erklären müssen? […]*

Lasst euch Eskalationsstufen offen.

Wenn ihr bei der Planung Unterstützung braucht, fragt bei antifaschistischen Strukturen mit Kampagnenerfahrung.[780]

Alsdann werden einschüchternde Antifa-Aktionen empfohlen:

*Geht auf Gaststätten zu und sucht das Gespräch, wenn diese ihre Räume Rechtsextremen zur Verfügung stellen. […] Es gibt aber auch Wirt*innen, denen der politische Hintergrund gleichgültig ist oder die sympathisieren. Hier kann der Hinweis helfen,* ***dass es öffentlich werden könnte, dass sie wissentlich Rechtsextreme beherbergen oder es vielleicht sogar zu Gegenprotest vor der eigenen Haustür kommt.*** *[…] Außerdem ist es wichtig dranzubleiben, denn: Die Rechtsextremen werden ziemlich sicher eine Ersatzlocation suchen. Ihr solltet ihre Kanäle also im Auge behalten oder sogar mit* ***falscher Mailadresse in ihrem Mailverteiler sein,*** *um Änderungen mitzubekommen. Das ist alles mühsam, aber wenn man einen langen Atem hat, kann es klappen, dass Rechtsextreme vor Ort kaum noch öffentliche Saalveranstaltungen durchführen können.*[781]

Halblegale Tipps und Drohungen

häufig dankbar über die Aufklärung und stornieren die Buchung. Es gibt aber auch Wirt*innen, denen der politische Hintergrund gleichgültig ist oder die sympathisieren. Hier kann der Hinweis helfen, dass es öffentlich werden könnte, dass sie wissentlich Rechtsextreme beherbergen oder es vielleicht sogar zu Gegenprotest vor der eigenen Haustür kommt. Wichtig ist: Wenn ihr Gaststätten

Quelle: DGB-Jugend Niederbayern, *https://niederbayern.dgb.de/++co++9d62a6b8-82c4-11ee-b280-001a4a160123*

Finanzströme kappen

Außerdem sollen die **Finanzströme gekappt** werden, etwa indem man **Meldungen an Banken vornimmt oder Druck in sozialen Medien aufbaut.**[782] Ebenso sollen Accounts bekämpft werden:

> ***Koordinierte Meldeaktionen, Strafanzeigen und öffentlicher Druck können*** *also nützlich sein. Wenn ihr gezielt gegen einen Account vorgehen wollt, legt euch eine Strategie zurecht und verfolgt sie konsequent. Achtet dabei auch auf Eigensicherheit: Verwendet beim Melden von rechtsextremen Accounts nicht eure privaten Accounts.*[783]

Einbindung der Presse

Mit etwas Glück klappe es, »durch Gegenproteste und eine gute **begleitende Medienarbeit den Fokus der Presse** zu verlagern und **progressive, antifaschistische Inhalte in die Öffentlichkeit zu tragen.«**[784]

Politik und Verwaltung

Ebenso sollen **Städte und Gemeinde darauf aufmerksam** gemacht werden, dass sie bei »Szeneimmobilien« Punkte wie Nutzungszweck, Brandschutz, Jugendschutz und dergleichen **streng kontrollieren.**[785]

So wollen die Antifas die Politik und Verwaltung unterwandern und ein linkes Netzwerk aufbauen:

> *Jenseits des Protestgeschehens bietet es sich an, dass* ***Ämter und Referate der Kommunen mit antifaschistischen Initiativen zusammenarbeiten.*** *[…] Grundlage für das Gelingen sind* ***institutionalisierte Orte des Austausches zwischen Verwaltung und der***

antifaschistischen Zivilgesellschaft: *Strukturen wie die mehrheitlich zivilgesellschaftlich besetzten* ***Begleitausschüsse der Partnerschaften für Demokratie innerhalb des Bundesprogramms »Demokratie leben!« des Bundesfamilienministeriums sind ein gutes Modell hierfür.*** *Wenn es vor Ort noch keine Partnerschaft für Demokratie gibt, können Stadt oder Landkreis über die in eurem Bündnis vertretenen Parteien angeregt werden, sich für das Förderprogramm zu bewerben. Falls dies nicht möglich ist, kann auch jenseits davon über regelmäßige Foren nachgedacht werden.*[786]

Im Übrigen wurde der Antifa-Ratgeber auch über das umstrittene Bundesprogramm »Demokratie leben!« gefördert

Herausgeberin
DGB Jugend Niederbayern
Martin Birkner (Jugendsekretär)
Nikolastraße 49
84034 Landshut

https://niederbayern.dgb.de
jugendsekretariat-niederbayern@dgb.de
0871 974 886
facebook.com/dgbjugendniederbayern
instagram.com/dgb_jugend_niederbayern/

Förderung

„Wir sind Straubing"
Partnerschaft für Demokratie
Soziales Rathaus
Amt 23.1 Integration und Partnerschaft für Demokratie
Roman Schaffner
Am Platzl 31
94315 Straubing

wir-sind-straubing.de
roman.schaffner@straubing.de
09421 94 470 130
facebook.com/wirsindstraubing
instagram.com/wirsindstraubing

Layout gegenfeuer.net

Druck justlandPLUS

Stand März 2023

Gefördert vom

Bundesministerium für Familie, Senioren, Frauen und Jugend

im Rahmen des Bundesprogramms

Demokratie leben!

Die Veröffentlichung stellt keine Meinungsäußerung des BMFSFJ oder des BAFzA dar. Für inhaltliche Aussagen trägt die Herausgeberin die Verantwortung.

Quelle: DGB-Jugend Niederbayern, *https://niederbayern.dgb.de/++co++9d62a6b8-82c4-11ee-b280-001a4a160123*

Zusammenfassung

Die DGB-Jugend-Broschüre propagiert folgende Empfehlungen für Antifas:

- Regelübertretungen sind durchaus akzeptiert.
- Man dürfe teilweise mit dem militanten Image spielen, um Aufmerksamkeit zu erzeugen und den politischen Gegner einzuschüchtern.
- Man solle Druck aufbauen und Verbote anstreben.
- Man könne bei antifaschistischen Bündnissen, etwa Gewerkschaften, Parteien, Verbänden und Hochschulgruppen, aber auch bei Ministerien eine Finanzierung beantragen, was im Falle der hier analysierten Broschüre ja auch bestens geklappt hat.
- Man dürfe auf keinen Fall mit Rechten in einen Dialog treten.
- Man könne Einfluss auf jene nehmen, die den Rechten Räume zur Verfügung stellen, etwa durch die Aufklärung, man könne das öffentlich machen oder gar Gegenproteste quasi vor der Haustür veranstalten, was meiner Ansicht nach eine Taktik der Einschüchterung und Bedrohung darstellt.
- Man solle sich jede Eskalationsstufe offenlassen.
- Man solle Meldungen an Banken machen und auch in sozialen Medien Druck ausüben, damit entsprechende Konten gekündigt werden.
- Man könne durch Anzeigen und Meldungen gegen unliebsame Accounts vorgehen.
- Man habe die Möglichkeit, über die Presse antifaschistische Inhalte in die Öffentlichkeit zu tragen.
- Man könne Politik und Verwaltung durch Begleitausschüsse und Ähnliches quasi unterwandern.

Mein Kommentar: Einige dieser – in meinen Augen – halblegalen »Tipps« werden von manchen Antifaschisten und manchen linken Schlägerbanden[787] (Anarchisten, »Schwarzer Block« etc.)[788] bereits seit Jahren umgesetzt, und zwar vor allem gegen die AfD. Die Broschüre ist geradezu eine Anleitung für die

Antifa – und das gefördert von der Bundesregierung! Dabei ist nicht zu vergessen, dass manche linke Schläger auch brutale Gewalt gegen Andersdenkende und sogar gegen die Polizei ausüben.[789]

Anmerkungen

Hier noch ein paar letzte Anmerkungen:

Wie ich oben aufgezeigt habe, erhalten viele Jugendorganisationen des DGB staatliche Fördergelder.

Das Bundesministerium für Familie, Senioren, Frauen und Jugend wirbt bis heute auf einer seiner Seiten für die Antifa-Broschüre »Nazis hassen diese Tricks. 20 Überlegungen zum Vorgehen gegen Rechtsextremismus«.[790]

Die Förderung für den Antifa-Ratgeber soll insgesamt **22 455,04 Euro** an Steuergeldern verschlungen haben.[791]

Das Netzwerk »Wir sind Straubing« mit ihrer »Partnerschaft für Demokratie«, das den Ratgeber ebenfalls gefördert hat,[792] will folgende Zielgruppen ansprechen: [793]

- Kinder
- Jugendliche bis 27 Jahre
- Eltern und andere Erziehungsberechtigte
- Erzieherinnen und Erzieher, Lehrerinnen und Lehrer, andere pädagogische Fachkräfte
- Multiplikatorinnen und Multiplikatoren
- lokal einflussreiche staatliche und zivilgesellschaftliche Akteure

---

Mein Kommentar: Das links-bunte Bündnis »Wir sind Straubing« wird ebenfalls vom Bundesministerium für Familie, Senioren, Frauen und Jugend gefördert[794] und sponsert eine Broschüre der DGB-Jugend, die dafür von eben diesem Ministerium ebenfalls Geld erhalten hat. Und in DGB-Organisationen sind in den letzten Jahren **Millionen** Euro Steuergelder geflossen. So schließt sich der Kreis.

IV. Beispiel »Greenpeace«

Allgemeines und Pikantes

Greenpeace ist eine 1971 entstandene transnationale politische NGO, die sich für Umwelt-, Natur- und Klimaschutz sowie für Frieden einsetzt.[795] Von Friedensaktivisten in Vancouver (Kanada) gegründet, wurde die Organisation durch Aktionen gegen Kernwaffentests, den Walfang, Überfischung, globale Erwärmung, die Zerstörung von Urwäldern sowie Atomenergie und Gentechnik international bekannt.[796] Die NGO ist in 55 Ländern vertreten und wird weltweit von mehr als 3 Millionen Menschen unterstützt.[797] In Deutschland hat Greenpeace rund 616 000 Fördermitglieder[798] und ist ein als gemeinnützig anerkannter eingetragener Verein, der sich durch Spenden finanziert.

Den Einfluss von Greenpeace auf die deutsche Politik erhellt ein pikantes Beispiel: Die grüne Außenministerin Annalena Baerbock ernannte im Februar 2022 Jennifer Morgan, die bis dahin Geschäftsführerin der NGO Greenpeace International gewesen war, »zur neuen Sonderbeauftragten für internationale Klimapolitik«,[799] worüber Greenpeace natürlich triumphierte (Hervorhebungen durch mich):

> *Annalena Baerbock meint es ernst mit der Neuausrichtung der deutschen Klimaaußenpolitik. Mit der Bündelung der Arbeitsfelder Internationale Klimapolitik und Finanzierung, **Klimasicherheitspolitik, Klimagerechtigkeit** mit Menschenrechtsfragen, nationale Sicherheitspolitik und **Energiesicherheit** im Außenministerium will sie die deutsche Regierung in die Lage versetzen, mit wichtigen Wirtschaftsnationen wie USA und China auf Augenhöhe zu verhandeln. Mit der Ernennung der **internationalen Greenpeace-Chefin Jennifer Morgan zur Sonderbeauftragten sendet Baerbock ein starkes Signal, dass das 1,5-Grad-Ziel die Richtschnur für Deutschlands Klimaaußenpolitik sein wird.** Morgan ist ein Garant dafür, dass*

die Anliegen der Zivilgesellschaft in der internationalen Klimapolitik mitgedacht werden. Mit der jahrzehntelangen Erfahrung Morgans in der ***Klimadiplomatie*** *wird es Baerbock gelingen, die für eine kohärente Klimaaußenpolitik wichtigen Ministerien zusammen zu bringen. Es ist auch im Interesse der deutschen Wirtschaft, von der ein stetig wachsender Teil auf* ***1,5-Grad-Kurs ist, wenn das Außenamt den politischen Rahmen für klare Klimaschutzmaßnahmen*** *setzt.*[800]

Greenpeace gelang es am 3. Juli 2020 sogar, am Reichstag ein Banner anzubringen!

Quelle: Leonhard Lenz / *commons.wikimedia.org*

Mein Kommentar: Man darf Greenpeace nicht unterschätzen. Diese NGO übt durch ihre manchmal spektakulären Aktionen großen Einfluss auf die öffentliche Meinung und damit auch auf Politiker und ihre Entscheidungen aus. Mit ihren 3 Millionen Unterstützern ist sie eine der größten und bekanntesten Nichtregierungsorganisationen weltweit und verfügt über eine große politische Durchschlagskraft.[801] Ich ordne sie eher dem linken Bereich zu, da sie, wie wir gleich sehen werden, manchmal über die Stränge schlägt.

Gesetzesbrüche

Sowohl in Deutschland, wo sie **gemeinnützig** ist,[802] als auch in anderen Ländern, **verstieß** diese NGO nämlich immer mal wieder **gegen Gesetze.** Hier ein paar länderübergreifende Beispiele:

- **20. November 1986:** Greenpeace-Aktivisten **blockierten** die Einfahrt zum Baugelände der Wiederaufbereitungsanlange Wackersdorf (WAA). Die Polizei löste die Sitzblockade auf und nahm etwa 22 Personen kurzzeitig fest.[803]
- **27. Oktober 1988:** Greenpeace-Aktivisten gelang es, einen Baukran inmitten des polizeilich abgeriegelten WAA-Geländes zu **besetzen** und ein Transparent daran zu befestigen.[804]
- **Februar 1998:** Zwei Mitglieder von Greenpeace wurden wegen versuchter **Nötigung in Tateinheit mit Sachbeschädigung** und wegen Beihilfe zur versuchten Nötigung in Tateinheit mit Sachbeschädigung verurteilt, nachdem sie im April 1996 an einer **Gleisblockade** teilgenommen hatten.[805]
- **14. Juli 2001:** Fünfzehn Greenpeace-Mitglieder drangen in die Sicherheitszone des kalifornischen Raketentestgeländes auf der Vandenberg Air Force Base in Los Angeles ein. Die Beteiligten wurden festgesetzt und wegen **unbefugten Eindringens** in die Sicherheitszone eines Raketentest- beziehungsweise Militärgeländes, **wegen Verschwörung und Nichtbefolgen von Anweisungen der Küstenwache** angeklagt.[806]
- **Dezember 2009:** Elf Greenpeace-Aktivisten gelang es, sich kurz vor Ende des UN-Klimagipfels in Kopenhagen in ein Galaessen von Staatsoberhäuptern aus aller Welt einzuschleusen und ein Transparent mit der Beschriftung »Die Politiker reden – die Führer handeln« zu entrollen. Die Aktivisten wurden in Dänemark wegen **Hausfriedensbruch, Amtsanmaßung und Fälschung öffentlicher Urkunden** angeklagt.[807]
- **2012:** 59 Mitglieder von Greenpeace wurden wegen **Hausfriedensbruch und Sachbeschädigung** verurteilt, nachdem sie 2011 in das Gelände der beiden Kernkraftwerke in Neckarwestheim **widerrechtlich eingedrungen** waren.[808]

- **2015/2017:** Im April 2017 wurde Greenpeace in Großbritannien ein **Bußgeld von 30000 britischen Pfund auferlegt**, weil die NGO sich vor der Unterhauswahl 2015 bewusst **nicht** als **»drittbeteiligte Kampagnenorganisation« registriert** hatte. Damit war Greenpeace die erste Organisation, die nach dem 2014 in Kraft getretenen britischen Lobbygesetz Transparency of Lobbying, Non-Party Campaigning and Trade Union Administration Act (Gesetz über die Transparenz von Lobbyarbeit, parteiunabhängige Kampagnen und Gewerkschaftsverwaltung)[809] bestraft wurde. Dieses Gesetz soll die Einflussnahme von Dritten auf den Ausgang von Wahlen beschränken.[810]
- **Juni 2018:** Um für den Kohleausstieg zu demonstrieren, verteilten Greenpeace-Aktivisten im Kreisverkehr um die Siegessäule in Berlin herum 3500 Liter gelbe Farbe. Die Aktion zog offenbar den **Sturz eines Motorradfahrers und einer Radfahrerin** nach sich, zudem kam es zu Auffahrunfällen mit Sachschaden. Greenpeace-Sprecher Martin Bussau bezeichnete die Vorwürfe als »nahezu absurd«, sie entbehrten jeglicher Grundlage.[811] Es folgten **Durchsuchungen** des Hauptsitzes, eines Aktionsmittellagers in Berlin, der Greenpeace Media GmbH in Hamburg sowie der Wohnungen mehrerer Aktivisten. Die Ermittler kündigten an, insgesamt 29 Durchsuchungsbeschlüsse zu vollstrecken. Eine fünfstellige Rechnung wurde erhoben, weil für die Reinigung der Fahrbahn 135000 Liter Wasser benötigt wurden, welches anschließend von einer Spezialfirma entsorgt werden musste.[812]
- **März 2021**: Neun Aktivisten von Greenpeace **drangen in das Gelände des Pariser Flughafens Charles de Gaulle ein** und besprühten eine Boeing 777-200 der Air France mit grüner Farbe. Damit wollte die NGO das »Greenwashing« in der Branche anprangern. Der französische Transportminister sprach von einem gravierenden Sicherheitsvorfall. Die Beteiligten wurden 3 Monate später wegen **Sachbeschädigung und Störung von Flughafeneinrichtungen** angeklagt.[813]
- **Mai 2021:** Auf dem Gelände des Seehafens Emden **entwendeten** Greenpeace-Aktivisten die **Autoschlüssel von über 1000 zum Verladen bereitgestellter Neuwagen** der Volkswagen AG, um gegen deren Unternehmenspolitik zu demonstrieren. Schließlich konnte die Polizei die Schlüssel auf der Zugspitze,

dem höchsten deutschen Berg, sicherstellen. Doch das war kein Kavaliersdelikt. Die Beamten verfolgten den **Vorwurf des Hausfriedensbruchs und eines besonders schweren Falls von Diebstahl.**[814]

- **15. Juni 2021:** Kurz vor Anpfiff des Fußball-EM-Spiels Frankreich gegen Deutschland in München wollte ein Aktivist trotz Flugverbots über der Allianz Arena einen großen gelben Ball mit einer Protestaufschrift abwerfen. Doch die Aktion misslang. Der Greenpeace-Gleitschirmflieger stürzte ab und musste auf dem Spielfeld notlanden. Dabei traf er verschiedene technische Einrichtungen und **verletzte zwei Personen. Diese mussten mit Kopfverletzungen in Münchner Krankenhäuser** gebracht wurden. **Der Pilot wurde vorläufig festgenommen.** Die Polizei prüfte mehrere strafrechtlich relevante Delikte wie **gefährliche Körperverletzung, Hausfriedensbruch sowie Delikte nach dem Luftverkehrsgesetz.** Laut Greenpeace hatte die Aktion nie die Absicht, das Spiel zu stören oder Menschen zu verletzen.[815]

Greenpeace vor dem Aus?

Wie die *Bild* titelte, brauten sich im März 2025 über Greenpeace dunkle Wolken zusammen: »Umweltschutz-Organisation vor dem Aus? Greenpeace zu Hunderten Millionen Dollar verurteilt«.[816]

Der Hintergrund dafür liegt schon einige Jahre zurück und geht auf Proteste in den Jahren 2016 und 2017 gegen die Dakota-Access-Ölpipeline und ihre Missouri-Flussquerung oberhalb des Reservats des Stammes der Standing Rock Sioux zurück. Der Stamm lehnt die Leitung seit Jahren als Risiko für seine Wasserversorgung ab, denn die mehrere Bundesstaaten umfassende Pipeline transportiert seit Mitte 2017 Erdöl. Mitglieder des Stammes Standing Rock Sioux und ihre Unterstützer versuchten Bulldozer, die an der neuen Ölpipeline arbeiteten, zum Stoppen zu bringen.[817]

In der entsprechenden Klage wurden Greenpeace International, Greenpeace USA und dem Finanzierungsarm Greenpeace Fund Inc. **Verleumdung, Hausfriedensbruch, Belästigung, zivilrechtliche Verschwörung** und weitere Handlungen vorgeworfen. Eine Jury in North Dakota befand Greenpeace im Zusammenhang mit Protesten gegen die Dakota Access Pipeline für schuldig.[818]

Greenpeace-Vertreter erklärten, die Klage sei ein kritischer Test für die Meinungs- und Protestfreiheit des ersten Verfassungszusatzes und könne die Zukunft der Organisation gefährden. Doch das alles half nichts. Die neunköpfige Jury sprach dem in Dallas ansässigen Unternehmen Energy Transfer und dessen Tochtergesellschaft Dakota Access Schadensersatz in Höhe von sage und schreibe **666 Millionen Dollar** zu.[819]

Der Anwalt der Kläger, Trey Cox, erklärte, Greenpeace habe ein Komplott verfolgt, um den Bau der Pipeline zu verhindern. In seiner Eröffnungsrede behauptete er, Greenpeace habe Außenstehende dafür bezahlt, in das Gebiet zu kommen und zu protestieren, Blockadematerial geliefert, Schulungen für Protestierende organisiert oder geleitet und unwahre Aussagen über das Projekt gemacht, um es zu stoppen.[820]

Greenpeace hingegen erklärte:

> *Greenpeace USA wird Berufung einlegen und Greenpeace International hat in den Niederlanden ein eigenes Verfahren eingeleitet, um sich gegen diese missbräuchlichen, juristischen Taktiken zu wehren. […] Greenpeace Deutschland und andere nationale Greenpeace Büros sind unabhängig und geschützt von den Vorgängen in den USA. Deutsche Spendengelder sind von dem Urteil nicht betroffen.*[821]

Mein Kommentar: Seit sich der Wind in den USA gedreht hat, wird es schwierig für die NGO sein, das Urteil zurückzudrehen. Die Zahlung von 666 Millionen Dollar kann die Existenz von Greenpeace kosten. Wir dürfen gespannt sein, wie es im Juli 2025 weitergeht.

V. Beispiel »Gegenmedien«

Vorbemerkung

Das Projekt »Gegenmedien« setzt(e) sich kritisch mit Kanälen (sprich Alternativmedien) auseinander, die sich in Opposition zur bestehenden Medienöffentlichkeit (sprich Mainstream-Presse) sehen.[822] Das Projekt gilt offiziell als abgeschlossen.

Weshalb widme ich ihm dennoch ein Kapitel? Ganz einfach: Selten hat eine NGO – nämlich jene, die hinter dem Projekt steht – einen derart tiefgehenden und nachhaltigen Einfluss auf unsere Medien und auf den Politiker-Sprech genommen. Deshalb lohnt es sich, genauer hinzusehen, nicht zuletzt deshalb, weil auch dieses Projekt mit Steuergeldern finanziert wurde.

Die Legitimation für dieses Projekt finden wir auf der Webseite von Gegenmedien (Hervorhebungen durch mich):

> *Immer mehr Menschen nutzen sogenannte* ***»alternative« Medien*** *als Informationsquelle. Ein großer Teil von ihnen verbreitet* ***Desinformation und Verschwörungstheorien.*** *Sie wirken weit in die Gesellschaft hinein und schüren das* ***Misstrauen gegen die parlamentarische Demokratie, gegen Wissenschaft und Medien.***[823]

Selbstbeschreibung und Ziele

In der Selbstbeschreibung wird dieses linke Mantra – das Verteufeln von rechts – erneut wiederholt:

> *Die liberale Demokratie steht weltweit unter Druck. Wer der »antiliberalen Konterrevolution« (Timothy Garton Ash) erfolgreich entgegen-*

> *treten will, muss sich mit ihren Ursachen und ideologischen Mustern auseinandersetzen. […] Die langen Linien antiliberalen Denkens für die heutige Debatte aufzuarbeiten, ist Ziel des Projekts. […] Die Auseinandersetzung mit den Vordenkern der Neuen Rechten wird auf unserer Website* www.gegneranalyse.de *gebündelt.*[824]

Das Vorhaben von Gegenmedien verstehe sich »als Beitrag zur Stärkung demokratischer Werte und demokratischen Engagements. Konkret geht es darum, die aktuelle Auseinandersetzung mit den **Gegnern der offenen Gesellschaft** in einen größeren historischen Kontext zu stellen, die langen Linien antiliberalen Denkens herauszuarbeiten und die Kritik an diesen Denkmustern auf eine informierte Grundlage zu stellen.« Daraus ergibt sich konkret, »**fachliche Unterstützung für andere Akteure des Bundesprogramms ›Demokratie leben!‹ zu leisten. Bildungsträgern** und zivilgesellschaftlichen Initiativen vor Ort sollen Angebote zur inhaltlichen **Weiterentwicklung ihrer Projekte, für eine bessere historische Orientierung und fachliche Vernetzung vermittelt** werden. Die **Erkenntnisse des Projekts sollen so aufbereitet** werden, dass sie von lokalen Akteuren in ihrer Praxis angewandt werden können. Nicht zuletzt soll das Projekt auch **Grundlagenwissen für Journalist/innen und Lehrkräfte bereitstellen.** Ein weiteres Anliegen ist der Aufbau eines Expert/innen-Netzwerks, auf das Akteure vor Ort bei Bedarf zurückgreifen können.«[825]

Mein Kommentar: Das NGO-Projekt will also Einfluss nehmen und – meiner Ansicht nach – **linkes Grundlagenwissen für Journalisten und Lehrkräfte** bereitstellen.

Sogar friedliebende Menschen, die keinen Krieg wollen, wurden von Gegenmedien als »Putinfans« stigmatisiert:

Quelle: Gegenmedien *https://gegenmedien.info/erika-balzer-was-coronaskeptikerinnen-zu-putinfans-macht/*

Wissenschaftlicher Beirat

Die Aufgabe des Wissenschaftlichen Beirats besteht darin, die im Rahmen des Projekts erstellten Inhalte zu überprüfen und zu gewährleisten, »dass der aktuelle Forschungsstand [!] berücksichtigt wird«.

Da es auch zur Einschätzung dieses Projekts entscheidend ist, zu erkennen, wer dahinter steht, werfen wir einen Blick auf die Mitglieder des Wissenschaftlichen Beirats:[826]

- **Dr. Liane Bednarz:** Sie ist Publizistin und Juristin, **veröffentlichte** auch Artikel und Bücher **über die AfD und die Neue Rechte**[827] und publizierte in der ***Jüdischen Allgemeinen.***[828] Bednarz bezeichnet sich selbst als liberal-konservativ und ist Mitglied der **CDU,**[829] kündigte allerdings aufgrund der Koalitionsbildung der Thüringer CDU mit dem dortigen BSW nach den Landtagswahlen 2024 ihren Austritt an.[830] Ob sie diesen bereits vollzogen hat oder es bei der vollmundigen Ankündigung geblieben ist, war bis zur Abgabe des Manuskripts unklar.
- **Prof. Dr. Micha Brumlik: Der** Erziehungswissenschaftler und Publizist wurde als Kind deutsch-jüdischer Eltern in der Schweiz geboren, lebt seit 1952 in Deutschland und ist seit 2013 Senior**professor am Zentrum Jüdische Studien**

Berlin/Brandenburg.[831] Brumlik war in Deutschland zunächst im **Sozialistischen Büro** und in der Frankfurter Gruppe der Föderation **Neue Linke** politisch aktiv,[832] später als **Mitglied von Bündnis 90/Die Grünen** und Frankfurter Stadtverordneter von 1989 bis 2001.[833]

- **Prof. Dr. Mouhanad Khorchide:** Der in **Beirut (Libanon) geborene** österreichische Soziologe und Religionspädagoge ist Professor für **Islamische Religionspädagogik.**[834] Laut *Wikipedia* war Khorchide auch Imam einer kleinen Moschee in Wien-Ottakring. Das konnte ich allerdings nicht verifizieren. Khorchide ist seit April 2024 wissenschaftlicher **Leiter** für die Forschungsstelle Islam und Politik **am Zentrum für Islamische Theologie** in Münster[835] sowie Mitglied der neunköpfigen Task Force Islamismusprävention, die am 1. Oktober 2024 im Bundesministerium des Innern und für Heimat unter Leitung von Nancy Faeser (SPD) ihre Arbeit aufgenommen hat.[836]
- **Thomas Krüger:** Mit dem vormaligen **SPD-Politiker** Thomas Krüger treffen wir einen »alten Bekannten« wieder. Er ist **Präsident der Bundeszentrale für politische Bildung** und sitzt in der Jury[837] vom **Netzwerk Vereint für Demokratie,** das unter anderem im Jahr 2024 insgesamt 100 000 Euro an **Correctiv** spendete.[838]
- **Prof. Dr. Irmela von der Lühe:** Sie ist Autorin und Herausgeberin und war Professorin im Fachbereich Philosophie und Geisteswissenschaften am Institut für deutsche und niederländische Philologie an der Freien Universität Berlin. Zu ihren Forschungsschwerpunkten gehört **Exil- und Migrationsliteratur,** die sie auch am **Zentrum für jüdische Studien in Berlin-Brandenburg** lehrte.[839]
- **Prof. Dr. Christoph Möllers:** Er ist Rechtswissenschaftler und hat seit 2009 einen Lehrstuhl für Öffentliches Recht, insbesondere Verfassungsrecht, und Rechtsphilosophie an der Humboldt-Universität zu Berlin inne. Möllers war zunächst **Anhänger der Grünen** und ist nun **Mitglied der SPD.**[840]
- **PD Dr. Hedwig Richter:** Sie ist Historikerin, Publizistin und Professorin für Neuere und Neueste Geschichte an der Universität der Bundeswehr München und forscht zu den Themen **Demokratie, Migration und Geschlechtergerechtigkeit.**[841] Außerdem gehört sie dem **Wissenschaftlichen Beirat der linksliberalen Denkfabrik Progressives Zentrum** an,[842] das als **Partner** wiederum alte

Bekannte aufführt: Die **Amadeu Antonio Stiftung**, das Auswärtige Amt, das Bundesfamilienministerium, das Bundesumweltministerium, das Wirtschafts- und Klimaschutzministerium, die **Bundeszentrale für politische Bildung**, die Green European Foundation, die **Open Society Foundations (Soros)**, die Party of European Socialists, das Presse- und Informationsamt der Bundesregierung, die Rosa-Luxemburg-Stiftung, das Umweltbundesamt sowie das Zentrum liberale Moderne.[843] Hinzukommt, dass Richter auch noch im **Wissenschaftlichen Beirat** der **Grünen Akademie Heinrich-Böll-Stiftung** sitzt.[844] Das alles hängt irgendwie zusammen.

- **Dr. Irina Scherbakowa:** Sie ist eine russisch-jüdische Germanistin und Kulturwissenschaftlerin sowie Gründungsmitglied der Menschenrechtsorganisation Memorial, die 2022 mit dem Friedensnobelpreis ausgezeichnet wurde.[845]
- **Wolfgang Templin:** Er war einst DDR-Bürgerrechtler und Publizist sowie **Trotzkist, FDJ-Sekretär, Mitglied der SED,**[846] **Mitbegründer von Bündnis 90/Die Grünen** sowie Projektmitarbeiter des **DGB.** Von 2010 bis 2014 war er Leiter des Warschauer Auslandsbüros der **grünen Heinrich-Böll-Stiftung.**[847] Auch hier beobachten wir die Zusammenhänge.
- **Prof. Gert Weisskirchen:** Als Politiker **(SPD)** und Hochschullehrer war er von 1975 bis 1980 Professor für Sozialpädagogik an der Fachhochschule Wiesbaden, von 1976 bis 2009 Mitglied des Deutschen Bundestags und von 2005 bis 2008 Persönlicher Beauftragter des OSZE-Vorsitzenden zur **Bekämpfung des Antisemitismus.**[848]
- **Prof. Dr. Barbara Zehnpfennig:** Sie ist Politikwissenschaftlerin. In ihrer wissenschaftlichen Arbeit befasste sie sich auch mit Hitlers Schrift *Mein Kampf*: »Ich habe keine befriedigende Antwort auf die mich bedrängende Frage nach der Ursache des Judenmordes bekommen. Dieses Thema ist ein Lebensthema für mich.«[849]

Mein Kommentar: Der Wissenschaftliche Beirat von Gegenmedien ist/war also durchsetzt von Linken, Grünen und SPD-Genossen. Auch hier zeigt sich das linke Netzwerk, das über einzelne Personen mit anderen linken Vereinen und

Organisationen vernetzt ist. Die Gefahr besteht für mich darin, dass, wie in der Selbstbeschreibung angekündigt, ausschließlich **linkes** Grundlagenwissen für Lehrer und Journalisten zur Verfügung gestellt werden soll, die Schüler und Medienkonsumenten dementsprechend beeinflussen könnten.

Fallstudien

In sogenannten »Fallstudien« greifen sogenannte »Experten« einzelne **alternative Medien** heraus und untersuchen sie. Eigentlich eine hehre Aufgabe, wenn sie **politisch neutral** angegangen würde. Doch wie von einem linken Projekt nicht anders zu erwarten, werden nur Fallstudien von vermeintlich **rechten** oder »Verschwörungsmedien« präsentiert und solche von **linken** Alternativmedien wohl aus ideologischen Gründen ausgeklammert.

Es wurden Fallstudien über folgende Alternativmedien erstellt (Hervorhebungen durch mich):

- ***nachdenkseiten.de:*** »Vom Aufklärungs- zum Querfront-Medium? Die NachDenkSeiten als Träger von Ideologie, **Scharnier für Verschwörungstheorien** und Agendasetzer der **radikalen** Systemopposition.«[850]
- ***Compact:*** »Durch konjunkturelle Themensetzungen und **Verschwörungserzählungen** verbindet *Compact* politische Milieus. Dabei werden Themen auf Feindbilder zugespitzt und **rechtsextreme Inhalte normalisiert.**«[851]
- **AUF 1:** »Der Onlinesender aus Österreich verbreitet **Verschwörungsideologien, Coronaverharmlosung, antisemitische Codes und Rassismus.** Damit erreicht er über die rechtsextreme Nische hinaus ein immer breiteres Publikum.«[852]
- **RT DE:** »RT DE wurde 2014 als deutschsprachiger Ableger des russischen Staatssenders RT gegründet. Der Sender **folgt der politischen Agenda des Kremls.** Aufgrund von Ausstattung und Reichweite kommt RT DE im Feld der ›Alternativmedien‹ eine Sonderrolle als eine Art Leitmedium zu. Hierbei werden verschiedene Methoden der **Desinformation, verzerrte und falsche Dar-**

stellungen genutzt. Im März 2022 wurde die Verbreitung von RT europaweit verboten, der Sender ist aber weiter erreichbar.«[853]

- **Apolut:** »Apolut wurde 2021 aus dem Umfeld von Ken Jebsen gegründet. Die ›alternative‹ Plattform bietet Anknüpfungspunkte für ein skeptisches bis **demokratiefeindliches** Publikum.«[854]

Sicherlich kennen Sie die angeführten Schlagwörter aus den Medien und aus Statements von Politikern, die uns im Zusammenhang mit »rechts« und zur Stigmatisierung Andersdenkender wie ein Mantra vorgekaut werden: »Desinformation« – »Verschwörungstheorien« – »Normalisierung rechtsextremer Inhalte« – »Coronaverharmlosung« – »antisemitische Codes« – »Rassismus« – »Agenda des Kreml« – »demokratiefeindliches Publikum« und so weiter und so fort.

Doch auch ***Reitschuster***, **Eva Hermann**, ***Epoch Times***,[855] ***Rubikon***, ***Anti-Spiegel***[856] und andere Medien, die nicht dem Mainstream folgen, gerieten ins Visier der vermeintlich linken Wächter über die Demokratie, die meiner Auffassung nach gar keine andere Meinung gelten lassen wollen.

Mein Kommentar: Eine **andere** Meinung zu vertreten als der linke Mainstream ist offenbar so gefährlich, dass sie als **rechtsextrem, antisemitisch, verschwörungstechnisch, Desinformation und demokratiefeindlich** gebrandmarkt werden muss. Dies zeigt nur, wie viel Angst die Linken vor der Wahrheit haben!

Förderung

Das Projekt Gegenmedien wurde von 2018 bis 2019 vom **Bundesministerium für Familie, Senioren, Frauen und Jugend** im Rahmen des Bundesprogramms **»Demokratie leben!«** sowie von der **Bundeszentrale für politische Bildung**,[857] deren Präsident im Wissenschaftlichen Beirat sitzt, gefördert. Auch hier sieht man wieder, dass alles irgendwie korreliert!

Mein Kommentar: Gegenmedien ist in meinen Augen ein »Gutmenschenprojekt«, das in vielen **alternativen Medien,** die durchaus Träger einer pluralistischen Meinungsfreiheit sind, nicht nur eine Gefahr sieht, sondern ihnen sogar unterstellt, Desinformationen und Verschwörungstheorien zu verbreiten und sich gegen Demokratie, Wissenschaft und mediale Berichterstattung zu stellen. Dabei war und ist es die **Lügen- und Lückenpresse selbst,** die mit ihren unwahren oder lückenhaften Berichterstattungen (über Themen wie Flüchtlinge, Corona, Klima, Trump etc.) den Ansturm auf die Alternativmedien erst ausgelöst hat. Zudem sind es die **Lügen und Wählertäuschungen der Politiker selbst,** die Menschen dazu bewegen, sich von ihnen abzuwenden und konservativ (AfD) oder Links (Die Linke oder BSW) zu wählen. **Es ist also äußerste Vorsicht vor diesen Mainstream-Fetischisten geboten, die ihre Meinung als die einzig geltende verkaufen wollen und alles andere verteufeln!** Ich erinnere an die Big-Brother-Propagandaparole in George Orwells Roman *1984:* »Unwissenheit ist Stärke« – nämlich für die Regierenden, die das Volk »verblöden« wollen.

Macher im Hintergrund: Der ultragrüne Thinktank LibMod

Wie bereits angesprochen, ist das Projekt Gegenmedien zwar offiziell abgeschlossen, doch die Nachwirkungen sind bis heute spürbar. Selten hat eine linke NGO Verantwortliche in der Medienlandschaft, in der Politik und sogar in der Bildung so stark beeinflusst. Das erkennen wir daran, dass Gegenmedien-Argumente, die ich oben angeführt habe, bis heute Anklang finden und tagtäglich wiederholt werden.

Hinter dem Projekt Gegenmedien steht beziehungsweise stand das **Zentrum Liberale Moderne (LibMod),** das sich für die Verteidigung und Erneuerung einer offenen Gesellschaft einsetzt, weil Weltoffenheit und kulturelle Vielfalt seiner Ansicht nach unter Druck stehen.[858]

Der Thinktank LibMod wurde 2017 von Marieluise Beck und Ralf Fücks gegründet, die bis heute in der **Geschäftsführung** sitzen.[859] Auch hier ist es interessant, sich die Personen der Leitung genauer anzusehen:

- **Ralf Fücks:** Er ist Gründer und geschäftsführender Gesellschafter. Nachdem er 21 Jahre lang Vorstand der **grünen Heinrich-Böll-Stiftung** war, schloss er sich 1982 den **Grünen** an und war von 1985 bis 1989 Abgeordneter und Fraktionsvorsitzender der Bremischen Bürgerschaft. 1989/90 wurde er als Co-Vorsitzender in den Bundesvorstand der **Grünen** gewählt und war 1991 Bremer Senator für Stadtentwicklung und Umweltschutz sowie stellvertretender Regierungschef.[860]
- **Marieluise Beck:** Sie war 1983 Sprecherin der ersten **grünen Bundestagsfraktion**, Mitglied des Bundestages von 1983 bis 2017 und ist seit 2005 Mitglied des Auswärtigen Ausschusses. In der **rot-grünen** Bundesregierung hatte sie das Amt der **Migrationsbeauftragten** inne und war parlamentarische Staatssekretärin im Bundesfamilienministerium. 2016 wurde sie mit dem Ramer Award for Courage in the **Defense of Democracy des American Jewish Committee (AJC)** ausgezeichnet.[861]
- **Irene Hahn-Fuhr:** Sie war Büroleiterin beim europapolitischen Sprecher der Fraktion **Bündnis 90/Die Grünen**, bei der Deutschen Gesellschaft für Auswärtige Politik (DGAP) sowie der Europa-Universität Viadrina in Frankfurt an der Oder. Zuletzt hat sie das Auslandsbüro der **grünen Heinrich-Böll-Stiftung** in Warschau geleitet.[862]
- **Christoph Becker:** Er arbeitete als wissenschaftlicher Mitarbeiter und Büroleiter von Marieluise Beck **(Grüne)** im Bundestag.[863]

Im **Beirat** treffen wir unter anderem auf alte politische Bekannte:

- **Danyal Bayaz:** Finanzminister von Baden-Württemberg **(Bündnis 90/ Die Grünen)**
- **Marianne Birthler:** ehemalige Bundesbeauftragte für die Unterlagen des Staatssicherheitsdienstes der ehemaligen DDR **(Bündnis 90/Die Grünen)**
- **Rebecca Harms:** ehemaliges Mitglied des Europäischen Parlaments **(EFA/Die Grünen)**
- **Sergey Lagodinsky:** Mitglied des Europäischen Parlaments **(EFA/Die Grünen)**
- **Remko Leemhuis:** Direktor des **American Jewish Committee**
- **Markus Meckel:** ehemaliges Mitglied des Deutschen Bundestages **(SPD)**

- **Robin Wagener:** Mitglied des Deutschen Bundestages **(Bündnis 90/ Die Grünen)**[864]

Und hört, hört:

- **Roderich Kiesewetter:** Mitglied des Deutschen Bundestages **(CDU)**[865]
- **Carlo Masala:** Professor an der **Universität der Bundeswehr München**[866]

Mein Kommentar: Es ist also kein Wunder, dass Kiesewetter und Masala in jeder Talkshow wie leibhaftige Grüne argumentieren, wenn sie im Beirat eines ultragrünen Thinktanks sitzen.

***

LibMod, das das linke Projekt Gegenmedien durchführt(e), ist also ein **ultragrüner Thinktank.** Demzufolge trägt es auch die Ideologie der Grünen weiter, obwohl es selbst angibt, »überparteilich«[867] zu sein (meine Intelligenz wird wieder hart auf die Probe gestellt). Seine Themen und Ziele sind unter anderem:

- Verteidigung offener Gesellschaften
- Erneuerung der liberalen Demokratie
- Klimaschutz
- menschenrechtsorientierte Außen- und Sicherheitspolitik
- europäische Integration der osteuropäischen Länder
- der nachhaltige Wiederaufbau und die europäische Integration der Ukraine[868]

Wirkliche »Überparteilichkeit« müsste auch migrations-, EU- und ukrainekritische Ansichten miteinschließen, die ich auf diesen Themenfeldern aber nicht finden kann.

***

Unter den **Gesellschaftern** von LibMod trifft man ebenfalls alte Bekannte an, die wir im Laufe dieses Buches kennengelernt haben: etwa **Sabine Leutheusser-Schnarrenberger**, die in der Jury von **»Vereint für Demokratie Förderfonds«**[869] (siehe Kapitel → »Correctiv gGmbH«) sowie im Stiftungsrat der **Amadeu Antonio Stiftung**[870] sitzt (siehe Kapitel → »Die Amadeu Antonio Stiftung«). Auch Professor **Gert Weisskirchen,** den wir vom **Wissenschaftlichen Beirat von Gegenmedien** her kennen, wird als **Gesellschafter der LibMod** aufgeführt.[871] So schließt sich der Kreis wieder.

***

Finanziert wird der grüne Thinktank LibMod, der die Rechtsform einer gemeinnützigen GmbH hat, aus Projektmitteln selbstverständlich **öffentlicher Institutionen,** privater **Stiftungen** und **Verbände** sowie aus **Spenden.** Darüber hinaus erhält er eine institutionelle **Förderung aus dem Bundeshaushalt.**[872] Das habe ich mir genauer angesehen.

Der grüne Thinktank erhielt aus den Steuergeldern des **Bundesinnenministeriums** (BMI), das von der SPD angeführt wird:

2020:	142 000 Euro
2021:	286 000 Euro
2022:	125 000 Euro
2023:	193 000 Euro
2024:	204 000 Euro[873]

Zusätzlich:

2020:	39 000 Euro
2022:	87 000 Euro
2024:	28 000 Euro[874]

Und vom **Bundesministerium für wirtschaftliche Zusammenarbeit und Entwicklung** (BMZ) – ebenfalls von der **SPD angeführt** – gab es ebenfalls Staatskohle:

2020: 43 000 Euro[875]

Selbstbeschreibung und Angabe staatlicher Förderungen des grünen Thinktank LibMod

Wer ist LibMod?

Das Projekt wird vom Zentrum Liberale Moderne (LibMod) durchgeführt. LibMod steht für die Verteidigung und Erneuerung der offenen Gesellschaft. Die Kombination individueller Freiheit mit Demokratie, Weltoffenheit und kultureller Vielfalt steht weltweit unter Druck. In einer Zeit fundamentaler Veränderungen braucht es ein parteiübergreifendes Nachdenken über die Zukunft unseres Gemeinwesens und der internationalen Ordnung.
LibMod ist Denk- und Projektwerkstatt, will Sammelpunkt für Freigeister aus allen politischen Lagern sein und Antworten auf die großen Herausforderungen unserer Zeit suchen. Das Zentrum wurde 2017 von Marieluise Beck und Ralf Fücks gegründet.

Zentrum Liberale Moderne

Gefördert vom Bundesministerium für Familie, Senioren, Frauen und Jugend

im Rahmen des Bundesprogramms Demokratie leben!

Bundeszentrale für politische Bildung

Quelle: Gegenmedien[876]

Mein Kommentar: Hinter dem immer noch nachwirkenden Projekt Gegenmedien steht/stand ein ultragrüner Thinktank, der zwischen 2020 und 2024 über 1,1 Millionen an Steuergeldern als Förderung erhielt. Viele aktuelle und ehemalige politische Akteure sind in dem links-grünen Netz verwoben, sodass man sie auf verschiedenen Pfaden antrifft.

VI. Beispiel »Bezahlkarten für Flüchtlinge«

Vorbemerkung

Eines der Ziele der Bezahlkarte ist es, dass Asylbewerber und Geduldete nur noch einen Teil ihrer Leistungen in Bargeld ausbezahlt bekommen.[877] Ein weiteres

Argument für deren Einführung ist, dass Überweisungen von Sozialleistungen ins Ausland erschwert werden. Damit sollte auch verhindert werden, dass die an Asylbewerber transferierten Steuergelder zur Bezahlung von Schleppern benutzt werden.[878]

Deshalb gilt seit Anfang 2025 in dreizehn von sechzehn Bundesländern ein monatliches Abhebelimit von **50 Euro** pro Person.[879] Es gibt jedoch Ausnahmen: In **Thüringen (CDU-BSW-SPD-Regierung)** kann der Flüchtling je nach Region bis zu **120 Euro** abheben, in **Rheinland-Pfalz (SPD-Grüne-FDP-Regierung)** bis zu **130 Euro** und in **Bremen (SPD-Grüne-Linke-Regierung)** bis zu **200 Euro.**[880]

Die Bezahlkarte ist eine Debitkarte mit Guthaben, das monatlich aufgeladen wird. Grundsätzlich gilt: Überweisungen ins Ausland sind nicht möglich, Überweisungen innerhalb Deutschlands, Bargeldabhebungen sowie Onlinekäufe nur teilweise. Jedes Bundesland kann jedoch selbst entscheiden, welche Funktionen bei der Bezahlkarte freigeschaltet werden und welche nicht.[881]

Kritiker argumentieren aber, das tägliche Leben von Geflüchteten würde durch die Beschränkungen erschwert.[882] Überweisungen oder Onlinekäufe wären nicht mehr möglich, und viele Asylbewerber könnten unter anderem die Rechnungen ihrer Anwälte nicht begleichen.[883]

Auch hierfür fanden findige NGOs einen Ausweg: Das Bargeldlimit der Bezahlkarte lässt sich nämlich durch den Ankauf von Gutscheinen umgehen, die gegen Bargeld eingetauscht werden können. Das funktioniert so: Die Geflüchteten kaufen mit ihrer Bezahlkarte bei einem Supermarkt wie Aldi oder Rewe einen 50-Euro-Gutschein. Für diesen Gutschein erhalten sie dann bei den Aktionsbündnissen (NGOs) Bargeld.[884] Es folgen ein paar Beispiele.

Offen! München

In einigen Kommunen haben Initiativen und NGOs begonnen, Gutscheine, die mit Bezahlkarten erworben wurden, in Bargeld umzutauschen. Eine davon ist **Offen! München.**

Selbstbeschreibung

Sie erklärt ihre Motive folgendermaßen (Hervorhebungen wie im Original):

> *Alle Menschen haben das Recht, Rechte zu haben! Das ist die Grundlage unserer Demokratie und das muss auch die Grundlage einer menschenwürdigen Asylpolitik sein. Wir wollen für Alle das Recht auf Nahrung, Wohnen, Familie, auf Bildung, auf Unversehrtheit, auf medizinische Versorgung, auf politische und kulturelle Teilhabe, auf Rechtsbeistand, auf Freizügigkeit – auf Leben.*
>
> ***Offen! Für eine solidarische Gesellschaft!*** *ist eine breite Kampagne mit Beteiligten aus sozialen Verbänden, Einrichtungen, Beratungsstellen, Gewerkschaften, politischen Gruppen, Wohnprojekten, Asylhelfer*innenkreisen, Kulturschaffenden, Jurist*innen, Jugendorganisationen, migrantischen Organisationen, antifaschistischen Treffen, kirchlichen Institutionen und vielen mehr.*
>
> ***Wir haben uns zusammengeschlossen, um in die politische Debatte einzugreifen.***
>
> *Wir wollen in einer Gesellschaft leben, in der die gleichen Rechte für alle gelten. In einer Gesellschaft, die Menschen auf der Flucht menschenwürdig behandelt – in Deutschland, Europa und an den europäischen Außengrenzen. Wir stellen uns Rassismus und jeder Form von Diskriminierung entgegen. Wir machen uns für Humanität und Solidarität in einer vielfältigen Gesellschaft stark. Wir lehnen die zunehmend von Rechtsextremist*innen beeinflusste Asylpolitik und die aktuellen Asylrechtsverschärfungen ab.*[885]

Organisationen

In der Rubrik »Unsere Organisationen« finden wir das, was man aus dem links-woke-bunt-grünen Spektrum erwarten kann. Unter den über 200 Initiativen und Organisationen finden sich folgende (NGOs):

- AfghanistanNotSafe Köln/Bonn
- Aktion Bleiberecht Freiburg
- Antifa-NT (Autonome Antifa München)
- Antifa-Stammtisch München
- Bayern gegen Hetze
- Bundesfachverband unbegleitete minderjährige Flüchtlinge – BumF e. V.
- Bunt statt braun
- Fridays for Future München
- Grüne Jugend München
- München ist bunt!
- Offenes Antifa-Treffen München
- Offenes Antikapitalistisches Klimatreffen München
- Pro Asyl
- Queerfeminist Network Munich
- Seebrücke München
- Sozialistische Jugend Deutschlands (SJD) – Die Falken
- Sub (schwul-queeres Zentrum München)
- Ver.di gegen rechts München
- Ver.di Bezirk München
- VVN-BdA Bund der Antifaschistinnen und Antifaschisten, Kreisvereinigung München.[886]

Offen! München finanziert sich durch Spenden.

Kampagne »Bezahlkarte stoppen!«

Dazu heißt es auf der Website (Hervorhebungen durch mich):

> *Für KARTENTAUSCH – 50 € Bargeld ist nicht genug*
>
> *In Bayern bekommen geflüchtete Menschen ihr Geld auf eine Bezahlkarte. Von dieser Karte kann man nur 50 Euro Bargeld im*

> *Monat abheben. An Orten und Läden in denen keine Kreditkartenzahlung möglich ist, kann man nicht einkaufen. 50 Euro Bargeld im Monat sind zu wenig und du findest mit dieser Einschränkung planen zu müssen ist* ***diskriminierend?***
>
> *Du bist* ***gegen rechtspopulistische Symbolpolitik*** *und willst ihr mit deiner praktischen Solidarität etwas entgegensetzen? Das geht ganz einfach:* ***Du kommst in unsere Wechselstube und tauschst dein Bargeld gegen einen Gutschein.*** *Den Gutschein hat eine Person mit ihrer Bezahlkarte gekauft und dafür von uns Bargeld bekommen.*[887]

Wie das funktioniert, zeigt das folgende Schaubild von Offen! München:

Quelle: *https://offen-muenchen.de/*

Dieses Schaubild gibt es auf der Website in sechs Sprachen, auch auf Arabisch. Alle Kartentauschstellen sind aufgeführt.[888]

Seebrücke Erfurt

Ein weiteres Beispiel für eine NGO, die Kartenumtausch gegen Bargeld organisiert, ist die Seebrücke Erfurt. Vanessa Burmeister, die in Thüringen die Kartentauschaktionen mitorganisiert, sagte in der Sendung *MDR AKTUELL*, mit der Bezahlkarte gehe eine starke Stigmatisierung sowie ein Ausschluss von sozialer Teilhabe einher: »Der Eintritt fürs Schwimmbad, die Fahrt zum Sport – das sind keine Kleinigkeiten, das ist doch das, was das Leben letztlich ausmacht.«[889]

Selbstbeschreibung

Diese Karte-Bargeld-Tauschinitiative schreibt sich ein in das Selbstverständnis einer politischen Bewegung, die »vorwiegend von Einzelpersonen aus der Zivilgesellschaft« getragen ist. »Jede*r, der*die unsere politischen Ziele unterstützt und sich beteiligen möchte, ist bereits Teil der Bewegung. Mit Demonstrationen und Protestaktionen auf dem Land und in der Stadt streiten wir mit unseren zahlreichen Lokalgruppen für eine solidarische und menschenrechtsbasierte Migrationspolitik – kurz: Weg von der Abschottung und hin zu Bewegungsfreiheit für alle Menschen!«[890]

> *Als Seebrücke Erfurt setzen wir uns ein für sichere Fluchtwege und sichere Häfen, für ein Ende der tödlichen Abschottungspolitik Europas und für Bewegungsfreiheit für alle Menschen. Wir wollen ein offenes und solidarisches Erfurt und ebensolch eine Gesellschaft! Das erledigt sich nicht von selbst.*[891]
>
> *Die Seebrücke ruft dazu auf, sich dem Rechtsruck mit Solidarität entgegenzustellen. Das bedeutet, sich aktiv gegen jede Form von Ent-*

rechtung zu wehren. Das umfasst Unterstützung für Geflüchtete und Seenotrettung, den Schutz von sozialen Räumen oder den Widerstand gegen rassistische und autoritäre Gesetzgebungen.[892]

Organisation

Derzeit besteht das Bündnis aus »mehr als 180 lokalen Gruppen, die mit Protesten und Aktionen auf die unhaltbaren Zustände an Europas Außengrenzen aufmerksam machen«[893] wollen. »Seit Februar 2024 hat die Seebrücke einen eigenen neuen Trägerverein: Grenzenlose Solidarität e.V.«[894]

Zwei Lokalgruppen der Seebrücke haben in der Vergangenheit kleine Förderbeiträge des Bundes bekommen,[895] ansonsten finanziert sich diese NGO durch Spenden.[896]

»Soli-Tauschaktion gegen die diskriminierende Bezahlkarte!«

Was damit genau intendiert ist und wie es in der Praxis funktionieren soll, wird auf der Website der Seebrücke Erfurt folgendermaßen erläutert (Hervorhebungen durch mich):

> *Um gegen* ***diese Diskriminierung zu protestieren, das System zu unterwandern,*** *unsere betroffenen Freund*innen zu unterstützen und diese* ***Ungerechtigkeit*** *schnellstmöglich* ***abzuschaffen,*** *laden wir euch zur Soli-Tauschaktion ein: In den Wechselstuben könnt ihr euer Bargeld gegen Supermarkt-Gutscheine (in der Regel im Wert von 50 Euro) von REWE, ALDI, LIDL & Co. tauschen und damit eure Einkäufe bestreiten. Die Supermarkt-Gutscheine haben Menschen aus den betroffenen Thüringer Landkreisen mit ihrer Bezahlkarte gekauft. Das durch die Tauschaktion ertauschte Bargeld können sie*

dann selbstbestimmt nutzen – im Gegensatz zu dem Guthaben auf der Bezahlkarte.[897]

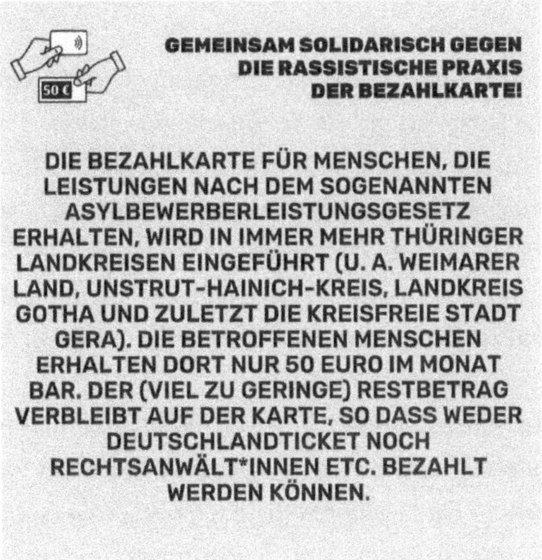

Quelle: Seebrücke, *https://www.seebruecke.org/mach-mit/deutschland/thueringen/erfurt*

Flüchtlingsrat Sachsen-Anhalt

Sehen wir uns noch ein weiteres Beispiel an, den eingetragenen Verein Flüchtlingsrat Sachsen-Anhalt.

Selbstbeschreibung

Als Zielsetzung dieses Vereins lesen wir auf seiner Website »die Anerkennung der Rechte von Flüchtlingen und die Verbesserung ihrer Lebenssituation […]. Mit unserer Arbeit fördern wir die öffentliche Unterstützung für die Menschenrechte von Geflüchteten.« Genauer:

Seit 1994 bearbeiten wir landesweit die sozialen und rechtlichen Probleme von Flüchtlingen und treten damit auch Rassismus und Diskriminierung entgegen.

- *mit Aktionen, Kampagnen, Veranstaltungen in der Öffentlichkeitsarbeit*
- *mit Forderungen an politische Entscheidungsträger*innen*
- *in der Beratung für Flüchtlinge und Multiplikator*innen sowie Vermittlung an Beratungsstellen und Rechtsanwält*innen*
- *durch Anträge an den Rechtshilfefonds von Pro Asyl*
- *in Netzwerken mit Initiativen, Organisationen und Beratungsstellen*
- *in der Unterstützung von Flüchtlingsselb*storganisationen.

Die Arbeit des Flüchtlingsrats Sachsen-Anhalt e. V. umfasst die Analyse der bundesdeutschen Flüchtlingspolitik mit ihren Gesetzen und politischer Praxis. Dazu gehören die Asylpolitik und ihre Gesetze, das Bleiberecht, Unterbringung von Flüchtlingen und ihr Zugang zu staatlichen Leistungen. Aber auch die gesellschaftliche Teilhabe, systematische Diskriminierung und Rassismus sind Themen, mit denen wir uns auseinandersetzen und politisch positionieren.[898]

Mitgliedschaft und Organisation

Als eingetragener gemeinnütziger Verein, so heißt es auf der Website, sei der Flüchtlingsrat Sachsen-Anhalt von Parteien und Kirchen unabhängig und finanziere sich »durch Mitgliedsbeiträge, Spenden und Projektförderung«.[899] Doch wie wir sehen werden, erhält auch der Flüchtlingsrat Sachsen-Anhalt e. V. Steuergelder.

Der Flüchtlingsrat ist selbst Mitglied in unter anderem folgenden Organisationen:[900]

- Härtefallkommission Sachsen-Anhalt
- Vorstand des Runden Tischs für Zuwanderung und Integration, gegen Rassismus in Sachsen-Anhalt

- Bundesarbeitsgemeinschaft Pro Asyl
- Netzwerk der Landesflüchtlingsräte
- Kerngruppe der Projektgruppe »Solidarische Stadtbürgerschaft – Solidarische Region Altmark«

Projekte

Zu den Projekten des Flüchtlingsrats Sachsen-Anhalt e. V. gehören:

- **SENSA – Sensibilisierung zu besonderen Schutzbedarfen von asylsuchenden Menschen in Sachsen-Anhalt und Thüringen** (Laufzeit: 01.12.2023–30.11.2026), gefördert durch

  - die Europäische Union (Finanzierung),
  - das Ministerium für Arbeit, Soziales und Integration Sachsen-Anhalt (Co-Finanzierung),
  - das Ministerium für Migration, Justiz und Verbraucherschutz Freistaat Thüringen (Co-Finanzierung),
  - die UNO-Flüchtlingshilfe (Co-Finanzierung).[901]

- **CAST – Chancenaufenthalt in Sachsen-Anhalt** (Laufzeit: 01.01.2025–31.12.2025), gefördert unter anderem

  - vom Ministerium für Arbeit, Soziales und Integration Sachsen-Anhalt.[902]

- **Koordinierung und Weiterentwicklung des Runden Tischs für Zuwanderung und Integration, gegen Rassismus,** gefördert unter anderem

  - vom Ministerium für Arbeit, Soziales und Integration Sachsen-Anhalt.[903]

Ich halte fest: Auch der Flüchtlingsrat Sachsen-Anhalt e. V. wird bei verschiedenen Projekten durch Steuergelder gefördert und finanziert.

»Bezahlkarte: Solidarische Tauschaktionen«

Darüber erfahren wir auf der Website:

> *Wie funktioniert die Tauschaktion?*
>
> *Das System basiert auf dem Tausch von Einkaufsgutscheinen großer Einkaufsmärkte wie Rewe, Aldi, dm oder Rossmann. Zunächst kaufen Asylbewerber:innen mit ihrer Bezahlkarte einen Gutschein im Wert von 50 Euro in einem dieser Märkte. Anschließend geben sie den Gutschein in einer der Tauschstellen ab, die auf der Webseite aufgelistet sind. Dort nehmen solidarische Menschen mit freiem Zugang zu Bargeld den Gutschein mit und hinterlassen dafür 50 Euro in bar. Dieses Bargeld wird dann an die Asylbewerber:innen zurückgegeben. Keine:r der Tauschenden verliert also an Geldwert. Auf diese Weise können Betroffene die Einschränkungen der Bezahlkarte umgehen und haben mehr wirtschaftliche Freiheit im Alltag.*[904]

Quelle: Flüchtlingsrat Sachsen-Anhalt, *https://www.fluechtlingsrat-lsa.de/2025/02/bezahlkarte-solidarische-tauschaktionen/?hilite=Bezahlkarte*

Nach Ansicht des Flüchtlingsrats ist die Bezahlkarte rechtswidrig. So schreibt er auf seiner Webseite (Hervorhebungen durch mich):

Sind die Tauschaktionen rechtswidrig?

***Rechtswidrig ist die Bezahlkarte** – nicht eure Solidarität. Die Aktionen sind die notwendige Antwort auf eine **verfehlte und mutmaßlich verfassungswidrige Politik.** Auch die Staatsanwaltschaften München und Regensburg sowie die Finanzaufsicht BaFin sehen in den Tauschaktionen keinen Straftatbestand.*[905]

Martina Fuchs, die Sprecherin des Vereins Flüchtlingsrat Sachsen-Anhalt, der diese Umtauschbörsen ja unterstützt, sagte im MDR: »Die Diskriminierungskarte ist und bleibt symbolpolitische Ausgrenzung von Geflüchteten.«[906]

Die Ressourcen, die für diese Schikane aufgewendet werden müssen, wären viel besser in sozialpolitischen Maßnahmen angelegt.[907]

Stattdessen forderte Fuchs eine normale Girokarte.

Mein Kommentar: An all diesen Beispielen wird sichtbar, dass Initiativen und NGOs, auch jene, die vom Staat Geld erhalten, gegen die Beschlüsse des Staates agieren. Dazu sagte die Sozialministerin von Sachsen-Anhalt, Petra Grimm-Benne (SPD) präventiv, »einen Bezug zu Fördermitteln herzustellen, nur weil der Umgang mit der Bezahlkarte nicht passe, sei falsch«.[908] Genau das dürften aber viele Steuerzahler anders sehen.

VII. Verschiedenes

Abschließend möchte ich noch zwei Beispiele für die politische Einflussnahme linker NGOs geben.

Linksmilitante Tierschützer verhindern einen Bundesminister

Ende März 2025 stürmten fünfzehn vermummte Radikale der linksmilitanten Tierschutzvereinigung Animal Rebellion mithilfe von Leitern das Dach des Rinderstalls von Günther Felßner, dem Präsidenten des Bayerischen Bauernverbandes, entzündeten Bengalos und hängten Transparente mit der Aufschrift »Kein Tierausbeuter als Agrarminister« an die Vorderfront.[909] Durch Lüftungsgitter drang Rauch von den Bengalos in den Stall, in dem sich zu diesem Zeitpunkt Felßners Frau aufhielt. »Meine Frau sah sich nicht nur bedroht, sondern sie hatte Angst um Leib und Leben«, schilderte Felßner die verhängnisvolle Situation, »sie ist seitdem in ärztlicher Betreuung und krankgeschrieben«.[910]

***

Der Hintergrund zu dieser kriminellen Handlung der linken NGO Animal Rebellion: Felßner war kurz zuvor vom bayerischen Ministerpräsidenten Markus Söder (CSU) als Bundeslandwirtschaftsminister vorgeschlagen worden.[911] Und das passte den Linksmilitanten offenbar nicht, und so kam es zu der geschilderten Besetzung von Felßners Hof. Die Organisation behauptete später **den Delikten Hausfriedensbruch, Einbruch, Besetzung und Brandgefahr zum Trotz,** ihre Kundgebung sei »friedlich« gewesen.[912] Außerdem sagte eine Sprecherin zum *RedaktionsNetzwerk Deutschland (RND)* in unglaublich dreister Art: »Wir standen nicht plötzlich bei ihm im Schlafzimmer – wenn wir mal davon ausgehen, dass er nicht im Stall wohnt.«[913]

Das *RND* berichtete weiter:

> *Zuspruch und Kritik für die Aktion gibt es auf Social Media. Auf Instagram freuen sich einige, dass Bauernpräsident Felßner, der jüngst behauptete, Fleischessen sei Klimaschutz, kein Minister wird. Andere hingegen stören sich zum einen am Hausfriedensbruch der Gruppe,*

zum anderen daran, dass Bengalos gezündet wurden und die Tiere [sic!] im Stall deshalb Stress ausgesetzt worden seien.[914]

Doch von Bedauern über die Todesängste der beiden im Stall verbliebenen Personen hört man nichts!

***

Die linke NGO Animal Rebellion will auf das Leid von Tieren und den Zusammenhang zwischen Nutztierhaltung und Klimawandel aufmerksam machen und setzt dabei auf zivilen Ungehorsam – ganz nach ihrem Motto »Konfrontation, Revolution, Aktivismus«.[915]

Gegründet wurde Animal Rebellion 2019 als eine Art Ableger von Extinction Rebellion, »einer Gruppierung, die ebenfalls zivilen Ungehorsam als Mittel sieht, um auf das Artensterben aufmerksam zu machen«.[916] Animal Rebellion hat dreizehn Ortsgruppen und ist ein loser, bündnisübergreifender Zusammenschluss von Aktivisten.[917] Laut dem *RND* verfolgt »Animal Rebellion […] eine ähnliche Strategie wie die Letzte Generation und Extinction Rebellion. Auch auf Veranstaltungen von Fridays For Future sprachen Mitglieder der Gruppierung bereits.«[918]

***

Als »**Finanzträger**« gibt Animal Rebellion auf seiner Seite die NGO »**All for Climate**« an:

Quelle: *https://opencollective.com/animal_rebellion_germany*

All For Climate »ist eine gemeinnützige Organisation, die es Gruppen natürlicher Personen – wie den Auftraggebern – ermöglicht, ein Kollektiv zu bilden, um Spenden für bestimmte Projekte, Initiativen und Bewegungen, insbesondere für klimaaktivistische Zwecke, zu sammeln«.[919] So ist All for Climate der Finanzträger von 230 Kollektiven, zu denen linke und linksradikale Organisationen gehören wie

- Letzte Generation Österreich,
- Fridays for Future Europe,
- Fridays for Future Erlangen, Heidelberg, Stuttgart, Schorndorf,
- Klimastreik Landau,
- Extinction Rebellion (XR) Deutschland.[920]

Als **»wichtigste finanzielle Unterstützer«** von All For Climate werden folgende NGOs genannt:

Quelle: *https://opencollective.com/allforclimate*

Auch hier finden wir wieder linke und linksradikale NGOs. Der größte Finanzier ist der **Climate Emergency Fund** (CEF), eine amerikanische NGO, die Einzelpersonen und Gruppen finanziert und unterstützt, welche die Öffentlichkeit über die Bedrohung durch den Klimawandel aufklären und von politischen Entscheidungsträgern Maßnahmen fordern. Die NGO zielt darauf ab, Gelder zu sammeln und Klimaaktivisten durch Weiterbildungen und finanzielle Mittel zu unterstützen. Das linke US-Establishment hat den Fonds großzügig unterstützt: Aileen Getty, Enkelin des Öl-Tycoons Jean Paul Getty, hat mit einer Spende in Höhe von 500 000 US-Dollar die Anschubfinanzierung geleistet.[921] Im September 2022 spendete der Hollywood-Filmregisseur und Produzent Adam McKay 4 Millionen US-Dollar an den Climate Emergency Fund, woraufhin er Vorstandsmitglied wurde. Abigail Disney, eine Erbin des Disney-Vermögens, spendete 200 000 US-Dollar.[922]

Außergewöhnlich ist, dass der Fonds Aktivisten offensichtlich **monatliche Gehälter** (!) zahlt.[923] So erhielten einigen Aktivisten der linksradikalen NGO **Letzte Generation,** die sich auch auf Straßen festkleben, vom CEF ein »Monatsgehalt« von 1300 Euro.[924] Es soll sogar die Möglichkeit geben, in Voll- und Teilzeit oder als 520-Euro-Kraft zu »arbeiten«.[925] Mitglieder der Letzten Generation wiesen allerdings darauf hin, dass sie keine **direkten** Auszahlungen vom CEF erhielten und dass die Zuwendungen stets der Initiative des Berliner Wahlbündnisses zukämen, welche anschließend in die Aktivisten investierten. Die Fördergelder des CEF sollen 50 000 Euro betragen.[926]

Mein Kommentar: Linksmilitante Tierschützer mit einer linken NGO als Finanzträger, der von einer linken NGO Geld bekommt, die wiederum über Umwege linksradikale Straßenkleber finanziert. So schließt sich der Kreis auch hier.

***

Doch zurück zur Besetzung des Felßner-Hofes: Der brutale Einsatz der NGO (**Hausfriedensbruch, Besetzung, Einbruch, Brandgefahr, Bedrohung**) brachte Felßner dazu, auf seine Ambitionen als Minister in Berlin zu verzichten: »Das mute ich meiner Familie nicht zu. Der Hof wäre geschützt worden, sicher. Es kann aber nicht sein, dass du als Bauer in Fort Knox leben musst.«[927]

Felßner erstattete Strafanzeige gegen die brutalen militanten Radikalen: »Es darf nicht Schule machen, dass Gewalt Erfolg hat. Wo kommen wir hin, wenn jeder dem anderen aufs Dach steigt, mit Feuer hantiert und Menschen in Angst versetzt.«[928] Der Staatsschutz ermittelt inzwischen gegen 13 Personen.[929]

Es ist traurig, dass Aktivisten einer militanten linksradikalen NGO es durch Drohungen, Einschüchterungen, Besetzungen und Einbruch geschafft haben, sogar einen designierten Bundesminister daran zu hindern, sein Amt anzutreten.

Mein Kommentar: In verschiedenen Medien wurde völlig verharmlosend von »Tierschutz-Aktivisten«[930] gesprochen. Für mich sind das linke Halbkriminelle, die mit Drohungen und Straftaten Menschen einschüchtern wollen. In vielen anderen Ländern der Welt würden sie für ihre Taten in Gefängnissen sitzen, in Kuschel-Deutschland **natürlich** nicht.

Unglaublich: EU-Fördergelder für NGO, die gegen die EU vorgehen

Kaum denkbar und dennoch wahr: Die EU-Kommission finanzierte **Lobbyarbeit gegen sich selbst.** So erhielten NGOs Geld mit teils **vorgegebenen** Zielen und Aktivitäten, um **gezielt gegen** Abkommen und Projekte zu lobbyieren, die die EU eigentlich umsetzen wollte.

Beispiel 1

Die EU-Kommission unterstützte die NGO **European Environmental Bureau** (EEB, Europäisches Umweltbüro) durch die Generaldirektion Umwelt mit EU-Steuergeldern, um **aktiv gegen** das Mercosur-Freihandelsabkommen zwischen der EU und südamerikanischen Staaten vorzugehen, das die EU selbst abschließen wollte.

Der Beweis: Aus einem Vertrag zwischen der EU-Umweltdirektion und dem EEB ging hervor, dass die NGO explizit dazu aufgefordert worden war, EU-Institutionen und Mitgliedsstaaten zu **beeinflussen,** um die Ratifizierung des Abkommens zu **verhindern. Die NGO erhielt dafür jährlich 700 000 Euro aus dem EU-LIFE-Programm** (siehe dazu auch das Kapitel → »Auch die EU fördert kräftig mit«). Die NGO sollte die Ratifizierung des Abkommens in seiner **aktuellen** Version **stoppen.**[931]

Das European Environmental Bureau ist ein Dachverband aus rund 185 NGOs aus 41 Ländern Europas.[932] Deutsche NGOs, die Mitglieder des EEB sind:

- der Bundesverband Bürgerinitiative Umweltschutz (BBU)
- der Bund Heimat und Umwelt in Deutschland (BHU – **erhielt staatliche Fördergelder**)[933]
- der Bund für Umwelt und Naturschutz Deutschland e. V. (BUND – **erhielt staatliche Fördergelder**)[934]
- der Bundesverband Boden e. V.
- die Deutsche Umwelthilfe e. V. **(erhielt staatliche Fördergelder)**[935]
- der Deutsche Naturschutzring (DNR – **erhielt staatliche Fördergelder**)[936]
- die Grüne Liga **(erhielt staatliche Fördergelder)**[937]
- Health and Environment Justice Support (HEJSupport)
- Licht und Natur
- die Living Rivers Foundation **(erhielt staatliche Fördergelder)**[938]
- der Naturschutzbund Deutschland (NABU – **erhielt staatliche Fördergelder**)[939]
- das Öko-Institut e. V. **(erhielt staatliche Fördergelder)**[940]
- Runder Tisch Reparatur **(erhielt staatliche Fördergelder)**[941]
- Schutzgemeinschaft Deutscher Wald (SDW)
- Testbiotech
- das Umweltinstitut München e. V.
- die UVP-Gesellschaft e. V. **(erhielt staatliche Fördergelder)**[942]
- der Verband der Deutschen Höhlen- und Karstforscher e. V. (VdHK)[943]

Auch hier tummeln sich also viele grün-angehauchte NGOs.

Doch damit nicht genug. Die NGO **Carbon Market Watch** erhielt ebenfalls 205 000 Euro EU-Gelder jährlich, um EU-Abgeordnete in Umweltfragen zu lobbyieren. Desgleichen wurde **HEAL** (Health and Environment Alliance) mit EU-Geldern unterstützt, um spezifische politische Ziele durchzusetzen. Im Gegenzug für die »Geldgeschenke« der europäischen Steuerzahler **mussten diese NGOs** Treffen mit hochrangigen EU-Vertretern nachweisen und sogar **juristische Klagen** einreichen.[944]

Beispiel 2

Die NGO **ClientEarth** verpflichtete sich für **350 000 Euro jährlich, Klagen gegen Kohlekraftwerke und landwirtschaftliche Betriebe** in Schutzgebieten einzureichen. Ziel war es unter anderem, eine Beweislastumkehr durchzusetzen, sodass Landwirte nachweisen müssen, dass ihre Tätigkeiten keine Umweltschäden verursachen.[945]

ClientEarth ist eine internationale Umwelt-NGO mit Niederlassungen in London, Brüssel, Warschau, Berlin, Peking, Madrid und Los Angeles,[946] die von James Thornton 2008 mit dem Ziel gegründet wurde, Regierungen und andere Unternehmen für Klimawandel, Naturverlust und Umweltverschmutzung zur Verantwortung zu ziehen.[947]

Die größten Geldgeber von Client Earth im Jahr 2022 waren (neuere Informationen sind noch nicht auf der Homepage):

- Children's Investment Fund Foundation (CIFF)
- Bloomberg Philanthropies
- Postcode Earth Trust
- Sequoia Climate Foundation
- Norway's International Climate and Forest Initiative (NICFI)
- AKO Foundation
- The Tilia Fund

- European Climate Foundation (ECF)
- Arcadia, Grantham Foundation & Trust
- Foreign, Commonwealth and Development Office (FCDO)
- Forest Governance, Markets and Climate Programme (FGMC)[948]

***

Zwischenzeitlich räumte die EU-Kommission in Antworten an das EU-Parlament ein, dass diese Koppelung von Zuschüssen an spezifische Lobbyaktivitäten ein »Reputationsrisiko« darstelle. Doch gleichzeitig hält die Kommission daran fest, dass die betreffenden NGOs – **trotz der Hunderttausenden von EU-Geldern, die sie eingestrichen haben** – »**allein** für ihre Auffassung verantwortlich bleiben« und damit **formal unabhängig** agieren.[949]

Dieses »Spiel« wird natürlich auch andersherum gespielt. So bezahlt die EU NGOs auch dafür, um sich **für** EU-Ziele einzusetzen beziehungsweise **für** die EU Propaganda zu machen. Dieses Thema behandle ich im Kapitel → »Auch die EU fördert kräftig mit«.

Mein Kommentar: Auch hier ganz großes Verarsche-Theater auf Kosten der europäischen Steuerzahler!

KAPITEL 9

»Staatsgeheimnis« NGO-Finanzierung

KI-generiert / ChatGPT

Vorbemerkungen

Zunächst ein paar separate Informationen:

- Laut Mitteilung des Bundesfinanzministeriums sind hierzulande »über **500000 Organisationen als gemeinnützige Körperschaften** im Sinne des Steuerrechts **anerkannt**«,[950] insgesamt gibt es aber über **656000 »zivilgesellschaftliche Organisationen«.**[951]
- »Die Rubrik ›gemeinnützige Körperschaft‹ existiert darüber hinaus weder im Gruppierungs- noch im Funktionenplan, eine Auswertung der Datenbank

zum Bundeshaushalt mit der Frage ›gemeinnützige Körperschaft‹ ist daher nicht möglich.«[952]

- Dem Entwurf des Bundeshaushalts für 2024 zufolge »sollten rund **530** direkt sowie **in** Deutschland ansässige oder aktive **Nichtregierungsorganisationen (NGOs)** mittelbar durch mehrheitlich im Eigentum des Bundes befindliche Unternehmen **finanziell unterstützt** werden«.[953]
- **Die Mittel für die geförderten Projekte wurden von folgenden Behörden/ Ministerien bereitgestellt:**

  - Bundeskanzleramt
  - Bundesbeauftragte der Bundesregierung für Kultur und Medien (BKM)
  - Bundestag
  - Bundespresseamt (BPA)
  - Bundesaußenministerium (AA)
  - Bundesministerium für Justiz (BMJ)
  - Bundesministerium für Ernährung und Landwirtschaft (BMEL)
  - Bundesministerium für Arbeit und Soziales (BMAS)
  - Bundesministerium für Verteidigung (BMVG)
  - Bundesministerium für Gesundheit (BMG)
  - Bundesministerium für Umwelt und Verbraucherschutz (BMUV)
  - Bundesministerium für Bauen (BMWSB)
  - Bundesministerium für Bildung und Forschung (BMBF)

- **Keine Angaben lagen aus diesen Ministerien vor:**

  - Bundesministerium für Wirtschaft und Klima (BMWK)
  - Bundesministerium für Finanzen (BMF), für Familie (BMFSFJ)
  - Bundesministerium für Verkehr (BMDV) dem Bundesministerium für Zusammenarbeit (BMZ)[954]

- Sie alle waren/sind also bei der Finanzierung von NGOs mit dabei, und manche Ministerien gaben/geben nicht einmal Auskunft darüber.

Nichts Genaues weiß man nicht

Vorab: Für dieses Buch habe ich Tausende Seiten Dokumente, Einzel- und Finanzierungspläne durchgesehen. Doch eine **GESAMTSUMME** über die Finanzierung und Förderung von deutschen NGOs durch öffentliche Gelder gibt es **nicht.** Keine Behörde, kein Ministerium weiß darüber ressortübergreifend mit Einbezug von EU-Fördergeldern Bescheid. Es gibt zig Einzelpläne und Hunderte unterschiedlicher NGO-Projekte, die wiederum von verschiedenen Ministerien gefördert werden. Dazu kommen lokale und regionale Projekte über Kommunen und Milliarden Fördergelder von der EU. Aber keiner weiß in der **Gesamtschau,** wie viel Gelder die NGOs von Ministerien, Behörden, Kommunen und der Europäischen Union erhalten. Zudem können die NGOs Gelder untereinander weitergeben (»Erst-«, »Zwischen-« und »Letztempfänger«) und sind personell und strukturell so stark miteinander vernetzt, dass eine Kontrolle nicht möglich ist.
Die NGO-Finanzierung wird so de facto zum »Staatsgeheimnis«.
Deshalb müssen wir uns auf vielen verschiedenen Wegen und in kleinen Schritten an dieses heikle Thema heranwagen.

Wie blind die Ministerien beim Thema NGO-Finanzierung tatsächlich sind, illustriert das Schreiben des Bundesministeriums der Finanzen, das auf zwei diesbezügliche Fragen antwortete, die ein Bürger aufgrund des Informationsfreiheitsgesetzes (IFG) stellte. Die Fragen lauteten:

> *Wie viel Budget wurde in den vergangenen 3–5 Jahren für welche NGOs vergeben? Gab es spezielle Schwerpunkte oder Programme, die gezielt die Arbeit von NGOs unterstützen? Wenn ja, erbitte ich Daten über die Art und den Umfang der Förderung.*[955]

Die Antwort des Bundesfinanzministeriums ist bezeichnend für das »Nichtwissen« über die NGO-Finanzierung (Hervorhebungen durch mich):

> *Nach dem Ergebnis meiner Recherche muss ich Ihnen mitteilen, dass die von Ihnen gewünschten Informationen im Bundesministerium der Finanzen (BMF) nicht vorhanden sind.* ***Zahlungen an NGOs sind im Bundeshaushalt nicht einzeln veranschlagt.*** *Die gewünschten Informationen über die Finanzierung von NGOs sind daher im* ***Bundeshaushalt nicht ersichtlich*** *und auch nicht auswertbar.*[956]

Daraufhin kommentierte der Antragsteller (Hervorhebungen durch mich):

> *Die Dokumentation des Bundeshaushaltes und der Ministerien wird einer modernen Industrienation in einer Zeit von Data Science nicht gerecht.* ***Die Anfrage lief über alle Ministerien.*** *Aus Gründen der Effizienz kommentiere ich nur diese Anfrage an das BMF, da die anderen Ministerien, wenn sie denn antworteten, mich an dieses Ministerium verwiesen haben.* ***Nach Aussage des BMF lässt die Haushaltssystematik keinerlei Angaben oder systematische Auswertung von Finanzierungen von Nichtregierungsorganisationen zu.*** *Ich werde wiederum an die einzelnen Ressorts verwiesen […].* ***Eine systematische Auswertung ist anscheinend nicht gewünscht.***[957]

Regierungsantwort auf die Frage der Union zur NGO-Finanzierung

Auf die Frage der Union »Wie groß ist der Anteil der finanziellen Mittel der xx,[958] der aus staatlichen Förderprogrammen stammt?«[959] (siehe Kapitel → »Fragen, die nicht gestellt werden durften«) hatte die Bundesregierung geantwortet:

> ***Eine Aufstellung im Sinne der Fragestellung ist in der für die Beantwortung einer Kleinen Anfrage vorgesehenen Frist nicht zu leisten,***

> ***da eine aufwendige Einzelabfrage der Gesamtfinanzierung privater Organisationen vorgenommen werden müsste. Entsprechende Daten liegen der Bundesregierung nicht gesammelt vor.***[960]

Immerhin stellte die Bundesregierung für die **sechzehn** von der Union angefragten NGOs (unter Hunderten!) das folgende Schaubild zur Verfügung:

Anlage

Organisation	Oberste Bundesbehörde (offizielle Abkürzung)	Einzelplan	Förderzweck	Förderhöhe im Jahr 2025 (bis einschl. 24. Februar 2025) - gerundet in T - EUR –
Correctiv gGmbH	**BMFSFJ**	17	Brandherd Desinformation: Schulungen zum Umgang mit TikTok in Feuerwehr und Vereinswesen	141
	BMBF	30	Kommunikationssysteme, IT-Sicherheit	67
Verein Omas gegen Rechts Deutschland e.V.	Keine Treffer bei der Abfrage			
Verein Campact e.V.	Keine Treffer bei der Abfrage			
Attac Trägerverein e.V.	Keine Treffer bei der Abfrage			
Amadeu Antonio Stiftung	**BMFSFJ**	17	Netzwerk gegen Hass im Netz und Desinformation	622,9
	BMFSFJ	17	Weiterleitung des Landesdemokratiezentrums Niedersachsen an die Amadeu Antonio Stiftung für Monitoring antisemitischer Vorfälle	25
	BK-Amt	04	Maßnahmen gegen Rassismus	1 072
	BKM	04	Antisemitismus als Kulturtechnik	50
	Deutsche Stiftung für Engagement und Ehrenamt (paritätisch finanziert durch **BMEL**, **BMFSFJ** und **BMI**)	686 12	Förderprogramm „Forschungsaufruf "Wandel im Engagement und Ehrenamt" 2025/2026"	170
	BMI Beauftragter der Bundesregierung für jüdisches Leben in Deutschland und den Kampf gegen Antisemitismus	0612 53202	Projekt Bildungs- und Aktionswochen gegen Antisemitismus	269
	BMBF	30	Sozial- und geisteswissenschaftliche Forschung	382
	BMBF	30	Zivile Sicherheitsforschung	24
Peta Deutschland e.V.	Keine Treffer bei der Abfrage			
Animal Rights Watch e.V.	Keine Treffer bei der Abfrage			
Foodwatch e.V.	Keine Treffer bei der Abfrage			
Dezernat Zukunft e.V.	Keine Treffer bei der Abfrage			
Deutsche Umwelthilfe e.V.	**BMBF**	30	Energietechnologien und effiziente Energienutzung; Grüner Wasserstoff – Forschungs- und Entwicklungsvorhaben	118
	BMUV	16	Umwelt- und Naturschutzprojekte	917,2
Agora Agrar gGmbH	Keine Treffer bei der Abfrage			
Agora Energiewende gGmbH	Keine Treffer bei der Abfrage			
Greenpeace e.V.	Keine Treffer bei der Abfrage			
BUND e.V.	**BMFSFJ**	17	Blended Learning für den Durchblick: Rechtsextreme Unterwanderung im Natur-, Klima- und Umweltschutz stoppen - ein Projekt des BUND.	249,8
	BMUV	16	Umwelt- und Naturschutzprojekte	1 079

	BKM	04	Projektförderung „Helpline – Journalist*innen helfen Journalist*innen"	26
Verein Neue deutsche Medienmacher*innen e.V.	**BMFSFJ**	17	Netzwerk gegen Hass im Netz und Desinformation	425
	BK-Amt	04	Integrationspolitische Maßnahmen	300
	Deutsche Stiftung für Engagement und Ehrenamt (paritätisch finanziert durch **BMEL, BMFSFJ** und **BMI**)	686 12	Förderprogramm „TransformD 2024_25 Themenschwerpunkt: Gesellschaftlicher Zusammenhalt"	87,6
	BMI-BAMF	0603 684 14	Kofinanzierung des AMIF-Projekts „Aufbau einer zentralen digitalen bundesweiten Anlaufstelle für Information, Austausch und Beratung zum Leben in Deutschland für Drittstaatsangehörige"	27,1
Delta1 gGmbH	**BKM**	04	Finanzierung Projekt „Anlaufstelle Green Culture"	360

Hinweis: *Aufgrund der offenen Fragestellung handelt es sich um eine Aufstellung von Fördermitteln, die im Jahr 2025 bis zum Tag der Fragestellung entweder bereits ausgezahlt wurden oder tatsächlich bewilligt wurden.*

Quelle: *https://dserver.bundestag.de/btd/20/151/2015101.pdf* (Anlage)[961]

Mein Kommentar: »Nichts Genaues weiß man nicht« – oder will es nicht wissen beziehungsweise der Öffentlichkeit und dem Steuerzahler vorenthalten.

9 Milliarden Steuergelder für NGOs?

Ich habe im Kapitel → »Schon vor DEN Fragen waren Fragen« die Kleine Anfrage[962] der AfD-Abgeordneten Peter Boehringer, Marcus Bühl, Dr. Michael Espendiller und weiterer Abgeordneter der AfD-Fraktion aus dem Jahr 2024 erwähnt. Zwar war in diesem Fall die Antwort der Bundesregierung überraschenderweise etwas ausführlicher, doch auch damals musste die Bundesregierung zugeben: Eine **zentrale Übersicht** über NGOs, die letztlich die finanziellen Mittel aus der unmittelbaren Förderung von Nichtregierungsorganisationen in Anspruch nehmen beziehungsweise genommen haben, **bestehe nicht.**[963]

Dementsprechend titelte die Bild:

Regierung gibt zu: Wissen nicht, wo NGO-Geld hingeht[964]

Im Gegensatz zur Beantwortung der CDU/CSU-Fragen **2025** stellte die Bundesregierung der AfD **2024** eine Liste aller von ihr geförderten NGOs samt Zuwendungen zur Verfügung. Die Liste umfasst mehr als **310 Seiten** (!) und führt jede NGO auf, die zwischen den Jahren 2020 und 2024 staatlich gefördert wurde,[965] allerdings ohne EU-Förderungen. Irgendjemand hat sich die Mühe gemacht, die einzelnen Zahlen zusammenzurechnen, da es in dem Dokument keine Gesamtsumme gibt.[966] Das Ergebnis macht jedenfalls fassungslos:

Demnach wurden **NGOs** in den Jahren 2020–2024 mit **9 Milliarden** (9000 Millionen) Euro **Steuergeldern gefördert.**
Hier ist die brisante Liste einsehbar:
https://dserver.bundestag.de/btd/20/109/2010952.pdf[967]

Der Großteil der Förderempfänger waren **linke** Vereine, zudem diverse **LGBTQ-, Woke-, Asyl- und Migrationsorganisationen.**[968]

Mein Kommentar: Die Finanzierung von (meist) linken NGOs ist mehr oder weniger ein »Staatsgeheimnis«, denn die Förderungen sind so stark miteinander **vernetzt**, so kompliziert und auf verschiedene staatliche und öffentliche Behörden, Ministerien und Stellen verteilt, dass ein **Gesamtüberblick inklusive der EU-Förderungen nicht möglich** ist. Das gibt übrigens auch die Bundesregierung zu. Zudem sind die Fördergeldempfänger, also die Bündnisse, NGOs und Vereine teilweise derart ineinander verzahnt (als **»Erstempfänger«, »Zwischenempfänger« und »Letztempfänger«**, wie das die Bundesregierung benennt)[969] und finanzieren/fördern/spenden sich gegenseitig, dass es nicht möglich ist, herauszufinden, ob diese Gelder nicht doch von Förderungen oder staatlichen Zuschüssen an die »Erstempfänger« stammen und dadurch offiziell **nicht** bezuschusste NGOs **indirekt** auf vielen Umwegen doch wieder Steuergelder erhalten. Früher sagte man dazu **»Filz«** oder **»Sumpf«**, heute ist das natürlich eine Verschwörungstheorie.

Auch die EU fördert kräftig mit

Bei all der politischen und medialen Aufregung um die Finanzierung der NGOs mit **deutschen** Steuergeldern wird leicht vergessen, dass die Europäische Union NGOs zudem mit **europäischen** (inklusive deutschen) Steuergeldern unter die Arme greift.

Zuständig dafür ist unter vielen anderen das sogenannte EU-LIFE-Programm, das seit mehr als 30 Jahren **Projekte des Umwelt-, Klima- und Naturschutzes** bezuschusst.[970] Das aktuelle LIFE-Programm 2021–2027 gliedert sich in die folgenden vier Teilprogramme:

1. **Naturschutz und Biodiversität**
2. **Kreislaufwirtschaft und Lebensqualität**
3. **Klimaschutz und Klimaanpassung**
4. **Energiewende**[971]

In der aktuellen Programmperiode **(2021–2027)** stehen für die **Förderung von Umwelt- und Klimamaßnahmen** im Rahmen des EU-LIFE-Programms insgesamt **5,43 Milliarden Euro** zur Verfügung.[972] Auch **internationale Organisationen** können Fördergelder (Steuergelder!) für Projekte in den oben genannten Bereichen erhalten.[973]

***

Anfang April 2025 musste die EU-Kommission in einer Pressemitteilung allerdings zugeben, dass sie umweltpolitische Nichtregierungsorganisationen für Lobbyarbeit **bezahlt** hat. Umwelt-NGOs wie die European Federation for Transport and Environment (T&E) oder das European Environmental Bureau (EEB) erhielten **700 000 Euro aus dem Förderprogramm LIFE** der Europäischen Kommission, um **Einfluss auf das EU-Parlament zu nehmen.**[974]

Die EU-Kommission rechtfertigt die Finanzierung von NGOs, die wiederum Einfluss auf ihr eigenes Parlament nehmen sollen, wie folgt:

> *Die Finanzierung von Nichtregierungsorganisationen ist in der LIFE-Verordnung ausdrücklich vorgesehen, um die Steuerung in den Bereichen Umwelt, Klimawandel und Energiewende zu verbessern. Gleichzeitig hat die Kommission festgestellt, dass die von den NGOs vorgelegten und den Vereinbarungen über Betriebskostenzuschüsse beigefügten Arbeitsprogramme in einigen Fällen spezifische Maßnahmen zur Interessenvertretung und unzulässige Lobbying-Aktivitäten enthielten.*

Die Kommission habe Maßnahmen ergriffen, um »solche Fälle in Zukunft zu vermeiden«.[975] *Apollo News* ergänzte (Hervorhebungen durch mich):

> *Entscheidend ist die Aussage, dass* ***Lobbyaktivitäten nicht mehr verpflichtend*** *sind, um Geld vom LIFE-Programm zu bekommen. Mit dem Programm werden Klima- und Umweltmaßnahmen durch*

> *die Kommission gefördert. […] In einem neuen Leitfaden der EU-Kommission vom 07. Mai 2024 wurde eine* ***Hintertür aufgelassen, um weiterhin Nichtregierungsorganisationen für Lobbyarbeit bezahlen*** *zu können. So heißt es in dem Dokument, dass Lobbyaktivitäten keine Bedingung für die Förderung durch die EU sein dürfen. Allerdings heißt es in einer Fußnote:* ***»Dies schließt die Finanzierung von Aktivitäten zur Unterstützung des Beitrags der Zivilgesellschaft zur Umsetzung der Politik der Europäischen Union nicht aus.«*** *Somit ist Lobbyarbeit nicht mehr verpflichtend, könnte aber dennoch* ***verdeckt gefördert*** *werden. Der Leitfaden gilt für alle Förderprogramme und entstand als Reaktion auf die Kritik, dass Umwelt-NGOs für Lobbyarbeit bezahlt wurden.*[976]

Siehe dazu auch das Kapitel → »EU-Fördergelder für NGOs mit vorgegebenen Zielen«.

***

Doch das ist noch längst nicht alles, was die EU so draufhat, denn sie instrumentalisiert NGOs auch durch Programme, um Propaganda für sie zu machen. Eines dieser Programme heißt **CERV,** das sich aus den schönen Begriffen »Citizens, Equality, Rights and Values« (Bürger, Gleichheit, Rechte und Werte) zusammensetzt. Auf der EU-Webseite wird das »Ziel dieses Programms« erklärt als »der Schutz und die Förderung der Rechte und Werte der Union, wie sie in den EU-Verträgen und der Charta der Grundrechte verankert sind. Es wird dazu beitragen, offene, auf Rechten basierende, demokratische, gleiche und integrative Gesellschaften auf der Grundlage der Rechtsstaatlichkeit zu erhalten und weiterzuentwickeln.«[977]

Der emeritierte Soziologieprofessor und Direktor des Thinktanks MCC in Brüssel, Frank Furedi, schreibt darüber auf dem Blog *Roots & Wings* (Hervorhebungen durch mich):[978]

> *Als Direktor des Thinktanks MCC Brüssel war ich unter anderem für unser Forschungsprojekt verantwortlich, das* ***die Rolle des Einsatzes von Nichtregierungsorganisationen (NGOs) durch die Europäische Union*** *untersucht. Nach sorgfältigen Untersuchungen veröffentlichten wir Berichte, in denen die zweifelhafte Vergabe von Milliarden von Euro an Institutionen beschrieben wird, die die* ***Aufgabe haben, Propaganda im Sinne der Kommission in ganz Europa zu fördern.*** *Dieser skandalöse und besorgniserregende* ***Missbrauch von Steuergeldern*** *zeigt, wie diese Art der Korruption die demokratische Entscheidungsfindung in den Mitgliedsstaaten der EU untergräbt.* ***Die EU hat diesen Propagandakomplex und von der EU finanzierte NGOs benutzt, um Regimewechsel in Ungarn und Polen zu fördern.***
>
> *[…]*
>
> *Die EU hat im Rahmen des CERV-Programms beträchtliche Mittel an NGOs in Polen (38 Millionen Euro) und Ungarn (41 Millionen Euro) weitergeleitet. Allein die ungarische Ökotárs-Stiftung [die wiederum von grünen NGOs gefördert wird][979] erhielt von der EU Zuschüsse in Höhe von 3,3 Millionen Euro.*

Das Ziel sind die Rückkehr zur Form des »normaleren Liberalismus« und der »Krieg« gegen die nationalen Traditionen der mitteleuropäischen Gesellschaften. Die EU fördere über NGOs »Vielfalt und Minderheitenrechte« als Gegenpol zur Autorität der Nation, schreibt Thomas Punzmann in *Tichys Einblick*, »um die ihre Souveränität liebenden Osteuropäer in ihrem Sinne umzuerziehen. Aus der Sicht der EU-Oligarchie […] musste das Streben der Menschen nach nationaler Unabhängigkeit in Frage gestellt und der Wert der Souveränität diskreditiert werden.« Laut EU stehen »die Rechte von Minderheiten über dem Souveränitätsprinzip. […] **Die Bejahung der Identitätspolitik und die Abwertung des Nationalgefühls bilden dabei den Dreh- und Angelpunkt.**« Mit Erfolg: Denn »in den letzten 15 Jahren wurde Ungarn zum Hauptziel der EU-Bürokratie und des anti-souveränistischen Netzwerks globalistischer NGOs«.[980]

Und Punzmann kommt zu dem Schluss (Hervorhebungen durch mich):

Lokale Politiker wurden mit der ***Absicht gefördert,*** *das ungarische* ***Nationalgefühl zu brechen.*** *Die Begriffe illiberal,* ***autoritär, antidemokratisch, faschistisch und sogar rassistisch wurden auf alles angewandt, was nicht der Sichtweise der EU-Oligarchie entsprach.***[981]

Mein Kommentar: Dasselbe Muster spielt sich auch in Deutschland ab: **Jeder,** der eine andere Meinung als die der bunt-woken Vielfaltsgesellschaft hat, wird als Faschist, Nazi und dergleichen verunglimpft.

Der Europäische Rechnungshof kritisiert die EU-Kommission für ihre intransparente NGO-Förderung

Mittlerweile kann die EU-Kommission ihre mehr – oder weniger – »verdeckte« NGO-Förderung nicht mehr verschweigen. Unlängst hat sogar der Europäische Rechnungshof (ECA) eingegriffen und die EU für die intransparente Förderung von NGOs kritisiert, **es sei nicht nachvollziehbar, welche NGO wie viel Geld wofür bekomme, es gebe keinen Überblick und mangle an Transparenz.**[982]

Laima Andrikienė, die als Mitglied des ECA für den Bericht zuständig war, betonte: »Wir sprechen hier nicht von Peanuts.«[983] Es geht im Gegenteil um Milliardensummen. So zahlte die **EU-Kommission** zwischen 2021 und 2023 etwa **4,8 Milliarden Euro allein an NGOs,** die sich mit den Themen **Migration, Umwelt oder Forschung** befassen. Dazu kommt, dass auch die **EU-Mitgliedsstaaten** von 2021 bis 2023 insgesamt **2,6 Milliarden Euro an NGOs** vergeben haben.[984]

Insgesamt flossen also **7,4 Milliarden Euro** Steuergelder in die Rachen von NGOs!

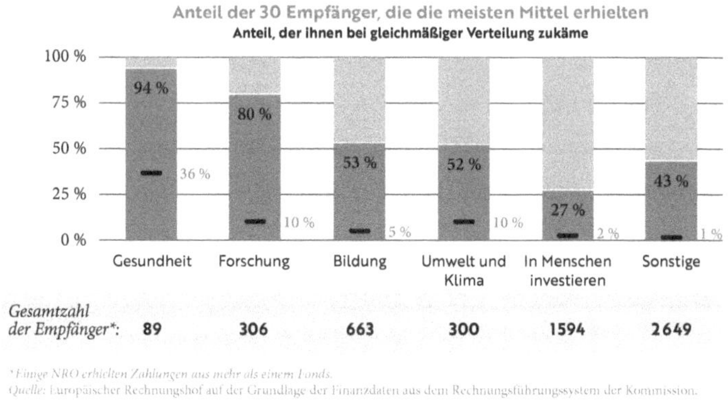

Quelle: *https://www.eca.europa.eu/de/publications/SR-2025-11*

Anmerkung:

In Deutschland ist die **Dokumentation des Auswahlverfahrens,** welche NGOs Fördergelder erhält, **öffentlich nicht zugänglich.**[985] Geheimniskrämerei auch hier.

***

Aber auch manche NGOs wollen nicht, dass ihre Finanzierungsquellen öffentlich gemacht werden. Dafür gibt es sogar einen legalen »**Trick**«, den ich im »Sonderbericht 05/2024: EU-Transparenz-Register – Nützliche, aber begrenzte Informationen über Lobbytätigkeiten« gefunden habe. Wörtlich (Hervorhebungen durch mich):

> *Im Zuge seiner Analyse […] stellte der Hof fest, dass das Risiko bestand, dass Registrierte, die* ***von Dritten finanziert werden (z. B. Nichtregierungsorganisationen),*** *die* ***Offenlegung von diesbezüglichen Finanzinformationen vermeiden*** *können, indem sie* ***erklären,***

> ***dass sie nur ihre eigenen Interessen oder die gemeinsamen Interessen ihrer Mitglieder vertreten.*** *Etwa ein Drittel der Befragten, die angaben,* ***»Nichtregierungsorganisationen, Plattformen, Netzwerke oder Ähnliches«*** *zu sein (1207 von 3529),* ***erklärten,*** *dass sie ihre* ***eigenen Interessen oder die gemeinsamen Interessen ihrer Mitglieder vertreten,*** *und* ***legten daher ihre finanzielle Unterstützung und die erhaltenen Finanzmittel nicht offen.***[986]

Insgesamt 3529 Registrierte wiesen sich als »Nichtregierungsorganisationen, Plattformen und Netzwerke o. Ä.« aus.

Einrichtungen, die keine geschäftlichen Interessen vertreten, müssen ihr Gesamtbudget und ihre wichtigsten Finanzierungsquellen angeben (jeden Beitrag über 10 000 Euro, der 10 % ihres Gesamtbudgets übersteigt, einschließlich des Namens des Geldgebers).

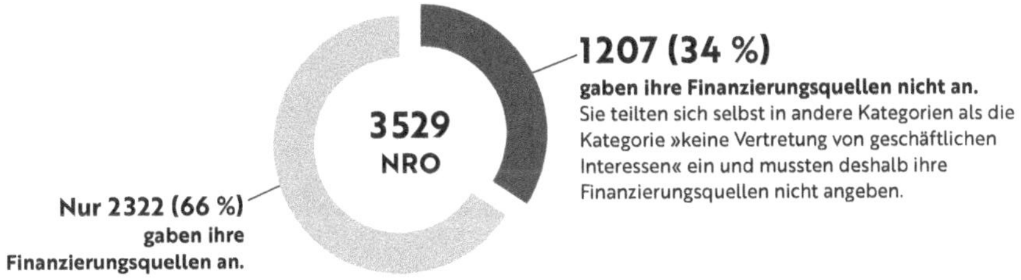

Quelle: Europäischer Rechnungshof (ECA), *https://www.eca.europa.eu/de/publications?ref=SR-2024-05, Abschnitt 70*

Ein Drittel der NGOs gibt ihre wichtigsten Finanzierungsquellen **nicht** an, was zu einer weiteren Verschleierung beiträgt.

***

Der Europäische Rechnungshof kritisierte zudem, es gebe in den EU-Ländern **keine einheitliche Definition von NGOs.** Der Status der Organisationen, die sich selbst als NGO einstuften, werde von der EU-Kommission **nicht überprüft,** wozu beispielsweise die Frage gehöre, ob eine staatliche Stelle erheblichen Einfluss auf die Leitungsgremien der Einrichtung ausübe oder ob eine NGO die geschäftlichen Interessen ihrer Mitglieder verfolge. So sei etwa ein großes Forschungsinstitut als NGO eingestuft worden, obwohl sein Leitungsgremium ausschließlich aus Vertretern staatlicher (!) Stellen bestanden habe.[987]

Die EU-Kommission habe zudem die Informationen, die ihr über die Interessenvertretung durch von der EU finanzierte NGOs vorlagen, nicht klar offengelegt. Hinzu komme, dass die Stellen, die für die Verwaltung von EU-Mitteln zuständig seien, **nicht** von sich aus **recherchiert** hätten, **ob NGOs möglicherweise gegen EU-Werte wie Rechtsstaatlichkeit und Menschenrechte verstießen, sondern sich hauptsächlich auf Eigenerklärungen der NGOs verlassen.** Auch würden die **Finanzierungsquellen von NGOs nicht kontrolliert.** Dabei könnten diese aufschlussreichen Informationen darüber liefern, welche Köpfe eigentlich hinter den NGOs stünden.[988]

> *Die Behörden der Mitgliedstaaten überwachen die den NGOs gewährten EU-Mittel nicht und erstatten darüber auch nicht Bericht. Da gemäß EU-Recht solche Informationen nicht vorgelegt werden müssen, sind sie nicht ohne Weiteres verfügbar.*[989]

Folglich wird der NGO-Komplex noch weiter verschleiert.

Der »Sonderbericht 11/2025: Transparenz der EU-Finanzierung für nichtstaatliche Organisationen – Trotz Fortschritten gibt es noch immer keinen verlässlichen Überblick« zieht das Fazit (Hervorhebungen durch mich):

> *Insgesamt stellte der Hof fest, dass es **keine zuverlässige Übersicht über die NRO** [NGO] **gewährten EU-Mittel gibt.** Die entsprechenden Informationen werden in **verschiedenen Systemen, auf verschiedenen Websites und in verschiedenen Datenbanken veröffentlicht.** Es wird somit ein fragmentierter Ansatz verfolgt, **was die Transparenz beeinträchtigt und die Einblicke einschränkt,** die hinsichtlich der **Rolle von NRO bei der Politikgestaltung** und Programmdurchführung auf **EU-Ebene** gewonnen werden können.*[990]

Mein Kommentar: Der Bericht des Europäischen Rechnungshofes offenbart Erschreckendes:

- **Allein** in den Jahren 2021 bis 2023 wurden NGOs ganze 7,4 Milliarden Euro EU-Steuergelder buchstäblich in den Rachen geworfen.
- Die EU prüft bei der Geldvergabe **nicht**, ob eine staatliche Stelle Einfluss auf die NGO ausübt.
- Die EU prüft bei der Geldvergabe **nicht**, ob die NGOs möglicherweise gegen Menschenrechte und Rechtsstaatlichkeit verstoßen.
- Die Finanzierungsquellen der NGOs, die mit europäischem Steuergeld gefördert werden, werden **nicht** kontrolliert.

Das bedeutet nichts anderes als einen Freifahrschein für NGOs, üppig alimentiert vom europäischen Steuerzahler!

***

Doch es geht noch weiter: Denn aufgrund ihres **speziellen Status** können **NGOs** auch **Zuschüsse zur Deckung eines wesentlichen Teils ihrer Betriebskosten gewährt** werden. Zwischen 2021 und 2023 erhielten mehr als **12 000 NGOs solche EU-Hilfen.** In den letzten 10 Jahren ging ein erheblicher Teil der direkt von der EU-Kommission vergebenen Mittel an eine kleine Anzahl von NGOs.[991]

Die NGOs bekommen hauptsächlich aus diesen EU-Programmen Geld:

- Europäischer Sozialfonds Plus
- Horizont Europa
- AMIF (Asyl- und Migrationsfonds)
- LIFE (Umweltprogramm, siehe oben)[992]

Mittel, die NGOs im Zeitraum 2021–2023 ALLEIN aus dem ESF+ und dem AMIF gewährt wurden (in Millionen Euro)

Mitgliedstaat	ESF+	AMIF
Spanien	682	54
Deutschland *	392	158
Frankreich *	334	46
Schweden	320	49
Tschechien	252	5
Litauen	112	
Österreich	47	30
Griechenland		76
Estland	48	
Irland	34	
Kroatien	23	3
Finnland	10	6
Bulgarien	11	
Belgien		6
Ungarn	3	
Luxemburg	1	1
Dänemark	2	
Rumänien	2	0,1
Lettland		2

** Mit Blick auf Deutschland und Frankreich analysierte der Hof die Informationen, die von den nationalen Behörden (bzw. einzelstaatlichen Behörden, falls auch regionale Behörden involviert waren) hinsichtlich der Empfänger von AMIF- und ESF+-Mitteln veröffentlicht wurden, um zu einer Schätzung der vertraglich gebundenen Mittel für NRO zu gelangen.*

Quelle: Europäischer Rechnungshof (ECA),
https://www.eca.europa.eu/de/publications/SR-2025-11

***

Der bereits oben angesprochene Thinktank MCC Brussels legte im Februar 2025 eine Studie mit dem Titel »The EU's propaganda machine. How the EU funds NGOs to promote itself« von Thomas Fazi vor, die **im deutschen Mainstream natürlich nicht beachtet,** aber höchst interessant war. Meines Wissens ist dieser Bericht bisher auch nicht ins Deutsche übersetzt worden.

Quelle: *https://brussels.mcc.hu/uploads/default/0001/01/7ab59f9d3aca403f6fbd6ff2af284f236fddad7c.pdf*

Ich zitiere einige Auszüge aus der Studie, die es in sich haben (Übersetzung und Hervorhebungen durch mich):

- »Die Europäische Kommission **stellt erhebliche Mittel für NGOs bereit** und Thinktanks, die sich **für ihre Politik und Ziele einsetzen.** Diese **Organisationen sind oft finanziell abhängig von EU-Mitteln und fungieren als Vermittler für die Agenda der Kommission.** Dadurch **verschwimmen die Grenzen zwischen unabhängiger Zivilgesellschaft und institutioneller Propaganda.**«[993]
- »Unter dem **Vorwand der Bekämpfung von Desinformation unterstützt die Kommission** zunehmend **Initiativen, die die Zensur abweichender Meinungen fördern,** die Vielfalt des öffentlichen Diskurses **einschränken** und **Kontrolle** über den Informationsfluss in der EU ausüben.«[994]
- »Innenpolitische Aktivitäten werden geführt, indem **demokratisch gewählte Regierungen** unter dem Vorwand der Verteidigung der ›Werte der EU‹ **untergraben** oder **zu delegitimieren versucht werden.**«[995]
- **»Erhebliche Transparenzlücken** geben Anlass zu ernsthaften Bedenken hinsichtlich des **Missbrauchs öffentlicher Gelder.** [...] Die Finanzierung wird

eher auf **Projekte ausgerichtet, die politischen Agenden dienen**, als auf **echte bürgerliche Bedürfnisse.«**[996]

- »Diese Strategie festigt integrationsfreundliche Narrative und **diskreditiert oder unterdrückt alternative Standpunkte.** Dadurch werden EU-Finanzierungsmechanismen und **NGOs selbst zu Instrumenten institutioneller Propaganda.**«[997]
- »Diese **Haushaltsinstrumente** werden **als Waffe eingesetzt,** um **abweichende Meinungen zum Schweigen zu bringen** und die Autorität der EU zu festigen. Dies gibt Anlass zu ernsthafter Besorgnis über die **beunruhigenden demokratischen Rückschritte** in ganz Europa.«[998]
- »Beunruhigend ist, dass diese Initiativen oft über bloße Interessenvertretung hinausgehen und sich in die **Innenpolitik der Mitgliedsstaaten einmischen.** Wenn sich solche Bemühungen **gegen Regierungen** richten, die der **EU-Politik kritisch** gegenüberstehen, können sie zu Mechanismen gegen demokratisch gewählte Regierungen werden. Dies stellt eine **eklatante Form der ›ausländischen Einmischung‹** dar.«[999]

Letzteres gab Marta Kos, die EU-Erweiterungskommissarin für den Fall Serbiens im slowenischen Rundfunk am 28. März 2025 sogar unumwunden zu. Sie sagte (Hervorhebungen durch mich): »Ich vertraue darauf, dass das serbische Volk seine Politiker **so lenken** wird, dass Serbien Mitglied der Europäischen Union werden kann.«[1000]

Deutlicher kann man es wohl kaum sagen, dass die EU-Kommission auf die von ihr finanzierten NGOs die Hoffnung setzt, Druck auf die Belgrader Regierung auszuüben. Kos setzte sogar noch einen drauf, als sie sagte:

> *Ich stehe in* ***viel engerem Kontakt zu den NGOs,*** *die ich in Brüssel getroffen habe,* ***als zur serbischen Regierung*** *oder ihrem Präsidenten. […]* ***Viele NGOs in Serbien*** *würden* ***ohne unsere Unterstützung nicht überleben,*** *und gerade wegen der* ***außerordentlichen Bedeutung der NGOs*** *habe ich beschlossen, ihnen für den Zeitraum von diesem Jahr bis Ende 2027* ***zusätzliche 16 Millionen Euro zur Verfügung zu stellen.***[1001]

Die Slowakei reagierte inzwischen auf den zunehmenden Einfluss EU-gesteuerter NGOs, indem das Parlament Mitte April 2025 beschloss, dass NGOs von Juli 2025 an ihre Finanzquellen sowie die Identität ihrer größten Spender und Mitglieder **offenlegen** müssen. Kritiker erklärten daraufhin, Ministerpräsident Robert Fico strebe einen »illiberalen Umbau« des slowakischen Staates an.[1002] Wo die wahren »Demokratiefeinde« sitzen, dürfte damit klar sein.

Das CERV-Programm

Die EU bringt in ihrem Haushalt **allein** für die Förderung ihrer »Werte« – und das heißt für die finanzielle Unterstützung von NGOs, Thinktanks und anderen Organisationen – insgesamt **1,5 Milliarden Euro** auf.[1003]

Allein für das CERV-Programm (Programm Citizens, Equality, Rights and Values),[1004] das genau jene EU-Werte unterstützen soll, werden für **2025** exakt **236 Millionen Euro** bereitgestellt.[1005]

Das CERV-Programm ist ein Paradebeispiel für die »werteorientierte« Haushaltsstrategie der EU. Erklärtes Ziel ist es, das Bewusstsein für die gemeinsame europäische Geschichte zu schärfen und offene, demokratische, gleichberechtigte und inklusive Gesellschaften zu entwickeln. Dazu gehören die **Förderung des Gender-Mainstreaming** und der Antidiskriminierungspolitik[1006] sowie

- **die Stärkung des öffentlichen Vertrauens in die EU,**
- der Schutz der Werte und Rechte der EU durch die **Bekämpfung von Hassverbrechen und Hassreden,**
- **die Bekämpfung von Rassismus, Fremdenfeindlichkeit, Antiziganismus und LGBTIQ-Phobie,**
- **die Erweiterung des Wissens** über die Geschichte und das Erbe des **Kolonialismus, Versklavung und Sklavenhandel,**
- die Förderung eines stärkeren Bewusstseins für den Beitrag der **Migration, Migranten und ihrer Nachkommen für den kulturellen Reichtum, die Vielfalt** und die gemeinsamen Geschichte Europas,

- die Förderung der **Vielfalt am Arbeitsplatz,**
- die **Bekämpfung von Desinformation** und **Informationsmanipulation.**[1007]

Entscheidend ist, dass die CERV-Projekte größtenteils unter **direkter Verwaltung** der **Europäischen Kommission** umgesetzt werden, was bedeutet, dass die Mittel **direkt an** zivilgesellschaftliche Organisationen und **NGOs** fließen, **ohne** die Einbeziehung nationaler Regierungsbehörden.[1008] Demzufolge können nationale Institutionen auch keine Kontrolle ausüben.

Nach Angaben der Europäischen Kommission wurden **durch das CERV-Programm** seit 2021 mehr als **3000** zivilgesellschaftliche Organisationen und **NGOs unterstützt.** Unter den **Top 10** der wichtigsten NGO-Begünstigten finden wir zum Beispiel[1009]

- die **EuroCentralAsian Lesbian* Community (6 Millionen Euro),**
- das **Europäische Netzwerk gegen Rassismus (4,9 Millionen Euro),**
- die **Europäische Frauenlobby (4,8 Millionen Euro),**
- die **Internationale Lesben-, Schwulen-, Bisexuellen-, Trans- and Intersex Association (ILGA Europe, 4 Millionen Euro).**

Hier drei Beispiele von CERV-unterstützten Projekten:

- **RevivEU:** Ein Projekt verschiedener europäischer Thinktanks mit dem Ziel, »die aufkommenden **euroskeptischen Narrative**, die bereits von autokratischen Eliten verbreitet werden, **zu bekämpfen**« und »die Attraktivität der EU in den Köpfen der Bürger der Visegrád-Staaten [Polen, Tschechien, Slowakei, Ungarn] wiederzubeleben«. **Budget: 645000 Euro (2023–2024).**[1010]
- **Blue4EU:** Ein von der Babeş-Bolyai-Universität in Rumänien koordiniertes Projekt, um »das **kritische Denken** und die Widerstandsfähigkeit junger Menschen **gegenüber** den aktuellen extremistischen und **EU-feindlichen Bewegungen**

[zu] **stärken**« und sie dazu zu motivieren, »sich **für eine europäische Zukunft** einzusetzen«. **Budget: 375300 Euro (2024–2026).**[1011]

- **EU TURN 2025:** Ein Projekt der Europäischen Akademie Berlin, das auf eine **»Entnationalisierung des europäischen Engagements«** zielt, um dem Euroskeptizismus entgegenzuwirken. **Budget: 415000 Euro (2025).**[1012]

***

Es gibt Hunderte solcher Projekte. Bezeichnenderweise zielen einige drauf ab, »Desinformation« zu bekämpfen – ein breiter und oft mehrdeutiger Begriff, den Regierungen in den letzten Jahren zunehmend als Mittel eingesetzt haben, um legitime Kritik an der Politik oder abweichende Standpunkte zu unterdrücken. Die Implikation ist unmissverständlich: Jede Botschaft, die das Vertrauen in die EU schwächt, wird per Definition als »Desinformation« bezeichnet.[1013] Siehe dazu auch das Kapitel → »Es kann jeden treffen: So wird ›Hassbotschaft‹ im Internet definiert«.

Auch dafür drei Beispiele :

- Im Jahr 2024 wurden verschiedene NGOs und Thinktanks in Bulgarien und Italien einschließlich der rumänischen Niederlassung der US-amerikanischen NGO Freedom House für ein Projekt mit dem Titel **»Whos and hows: Countering Disinformations«** finanziert. Dieses zielte darauf ab, jene Akteure ausfindig zu machen, die Botschaften fördern und vermitteln, die darauf abzielen, das Vertrauen in die EU-Politik zu untergraben. **Budget: 270000 Euro.**[1014]
- Ein weiteres Projekt mit dem Titel **»European Communities Against Disinformation«** erhielt **160000 Euro (für 2025)**, um »die **korrekte Verbreitung** von Informationen **über die Europäische Union** und EU-relevante Themen zu **überwachen**«.[1015]
- Das nächste Beispiel ist das Projekt **»Aufbau einer vertrauenswürdigen Social-Media-Sphäre: Bekämpfung Desinformation in sozialen Medien für junge Europäer«.** Ziel dieser Initiative ist es, soziale Medienräume zu schaffen, in denen junge Menschen »ein Gefühl der Zusammengehörigkeit teilen können,

> das sich in einer gemeinsamen Kultur widerspiegelt, einem ähnlichen Lebensstil und gemeinsamen Werten«. Das Projekt geht auf die »kontinuierlich zunehmende Intensität der Desinformation ein, die darauf abzielt, Spaltungen zwischen jungen Europäern zu veranlassen«. Die dabei zugrundeliegende Annahme scheint zu sein, dass junge Menschen unfähig sind, zwischen verlässlichen Informationen und »Desinformation« zu unterscheiden, und daher die EU brauchen, um sie zu »führen«.[1016]

Insgesamt hat das CERV-Programm bisher mindestens ein Dutzend solcher Projekte in der gesamten EU unterstützt (etwa **»European Against Fake News«**, **»FakeNewsBusters«** oder **»Demokratie über Desinformation«** um ein paar weitere zu nennen). Die Gesamtkosten für den Steuerzahler für die Projekte, die darauf abzielen, die öffentliche Meinung zu beeinflussen und den politischen Diskurs zu überwachen, belaufen sich auf **fast eine Million Euro.**[1017]

***

Wie dieser kurze und keineswegs erschöpfende Überblick deutlich macht, gibt die Europäische Kommission erhebliche Summen an Steuergeldern aus, um eigennützige Pro-EU-Propaganda zu betreiben. Dies geschieht durch die Förderung von Projekten, »die mit ihrer eigenen Agenda europäischer Integration in Einklang sind«, während Kritik an der Politik und den Strukturen der EU unter das Etikett »Bekämpfung von Desinformation« fallen.[1018]

Deshalb ist es nicht überraschend, dass die EU gerade jene NGOs fördert, die sich offen zu einer stärkeren europäischen Integration bekennen. Dazu gehören:

- die **Union Europäischer Föderalisten** (Union of European Federalists, UEF), Budget: **1,2 Millionen Euro** (2022–2025)
- die **Jungen Europäischen Föderalisten** (Young EJEF), Budget: 1,2 Millionen Euro (2021–2025)
- die **Europäische Bewegung International** (EMI), Budget: **15 Millionen Euro** (2021–2025)

- die **Friends of Europe**, Budget: **15 Millionen Euro** (2014–2024)
- das **Europäische Jugendforum**, Budget: **40 Millionen Euro** (seit 2014)
- die **Robert-Schuman-Stiftung.** Diese Stiftung ist ein proeuropäischer französischer Thinktank mit Verbindungen zur Europäischen Volkspartei (EVP). Budget: **10 Millionen Euro** (2014–2025)
- das **European Policy Centre** (EPC), Budget: **30 Millionen Euro** (2014–2024)
- das **Institut für Europäische Politik** (IEP), Budget: **14 Millionen Euro** (2014–2024)
- der **European Council on Foreign Relations** (Europäischer Rat für Auswärtige Beziehungen, ECFR), Budget: **6 Millionen Euro** (2022–2023)
- das **Centre for European Policy Studies** (Zentrum für Europäische Politikstudien, CEPS), Budget: **250 Millionen Euro** (2014–2024)[1019]

Die Liste ist keineswegs vollständig. Es gibt Hunderte ähnlicher proeuropäischer Gruppen, die von der EU unterstützt werden. Dabei handelt sich aber nur um die Spitze des Eisbergs, denn neben dem CERV gibt es noch viele weitere EU-Programme, die proeuropäische NGOs mit Steuergeldern unterstützen. So etwa Horizon Europe oder die Erasmus-Programme.[1020]

EU-Kommission will bestimmen, welche »Werte« richtig und welche falsch sind

Dazu schreibt Thomas Fazi in der Studie des MCC (Hervorhebungen durch mich):

> *Es wird oft gesagt, dass sich Länder durch den Beitritt zur EU auch verpflichten, die Werte der Union zu wahren. Doch wie bereits erwähnt,* ***unterliegen diese Werte der Interpretation.*** *Das* ***Beharren der EU auf einer einheitlichen Interpretation*** *ihrer angeblichen Werte* ***untergräbt den kulturellen Pluralismus.*** *[…]*
>
> *Dies ist auch eine Frage der Demokratie – und damit einer der von der EU offiziell proklamierten Werte.* ***Versuche nicht gewählter***

> ***Bürokraten in Brüssel, die Politik von Regierungen außer Kraft zu setzen, die in Parlamente gewählt wurden, die die kulturellen und religiösen Werte ihrer Wähler vertreten*** *[…] spiegeln* ***den breiten antidemokratischen und elitären Antrieb wider, dem das gesamte EU-Projekt zugrunde liegt.*** *Mit anderen Worten: Die EU neigt dazu, ihre Werte eher selektiv anzuwenden und* ***opfert*** *ein paar wie etwa* ***die Demokratie*** *gerne für andere.*[1021]

Interessanterweise gab die Europäische Kommission im vergangenen Jahrzehnt mehr als **1,8 Milliarden Euro** allein für »Kommunikation« aus.[1022]

Thomas Fazi rekapituliert (Hervorhebungen durch mich):

> *Wie dieser Bericht jedoch gezeigt hat, dienen viele sogenannte* ***NGOs*** *einem grundsätzlich entgegengesetzten Zweck: Anstatt die Bestrebungen der Zivilgesellschaft an politische Entscheidungsträger zu vermitteln,* ***fungieren sie als Kanäle, um der Zivilgesellschaft die Ideen und Perspektiven politischer Entscheidungsträger zu vermitteln*** *– in diesem Fall insbesondere jene der Europäischen Kommission, von* ***deren Finanzierung sie stark (wenn nicht sogar vollständig) abhängig*** *sind. […] Dies stellt eine* ***grundlegende Umkehrung der Rolle der Nichtregierungsorganisationen*** *dar.*[1023]
>
> *[…]*
>
> *Durch den Einsatz ihrer Haushaltsinstrumente hat die EU* ***zivilgesellschaftliche Organisationen effektiv als Waffe eingesetzt.*** *[…] Noch beunruhigender ist die Bereitschaft der EU, diese Instrumente als* ***Waffe gegen Mitgliedsstaaten einzusetzen, deren Regierungen ihre Autorität in Frage stellen.*** *[…] Es ist dringend* ***erforderlich,*** *sicherzustellen, dass* ***NGOs weiterhin unabhängige*** *Akteure bleiben, die im öffentlichen Interesse und* ***nicht als Instrument undemokratischer supranationaler Agenden*** *stehen.*[1024]

Die beiden Wissenschaftler Lee Rotherham und Lorraine Mullally sind der Ansicht, dass das Gebaren der EU im Wesentlichen eine Einschränkung der Demokratie darstellt – eine Kampagne, um eine echte Debatte über die Zukunft der EU zu unterdrücken.[1025]

Mein Kommentar: Ähnlich wie in Deutschland werden NGOs de facto (durch Finanzierungen) dazu »instrumentalisiert«, Regierungspropaganda »nachzubeten« und in die eigene Praxis umzusetzen. Und ähnlich wie in Deutschland gibt es auch in der EU keinen **Gesamtüberblick,** welche NGOs gefördert werden, wie sie untereinander vernetzt sind, wie die Netzwerke ihrerseits miteinander zusammenhängen und welche NGO-Entscheider auch in anderen Organisationen tätig sind, die ebenfalls Kooperationen pflegen. Der deutsche »Sumpf« ist zugleich ein europäischer »Sumpf«.

Es ist höchste Zeit, diesen Sumpf endlich auszutrocknen!

Mein Fazit

KI-generiert / ChatGPT

I.

Der bereits erwähnte Staatsrechtler Volker Boehme-Neßler von der Universität Oldenburg kritisiert im *Cicero,* dass sich in Deutschland ein »**Filz**« von staatlich finanzierten, parteipolitisch aktiven Vereinen gebildet habe (Hervorhebungen durch mich):

> *Hier* ***finanziert der Staat*** *mit mehreren Hundert Millionen Euro im Jahr ein sehr* ***unübersichtliches Geflecht von privaten politischen Vereinen, die Gemeinnützigkeit für sich reklamieren.*** *In Wirklichkeit* ***engagieren sie sich einseitig für linke und grüne Politik.*** *Es ist eine Anmaßung, wenn diese NGOs für sich in Anspruch nehmen, sie seien die Zivilgesellschaft.*[1026]

Der Staats-, Verwaltungs- und Medienrechtler Prof. Dr. Hubertus Gersdorf von der Universität Leipzig veröffentlichte in der *FAZ* einen bemerkenswerten Artikel mit der für das links-grüne Establishment provokanten Überschrift: »**Warum die bisherige NGO-Förderpraxis verfassungswidrig ist**« und kritisierte darin die fehlende gesetzliche Grundlage für die staatliche Förderung von NGOs. Er warnte insbesondere vor der Gefahr, dass der Staat seine Neutralitätspflicht verletzen könnte, wenn er politisch aktive Organisationen unterstütze.[1027]

Prof. Gersdorf befasst sich in seinem Artikel mit der verfassungsrechtlichen Problematik der staatlichen Förderung von NGOs und kommt zu dem Schluss, dass die **gegenwärtige Praxis ohne eine klare gesetzliche Grundlage verfassungswidrig** ist. Seine Begründung lautet, die grundsätzliche Verpflichtung des Staates zur Neutralität im politischen Wettstreit werde bislang nicht auf die staatliche Unterstützung von NGOs angewendet. Für Prof. Gersdorf birgt aber genau dies die ernsthafte Gefahr, dass **der Staat** durch die **indirekte Förderung politisch aktiver Organisationen einen unzulässigen Einfluss auf die öffentliche Meinungsbildung nimmt und somit das Demokratieprinzip verletzt.** Er fordert eine verbindliche gesetzliche Regelung, die sicherstellt, dass die geförderten Organisationen in Bezug auf politische Parteien absolute Neutralität wahren: So könnte die Entscheidung über die Mittelvergabe an ein unabhängiges, pluralistisch zusammengesetztes Gremium bestehen. Dies könnte verhindern, dass die Mittelvergabe durch Regierungen für parteipolitische Zwecke missbraucht werde.

Prof. Gersdorf vertritt zudem die Ansicht, dass der **Staat** nur durch eine klar strukturierte, transparente und unparteiische Förderung seiner Verantwortung gerecht werden kann, eine **freie und vielfältige politische Willensbildung zu garantieren.**[1028]

II.

Staatliche Steuergelder (als »Förderungen« umschrieben) erhalten vor allem linke, Lesben-, Schwulen-, Queer- und Trans-NGOs, daneben NGOs, die sich für Flüchtlinge, Asylanten, Muslime und gegen Internetzensur einsetzen, und natürlich alles, was irgendwie nach »Kampf gegen rechts« riecht.

Wie ich dokumentiert habe, gibt die Bundesregierung selbst zu, dass sie die politische Ausrichtung (auch) gemeinnütziger NGOs **nicht** bewertet. Außerdem gibt es **keine** staatliche Kontrolle, wenn mit Steuergeldern geförderte NGOs an – beispielsweise – nicht staatlich geförderte NGOs Gelder (als **Erst-, Zwischen- oder Letztempfänger**) weitergeben (siehe Kapitel → »Schon vor DEN Fragen waren Fragen«).

Bei vielen mit Steuergeldern finanzierten linken NGOs ist eine politische Neutralität nicht gewährleistet, und deshalb **sollten** sie – meiner Ansicht nach – dringend ihren Gemeinnützigkeitsstatus und ihre staatlichen Fördergelder verlieren.

Ich bin absolut einig mit Andreas Rosenberger, der in der *Welt* schrieb (Hervorhebungen durch mich):

> *Die NGOs sind in Deutschland längst ein Staat im Staate – und greifen, von der* ***Bundesregierung mit Steuergeldern finanziert, in die demokratische Willensbildung*** *ein.* ***Wer eine andere Politik in Deutschland will, muss die manipulative Macht dieser verfassungswidrigen Institutionen brechen.***[1029]

III.

Eine Infiltration des Systems von links kann nicht verleugnet werden. Dazu muss man nur die Namen der Steuergeldempfänger-Organisationen und ihre Projekte ansehen. Am Beispiel von »Demokratie leben!« ist das wohl unzweifelhaft.[1030]

Wie ich dargestellt habe – und damit bin ich mit dem NGO-Monitor einig, fördert »**Deutschland eine ausgewählte Gruppe stark vernetzter NGOs, die sich Vorstandsmitglieder teilen und Teil derselben Dachorganisationen und Netzwerke sind.** Diese NGOs führen auch Evaluierungen für die Regierung durch und liefern Informationen an diese. **Diese enge Beziehung führt zu einer**

geschlossenen Echokammer, die den NGOs einen immensen Einfluss gewährt, der nicht unbedingt das öffentliche Interesse oder demokratische Normen widerspiegelt.«[1031]

Das Ministerium für wirtschaftliche Zusammenarbeit und Entwicklung, das Auswärtige Amt, das Bundesfamilienministerium, das Bundesfinanzministerium und das Bundesinnenministerium sind dafür die wichtigsten zuständigen Bundesbehörden. Diese Ministerien sind nur für die politischen Aspekte verantwortlich, wobei die **tatsächliche Durchführung von Projekten vielfach an staatliche Gesellschaften mit beschränkter Haftung und NGOs ausgelagert** wird. Dieses **dezentrale System macht es nahezu unmöglich, dem Steuergeldfluss zu folgen.**[1032]

IV.

Ich wiederhole noch einmal, weil es so wichtig ist: Das Bundesfamilienministerium schrieb Ende Februar 2025 an 560 NGOs, die von dem Programm »Demokratie leben!« gefördert werden (Hervorhebungen durch mich), die Bundesregierung habe wegen des Grundsatzes der Chancengleichheit der Parteien »das **Gebot staatlicher Neutralität zu beachten**«. Nach diesem Grundsatz dürften **mit öffentlichen Mitteln** »keine Maßnahmen gefördert werden, die zielgerichtet **für eine politische Partei werben oder zielgerichtet gegen eine politische Partei Einfluss nehmen**«. Das gelte »in besonderem Maße vor anstehenden Wahlen«.[1033]

Laut Urteil des Bundesfinanzhofs (BFH) im sogenannten Attac-Urteil, darf eine **gemeinnützige** NGO

- **keine** politischen Zwecke verfolgen,
- **keine gezielte Einflussnahme** auf politische Willensbildung und öffentliche Meinung nehmen,
- durch öffentlichkeitswirksame Kampagnen **nicht in politische Entscheidungsprozesse eingreifen**, da diese eine politische Meinungsbildung und nicht gemeinnützige Bildungsarbeit darstellen,

- **nicht parteipolitisch agieren** oder sich mit spezifischen **politischen Positionen identifizieren.**[1034]

Dagegen verstoßen in meinen Augen viele der in diesem Buch besprochenen NGOs.

Deshalb fordere ich

1. den Entzug der Gemeinnützigkeit und die Einstellung der Förderung mit Steuergeldern für **CORRECTIV,** da dieses Medienhaus in meinen Augen einseitig (beispielweise gegen die AfD) agiert und deshalb politisch nicht neutral ist;
2. den Entzug der Gemeinnützigkeit und die Einstellung der Förderung mit Steuergeldern für die **AMADEU ANTONIO STIFTUNG,** da zwei Drittel ihrer Erträge aus der öffentlichen Hand stammen und die Stiftung daher in meinen Augen zu einer GONGO wird, die nicht mehr politisch neutral sein kann;
3. den Entzug der Gemeinnützigkeit und die Einstellung der Förderung mit Steuergeldern von **HATEAID,** da diese NGO in meinen Augen einseitig und nicht politisch neutral agiert;
4. die Überprüfung der Gemeinnützigkeit und der rechtmäßigen Förderung mit Steuergeldern **aller anderen NGOs;**
5. Gemeinnützigkeit und Förderung durch Steuergelder nur noch für die **NGOs,** die **wirklich politisch neutral sind** und keine Vorfeldorganisationen der Regierung darstellen.

V.

In diesem Buch habe ich versucht, das für mich äußerst fragwürdige und enge Zusammenspiel zwischen linken Vereinen, Bündnissen, NGOs und ihnen gewogenen Ministerien aufzudecken.

Fakt ist: Viele linke NGOs, die gegen die Opposition (vor allem gegen die AfD) und vermeintlich »gegen rechts« vorgehen, werden mit Steuergeldern alimentiert.

Staatlich alimentierte NGOs, die sich GEGEN »links« wenden, habe ich nicht entdeckt!

Hierzulande nennt man das allerdings **»Demokratieförderung«.** Für mich ist es aber **»Demokratiezerstörung«,** wenn über 10 Millionen Wähler einer demokratisch-legitimierten Partei und mit ihnen alle anderen konservativ Denkenden ausgegrenzt und an den Pranger gestellt werden.

Gleichwohl: Öffentlich gefördertes zivilgesellschaftliches Engagement ist unverzichtbar. Nur darf es **nicht zu parteipolitischen Zwecken eingesetzt** werden. Genau dies bezweifle ich allerdings bei vielen mit Steuergeldern fett alimentierten **linken** NGOs. Noch einmal: Politische Bildung ist in meinen Augen **nicht** förderbar, wenn sie dazu eingesetzt wird, um die politische Willensbildung und die öffentliche Meinung im Sinne eigener Auffassungen zu beeinflussen. Genau das geschieht aber in vielen Fällen. Doch das links-grün-woke-bunte Polit- und Medienestablishment wehrt sich gegen jegliche Kritik und schmettert sie reflexartig als »rechte Verschwörungstheorie« ab.

Dies wird sich auch mit einer neuen »linken« SPD und einer »vergrünten« CDU-Regierung in einer »Minikoalition« (Miniko) nicht ändern. Dazu hat sich Friedrich Merz seine Kanzlerschaft zu sehr bei den roten Genossen und den Grünen, den traditionellen »Beschützern« der NGOs, »erkauft«. Deshalb wird diese Publikation auch nicht das letzte Wort über das Thema »NGO-Finanzierung« sein.

Schlussbemerkung: Ich werde sehen, was geschieht, wenn die Masken dieser NGOs fallen, weil ich befürworte, dass sie von den prall gefüllten staatlichen Futtertrögen ferngehalten werden müssen. Doch was immer sie tun, wird Werbung für diese Publikation sein, und für diese kostenlose Werbung bedanke ich mich im Voraus.

Über den Autor

© Foto-Vogt

Dr. h.c. Michael Grandt (Jahrgang 1963) arbeitet seit 1992 als investigativer Journalist und Publizist in den Bereichen Wirtschaft, Finanzen und Zeitgeschichte in Deutschland, Europa und Südamerika. Er hat an zahlreichen Fernsehreportagen unter anderem für die britische BBC, den kanadischen Channel 4, den österreichischen ORF und die deutschen Sender RTL, SAT 1 und PRO 7 mitgearbeitet und ist in vielen TV-Talkshows als Experte aufgetreten.

Michael Grandt hat über 5000 Fachcontents verfasst und bisher 37 Bücher publiziert. Die verkaufte Gesamtauflage beträgt mehr als 800 000 Exemplare. Seine Bücher standen 265 Wochen lang auf deutschen und österreichischen

Bestsellerlisten wie jenen vom *Spiegel, Focus, Stern, Manager Magazin* und *Handelsblatt.*

Im Jahr 2005 wurde Michael Grandt die Staufermedaille für besondere Verdienste um das Land Baden-Württemberg überreicht. 2011 wurde ihm von der staatlichen rumänischen Universität Piteşti die Ehrendoktorwürde für »angewandte Journalismus-Wissenschaften« im Bereich der investigativen Recherche verliehen.

2014 wurde sein Artikel »Warum gibt es Aktiengesellschaften?« in das Schulbuch *startup.WR: Wirtschaft und Recht für das Gymnasium* (Band 1) des C.C. Buchner Verlags in Bamberg aufgenommen.

Sein 2019 veröffentlichter Roman *Das Merkel-Attentat* (mit Alexander Strauß) und seine mehrbändige Sachbuchreihe *Adolf Hitler – eine Korrektur: Was Ihnen die Geschichts- und Schulbücher verschweigen* (bisher 6 Bände) sowie *Ohne SPD wäre Hitler nicht an die Macht gekommen* (2021) und *Schlachtfeld Ukraine: Angriffs- oder Präventivkrieg?* (2022) sorgten für Empörung beim Mainstream. Seine neuesten Publikationen sind: *Der kommende Bankencrash und wie Sie sich davor schützen* (2024) und *Deutschland und der Zwei-plus-Vier-Vertrag: Hintergründe – Wortbrüche – Lügen* (2024) sowie *Schlachtfeld Deutschland: Wie Rot-Grün unser Land in den Krieg treibt.*

Weitere Bücher von Michael Grandt:
http://www.michaelgrandt.de/meine-buecher/

Kostenloser Newsletter/Blog von Michael Grandt:
http://www.michaelgrandt.de/

Telegram:
https://t.me/MGrandt

Endnoten

Die Endnoten finden Sie online zum Lesen und Downloaden unter:
https://www.kopp-verlag.de/a/staatsgeheimnis-ngo-finanzierung

Oder scannen Sie folgenden QR-Code: